LAS ESTRELLAS ORIENTALES

LAS ESTRELLAS ORIENTALES

Cómo el béisbol cambió el pueblo dominicano
de San Pedro de Macorís

Mark Kurlansky

Riverhead Books
Nueva York

RIVERHEAD BOOKS
Published by the Penguin Group
Penguin Group (USA) Inc.
375 Hudson Street, New York, New York 10014, USA
Penguin Group (Canada), 90 Eglinton Avenue East, Suite 700, Toronto, Ontario M4P 2Y3, Canada
(a division of Pearson Penguin Canada Inc.)
Penguin Books Ltd., 80 Strand, London WC2R 0RL, England
Penguin Group Ireland, 25 St. Stephen's Green, Dublin 2, Ireland
(a division of Penguin Books Ltd.)
Penguin Group (Australia), 250 Camberwell Road, Camberwell, Victoria 3124, Australia
(a division of Pearson Australia Group Pty. Ltd.)
Penguin Books India Pvt. Ltd., 11 Community Centre, Panchsheel Park,
New Delhi—110 017, India
Penguin Group (NZ), 67 Apollo Drive, Rosedale, North Shore 0632, New Zealand
(a division of Pearson New Zealand Ltd.)
Penguin Books (South Africa) (Pty.) Ltd., 24 Sturdee Avenue, Rosebank, Johannesburg 2196,
South Africa

Penguin Books Ltd., Registered Offices: 80 Strand, London WC2R 0RL, England

While the author has made every effort to provide accurate telephone numbers and Internet addresses at the time of publication, neither the author nor the publisher is responsible for errors, or for changes that occur after publication. Further, the publisher does not have any control over and does not assume any responsibility for author or third-party websites or their content.

First Riverhead Spanish-language trade paperback edition: April 2011

ISBN: 978-1-59448-514-5

The Library of Congress has catalogued the English-language hardcover edition
of this title as follows:

Kurlansky, Mark.
   The Eastern stars : how baseball changed the Dominican town of San Pedros de Macorís /
Mark Kurlansky.
      p. cm.
   Includes bibliographical references and index.
   ISBN 978-1-59448-750-7
   1. Baseball—Dominican Republic—San Pedro de Macorís—History. 2. Baseball players—
Dominican Republic—San Pedro de Macorís—History. I. Title.
GV863.29.D65K87   2010   2009041036
796.35707293'82—dc22

PRINTED IN THE UNITED STATES OF AMERICA

10 9 8 7 6 5 4 3 2 1

A MIS VIEJOS AMIGOS DEL PUEBLO DOMINICANO,

CON LA ESPERANZA

DE QUE UN DÍA ENCUENTREN LA JUSTICIA Y PROSPERIDAD

QUE USTEDES SE MERECEN

Y A TALIA FEIGA, QUE TIENE UN CORAZÓN

TAN GRANDE COMO UNA MONTAÑA

(¡Tanto arrojo en la lucha irremediable
Y aún no hay quien lo sepa!
¡Tanto acero y fulgor de resistir
Y aún no hay quien lo vea!)

—Pedro Mir, "Si alguien quiere saber cuál es mi patria"

CONTENIDO

SEGUNDA PARTE • DÓLARES

LAS ESTRELLAS ORIENTALES

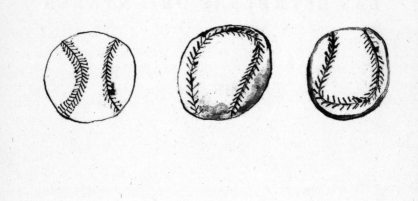

Gracias, Presidente

Este es un libro sobre lo que en Estados Unidos se conoce como "triunfar". Y al igual que muchas de esas historias, esta también es una historia sobre no triunfar. En el pueblo dominicano de San Pedro de Macorís, la diferencia entre lo uno y lo otro se reduce al béisbol.

Para quienes no triunfan está la caña de azúcar, aunque sólo durante la mitad del año.

En algún momento entre la Navidad y el 27 de febrero —fiesta nacional de la República Dominicana—, y dependiendo de lo lluvioso que haya sido el verano, los *pendones* (semejantes a brotes blancos) sobresalen entre los cañaverales verdes y ondulantes de San Pedro de Macorís. En las islas del Caribe de habla inglesa, de las cuales provienen muchas de las familias de los trabajadores azucareros de San Pedro, se dice que el campo está "enflechado" cuando los pendones apuntan hacia arriba.

Esto significa que la caña de azúcar está lista para el corte, y que puede comenzar la *zafra*, es decir, la cosecha de la caña.

Es un momento emocionante porque la mayoría de las personas que trabajan en las plantaciones azucareras sólo tienen empleo durante los cuatro a seis meses que dura la zafra. En un año electoral como 2008, al comienzo de la cosecha se ve un aviso en el Ingenio Porvenir, que está controlado por el partido gobernante. Dice: "*Gracias Presidente por una nueva zafra*", como si Leonel Fernández, el político educado en Nueva York que se lanzaba de nuevo como candidato, tal como lo había hecho en 2004 y en 1996 (la última vez que los dominicanos creyeron que les estaba ofreciendo algo nuevo), y que exhibía la misma sonrisa de un vendedor de enciclopedias en los carteles que inundaban las plazas, hubiera hecho brotar la caña de azúcar personalmente.

Algunos ingenios de azúcar de San Pedro —Santa Fe, Angelina, Puerto Rico y Las Pajas— ya no están funcionando. Actualmente hay cuatro ingenios de azúcar que permanecen activos, aunque no en toda su capacidad: Quisqueya, Consuelo, Cristóbal Colón y Porvenir. Cuando llega la época de la zafra, los resplandores rojos se divisan por todo el norte de San Pedro, donde los ingenios arden toda la noche cocinando el jugo de caña.

Al igual que los otros ingenios, Porvenir estaba situado originalmente en las afueras, pero la ciudad fue creciendo a su alrededor y actualmente los camiones repletos de tallos de caña rojos como la uva deben atravesar el congestionado centro de San Pedro para entregar el producto en la fábrica.

Niños indigentes, que sobreviven en las calles lustrando zapatos o lavando los parabrisas de los coches que paran en los semáforos, corren detrás de los camiones y sacan cañas para chupárselas. A veces agarran los tallos como si fueran bates. De todos modos, los niños de las calles de San Pedro se mantienen en postura de bateadores. Y al tener un palo en la mano, algunos no pueden resistirse a practicar el bateo con piedras pequeñas, un hábito peligroso en las partes más concurridas de la ciudad. Pero si cometieran un error y golpearan la flamante camioneta SUV de un hombre adinerado, lo más seguro es que el conductor, oculto detrás del cristal ahumado, sea un beisbolista que no muchos años atrás había bateado piedras en ese mismo lugar con una caña de azúcar.

La carretera que sale de la ciudad y conduce a otros ingenios comienza en el Estadio Tetelo Vargas, de color verde, blanco y ocre —el hogar de las Estrellas Orientales. El equipo de béisbol de San Pedro, a pesar de haber atravesado por grandes dificultades, siempre ha sido un equipo consagrado. Fundado en 1910, es más antiguo que muchos de los equipos de las Grandes Ligas de Estados Unidos. El muro del jardín central de su campo de juego mide 385 metros, lo mismo que uno de las Grandes Ligas, pero con el mismo número de asientos de un estadio de la Triple A.

Detrás del muro del jardín se acumulan las hojas marchitas de las enormes palmeras, y puede apreciarse en la distancia, elevándose por detrás del jardín derecho, la chimenea de Porvenir.

La carretera que pasa a un lado del estadio va directamente hacia el Norte, en lo que alguna vez fue una vía pavimentada de dos carriles y que actualmente está llena de baches. Atraviesa la zona rural de San Pedro, en medio de las aldeas que han crecido alrededor de las fábricas de las que toman sus nombres: Angelina, Consuelo, Santa Fe. Todavía en San Pedro, el camino semeja una calzada que se abre sobre un mar vegetal de olas plateadas y verdes de caña de azúcar. Algunos campos desbrozados recuerdan a un mal corte de cabello. Las garzas, esas aves zancudas de patas largas y blancas, se alimentan allí hasta la caída del sol, cuando anidan en los árboles que bordean los cultivos.

Al mediodía, la garzas aún se posan en los campos y los cortadores de caña de Consuelo descansan bajo los árboles, resguardándose del sol canicular. En la República Dominicana, cortar caña es el peor trabajo imaginable, el más duro y el peor remunerado. Siempre se ha dicho que ningún dominicano jamás realizaría esta labor, y menos aún sería visto mientras la hace. Las personas necesitadas de otras islas azucareras con producciones en franco descenso fueron traídas aquí para cortar la caña. Por esto, poblaciones como Consuelo tienen una cultura políglota, donde el inglés de las Antillas y el criollo haitiano se unen con el español —el idioma predominante—, entremezclándose a menudo en una misma frase.

Pero eso ocurrió en los siglos XIX y XX, cuando la República Dominicana era un país poco poblado y con una pujante industria azucarera. Hoy es todo lo contrario; el mercado laboral se encuentra en una situación desesperada. En este lugar, todos los cortadores de caña que descansan a la sombra nacieron en República Dominicana.

A nadie le importa la brevedad del almuerzo. No pueden darse el lujo de descansar mucho tiempo porque se les paga por tonelada cortada y no por horas. Sin embargo, necesitaban descansar un poco, especialmente cuando el sol estaba en el cenit.

Se cultivan varios tipos de caña, y este campo había sido sembrado con una variedad conocida como *Angola pata de maco,* un tallo duro y rojo que tiene que recibir fuertes golpes de machete antes de ser cortado; con frecuencia, centenares de machetazos en el transcurso de un día. Pero a los cortadores de caña no les importa la dureza de esta variedad, sino su densidad y contenido líquido. Algunas variedades de caña son considerablemente más pesadas que otras, y un cortador se esfuerza para trabajar en un cañaveral como este, con buena caña, porque se le paga por peso.

Reciben 115 pesos por cortar una tonelada de caña de azúcar y apilarla en los vagones abiertos del tren, con barras a los lados para evitar que la caña se salga. Ciento quince pesos equivalían a unos $3,60 en 2009. En un día, dos cortadores pueden llenar un vagón de cuatro toneladas. Una locomotora pasa regularmente para llevar el vagón hasta el ingenio. En la industria azucarera dominicana, el cortador de caña debe hacerlo todo manualmente, por lo cual es considerada una de las industrias menos productivas del mundo. No se trata de falta de capacidad de trabajo, sino de intensidad. La optimización del trabajo, un concepto normal en el desarrollo de cualquier industria, no existía en la producción azucarera dominicana. Ecuaciones tales como el número de horas de trabajo requeridas para producir una tonelada de azúcar eran de poco interés para los aventureros informales que vinieron a la República Dominicana para producir azúcar. El costo de la mano de obra era tan bajo, la cantidad de azúcar que podía producirse era tan grande y las ganancias de tal magnitud, que nadie pensaba en mejorar los medios de producción. Después de las primeras décadas, cuando los empresarios del azúcar llegaron y desarrollaron ingenios de última tecnología, no se hizo ningún esfuerzo para actualizar los equipos.

Así, mientras en otras zonas los cultivos son incendiados para quemar las hojas antes de la cosecha, en la República Dominicana un solo trabajador debe cortar los tallos verdes y duros al ras del piso en tres partes iguales y subirlos a un vagón. En Jamaica, donde la caña se quema primero y el cortador de caña no tiene que ocuparse de la carga, el promedio de corte es de siete toneladas diarias. Mientras tanto, un buen cortador de San Pedro puede cortar dos toneladas al día.

Los cortadores trabajan desde las siete de la mañana hasta las cinco de la tarde, pero al mediodía, cuando el sol arrecia, necesitan ampararse en la sombra, comer y atender otras necesidades. Sería fácil imaginar que los hombres que hacen este trabajo deben ser grandes, fuertes y musculosos, pero esto requeriría de una dieta rica en proteínas, algo que ellos no están en condiciones de procurarse. Elio Martínez, uno de los cortadores, no es un hombre grande. Delgado, de estatura mediana y voz suave, tiene cincuenta y siete años de edad y ha cortado caña desde los dieciséis. Su padre, que también fue cortero, y su madre eran haitianos.

Su almuerzo consiste básicamente en el jugo de la caña, que, a pesar de su poco valor nutritivo, es dulce y refrescante. Además, el azúcar genera una carga momentánea de energía y produce una sensación de llenura. El secreto está en encontrar la parte más madura, que él busca entre los cientos de tallos rojizos que sobresalen de la pila de dos toneladas que hay en el vagón, listo para ser enganchado a la locomotora. Cuando encuentra uno jugoso —reconocible al tacto y por su intenso color marrón—, Elio hala la caña de 5 pies de extensión que sobresale del vagón. La sostiene horizontalmente con la mano izquierda y la golpea varias veces en el centro con un palo. Le da vuelta y la sigue golpeando hasta que las fibras del medio parecen ligeramente trituradas. Luego inclina su cabeza hacia atrás y, sosteniendo la caña entre sus manos, la retuerce hasta que el jugo verde llena su boca como si saliera de una llave. Él repite el mismo proceso con varias cañas cuidadosamente escogidas.

A unos 5 kilómetros de distancia, en el centro de San Pedro, hay un edificio de apartamentos de dos pisos, semejante a un motel. Tiene una puerta de malla metálica para proteger los apartamentos y las numerosas camionetas SUV último modelo estacionadas frente al edificio, así como la privacidad de sus inquilinos, todos ellos ampliamente conocidos.

Un hombre de aspecto atlético con una camiseta con escenas de pesca juega en el jardín delantero con una jaula de metal sin base. "Mira esto, es gracioso", le dice a otro hombre musculoso. Un extremo de la jaula está amarrado con una cuerda de nylon azul a una botella de agua para sujetarla al suelo. El hombre con la camiseta estaba sentado a 15 pies de distancia, sosteniendo la cuerda. Había echado maíz en la jaula a manera de cebo. Algunas palomas se estaban acercando.

Su nombre es Manny Alexander, y creció no muy lejos del centro de San Pedro. Su familia era tan pobre, su casa tan pequeña y hacinada, que compartía la misma cama con varios hermanos y hermanas. Entonces, en febrero de 1988, cuando tenía dieciséis años, firmó un contrato con los Orioles de Baltimore como campo corto. Le pagaron un bono de $2.500 por su firma, una pequeña bonificación en la actualidad, pero una suma muy respetable en 1988.

"Lo primero que hice fue comprar una cama", recuerda

Alexander. "Yo quería una cama sólo para mí. Luego compré un radio, algo de ropa y comida". A esto le siguieron otros enseres. Si bien su carrera en las Grandes Ligas no fue ilustre y él no era un jugador que recibiera el salario más alto, en sus once años en las Grandes Ligas ganó más de $2 millones, que aquí en San Pedro podrían durarle mucho. Si Manny trabajara, ésta sería su hora del almuerzo. Pero Manny no tiene horario alguno que cumplir. Quería mostrarle su trampa de palomas a su amigo José Mercedes, nacido en El Seibo, al noreste de San Pedro, que se había mudado a San Pedro a finales de los años ochenta. Era un pítcher que también había jugado con los Orioles. Su carrera en las Grandes Ligas comenzó en 1994, a la edad de veintitrés años, y sólo duró nueve. Pero le alcanzó para ganar varios millones de dólares. Él estaba descansando después de haber iniciado el juego de la noche anterior para Licey, el equipo de Santo Domingo que había derrotado al equipo de casa, las Estrellas Orientales, disminuyendo aún más la ventaja que tenía la escuadra de San Pedro en los últimos juegos de la temporada. Licey tenía una gran cantidad de pítchers de las Grandes Ligas.

Manny se puso en cuclillas, sosteniendo la cuerda, listo para darle un tirón a la botella y atrapar a las palomas mientras reunían el valor para aventurarse en entrar a la jaula a comer maíz. Las aves avanzaron lentamente hacia la trampa con pasos bruscos, cuando de pronto una camioneta Ford de color cobrizo, nueva y brillante, se detuvo y un merengue —la música nacional por excelencia— comenzó a sonar a todo volumen. Las palomas, que no tenían sensibilidad dominicana, huyeron despavoridas.

Atrás del vehículo había dos números grandes: 47, el número

del uniforme de Joaquín Andújar, un pítcher excepcional que ayudó a los Cardinals de St. Louis a ganar la Serie Mundial de 1982, donde abrió dos juegos con éxito. Curiosamente, muchos de los ex peloteros le habían instalado ventanas oscuras a sus autos para que nadie los reconociera, como intentando preservar su anonimato, pero al mismo tiempo pintaban los números de sus uniformes en sus autos para asegurarse de que todo el mundo supiera quiénes eran. Muchos de los antiguos jugadores de las Grandes Ligas oriundos de San Pedro tienen autos lujosos. Sin embargo, su verdadero estatus no se mide por el valor comercial de sus autos, sino por el costo de la gasolina que consumen. La mayoría de los habitantes de San Pedro no podrían llenar los tanques de estos autos aunque se los regalaran.

Las palomas no fueron las únicas en sorprenderse por la súbita llegada de Andújar a mediodía.

Era bien sabido en San Pedro que Andújar, quien todos los días salía hasta altas horas de la madrugada, rara vez se despertaba y salía de su apartamento antes del mediodía. Sus días comenzaban generalmente por la tarde.

Andújar, un hombre que con sus 6 pies de estatura no era particularmente grande para ser pítcher, iba cuidadosamente vestido aquel día con un suéter amarillo —algo inusual para un mediodía en la República Dominicana a menos que uno pase todo el tiempo bajo aire acondicionado—, se acercó y habló con Mercedes sobre la trampa de Manny. Éste insistió en que la cuerda debería estar atada a la jaula y no a la botella. Hicieron eso y las palomas regresaron, pero estaban demasiado cautelosas como para aventurarse al interior de la jaula.

Los tres hombres bromearon acerca de comerse las palomas que atraparan. Pero ellos no se las comían, simplemente las mantenían en una jaula grande como mascotas. Era sólo por diversión. Manny Alexander se rió.

"Es por eso que nos gusta tanto la República Dominicana: aquí somos libres", señaló.

En el cañaveral de Consuelo, Dionicio Morales, conocido entre los corteros como Bienvenido, se dirige somnoliento a almorzar a un lado de su vagón. No es tan delgado como Elio y los demás que descansaban bajo los árboles. Una pequeña panza es sinónimo de una posición un poco más cómoda en la vida. Hijo de padre haitiano y de madre dominicana, tiene la misma edad que Elio, pero seis años más de experiencia. Comenzó en los cañaverales cuando tenía diez años. "He hecho todos los trabajos", dice, aunque parece más una queja que un alarde. "He cortado, sembrado y despejado los cultivos".

Ahora Dionicio era un supervisor de campo, y este día estaba a cargo del puñado de cortadores cansados que reposaban allí. Ganaba 8.000 pesos mensuales, alrededor de $250, casi $1 más al día de lo que gana un trabajador que corta un promedio de dos toneladas. Pero se daba el lujo de tener un sueldo estable, al menos durante los cuatro meses de la zafra. A mediados del siglo XX, su padre atravesó la isla desde Haití para cortar caña por tres centavos de dólar la tonelada. Dionicio recuerda aquellos días más difíciles aún cuando un simple camino de tierra conducía desde Consuelo a la ciudad y los trabajadores del azúcar nunca salían de los cultivos. Las empresas azucareras ofrecían viviendas en las plantaciones, dispuestas en pequeñas aldeas llamadas batey, una palabra indígena que antes de la llegada de los españoles designaba un juego de pelota. Los trabajadores y sus familias vivían allí y compraban insumos y alimentos en la tienda de la compañía, que les otorgaba un crédito. Estas compras terminaban consumiendo la mayor parte o la totalidad de su exiguo salario. Si los trabajadores de la caña querían que sus hijos estudiaran, estos tenían que caminar varias millas para ir a la escuela más cercana, pero esto supuso una mejora considerable con respecto a épocas anteriores cuando sencillamente no había escuelas. La carretera asfaltada marcó una gran diferencia, pues el estadio de béisbol, localizado en el centro de San Pedro, quedó a tan sólo quince minutos de distancia. Los cortadores aún no poseían medios de transporte, sin embargo, con el dinero que ganaban tras cortar unos pocos cientos de libras de caña —unos cuantos pesos— podían viajar al centro de la ciudad en el asiento posterior de una motocicleta. Éste, conocido como motoconcho, era el principal medio de transporte de San Pedro.

Al igual que varios centenares de familias de trabajadores, Dionicio y Elio vivían cerca de este campo, en el Batey Experimental. Allí los trabajadores no vivían en barracas, tal como sucedía en algunos de los peores bateyes, sino en casas de concreto separadas, con techos de hojalata, con una a tres habitaciones pequeñas. El agua corriente y la electricidad funcionaban de vez en cuando. Las familias siembran algunos de sus alimentos en los bateyes, especialmente plátanos, yuca y chícharos, todos ellos productos básicos que crecen con facilidad en el Caribe. Algunas ganan un dinero adicional comprando y vendiendo naranjas por las calles sin pavimentar del batey.

"No es tan malo si ganas buen dinero", dice Dionicio refiriéndose al batey, al que considera su hogar. "Si no ganas mucho dinero, es difícil". Un gran número de personas del Batey

Experimental —especialmente entre las zafras, período conocido como el "tiempo muerto"— no ganaban nada.

No existen muchas opciones de trabajo en San Pedro de Macorís. Al preguntarle si le gustaba su trabajo, Elio Martínez negó con la cabeza enfáticamente, como si hubiera ingerido una sustancia amarga. Luego se apresuró a agregar: "Pero tengo que ganar dinero".

No todos en San Pedro cortan caña. Algunos trabajan en los ingenios de azúcar. Otros son pescadores, venden naranjas o conducen motoconchos. Algunos juegan béisbol, una actividad por la que es cada vez más conocido San Pedro ahora que la industria azucarera está desapareciendo.

El azúcar y el béisbol han intercambiado lugares. Una ciudad donde se jugaba un poco de béisbol, y que era conocida en el mundo sólo por su industria azucarera, se había convertido en una ciudad con un poco de azúcar, reconocida mundialmente gracias a los grandes equipos de béisbol y a sus seguidores. La ciudad azucarera de San Pedro se había convertido en San Pedro, la ciudad del béisbol. También es, por supuesto, un lugar donde la gente escribe poesía, se enamora, engendra niños, tiene matrimonios felices o desdichados, pescan en el mar, siembran otros cultivos, abren tiendas y negocios y practican incluso otros deportes como el baloncesto y el boxeo. Pero quiso el destino que San Pedro fuera conocido en el mundo por una sola cosa. Que una ciudad de ese tamaño alcanzara la fama en un país pequeño y pobre que rara vez llamaba la atención del resto del mundo, salvo para ser invadido, es algo notable. Un siglo atrás, si San Pedro se mencionaba en el extranjero y se recibía respuesta, probablemente era: "Ah, sí, el lugar del azúcar". Hoy en día básicamente es: "Ah, sí, esa ciudad de donde provienen todos los campo cortos".

En la época en que San Pedro era una ciudad azucarera, el béisbol echó raíces en las plantaciones de caña. La historia del azúcar en San Pedro —una historia de pobreza y de hambre— y la historia del béisbol —una historia de millonarios— siempre han estado estrechamente entrelazadas. Las compañías azucareras fueron las que llevaron el juego, y los trabajadores de las Antillas Menores que jugaban cricket, proporcionaron los jugadores. En algunos casos, el azúcar suministró incluso el insumo básico del béisbol, una pelota dura elaborada con las melazas. Más tarde, cuando el juego llegó a otras partes del país, se utilizaron pelotas diferentes. Bajando por la costa, en Haina, al otro lado de Santo Domingo, donde crecieron los Alou —una de las grandes familias de beisbolistas—, no había azúcar pero sí cultivos de limón, y los limones se convirtieron en pelotas mucho más efímeras que el azúcar.

Esta es una historia acerca de alcanzar el éxito; sobre los giros y vicisitudes que determinan el éxito o el fracaso, y cómo cada uno de esos aspectos puede cambiar la vida de una persona; una historia sobre un mundo donde un simple gesto del entrenador del equipo de una granja, así llamado por sus ubicaciones en lugares apartados de Norteamérica, pueden marcar la diferencia entre ganar varios millones de dólares al año o regresar a casa y ganar unos pocos cientos de dólares. Y esa es una diferencia que determina, a su vez, la vida de más de una docena de familiares. La vida es un entramado muy frágil que se decide con frecuencia por la fuerza de un brazo, la fluidez de un bateo, o la firmeza de una mano enguantada. Incluso en San Pedro, no todo el mundo tiene el talento para ser un beisbolista. Casi siempre la vida se reduce a lo bien que jugamos las cartas que nos reparten. Al igual que el póquer, la vida es un juego de habilidades derivado de la suerte. La mayoría de nosotros no piensa que la vida es esencialmente injusta. Es por eso que admiramos tanto a los que saben jugarla.

En todo el Caribe, los pobres viven de sueños. Pasa una generación tras otra y la vida sigue siendo difícil. Pero siempre existe la esperanza. En Jamaica, los niños de los tugurios de Kingston practican el canto con la esperanza de ser el próximo Bob Marley o Jimmy Cliff. En San Pedro de Macorís, practican su bateo y el sueño de ser como Sammy Sosa.

En 2008, setenta y nueve habitantes de San Pedro ya habían llegado a las Grandes Ligas, donde el salario promedio era de $3 millones. Pero Elio Martínez no jugó béisbol. Golpeó otra caña y la exprimió en su boca para beber un último sorbo. Muy pronto, su almuerzo habría terminado. *Gracias, Presidente.*

PRIMERA PARTE

EL AZÚCAR

La caña triturada, como una lluvia de oro,
en chorros continuados, baja, desciende y va
allí donde la espera la cuba,
para hacerla miel, dulce miel, panal.

El sol que la atraviesa con rayo matutino,
de través, como un puro y terso cristal,
sugestiona, persuade, que se ha fundido
la misma luz solar.

—Gastón Fernando Deligne, "Del trapiche".

CAPÍTULO UNO

Como la huellade un beso

Es más fácil describir a San Pedro de Macorís y a la historia y mezcla cultural tan particular que contribuyeron a su formación, que explicar el país en el que surgió. La República Dominicana tiene una extraña ambivalencia. Pedro Mir, el poeta laureado de San Pedro de Macorís, describió a su país como:

> *Simplemente*
> *transparente,*
> *Como la huella de un beso a una solterona*
> *O la luz del día en los tejados.*

De los países del Caribe considerados como islas grandes, aquellos que por su tamaño deberían dominar la región, la República Dominicana es el que tiene el menor impacto y la cultura menos autóctona. Los demás tienen nombres poéticos: Haití, Cuba, Jamaica, Puerto Rico y Trinidad. La República Dominicana tiene un nombre que parece una propuesta temporal a falta de una idea mejor. Incluso Puerto Rico, que tiene la curiosa historia de no haber sido jamás una nación independiente, parece tener un sentido más fuerte de la identidad. La República Dominicana, una de las primeras naciones independientes del Caribe, parece luchar con su identidad.

Es una nación que generalmente ha estado rezagada de la historia, casi al margen del imperio español y de la independencia caribeña. Aunque comparten la misma isla, es un país muy diferente a Haití. Casi tan pobre pero no tanto, ni tan trágica ni romántica como su vecino, la República Dominicana se perdió del boom del azúcar a principios del siglo XVIII y llegó tarde al segundo, ocurrido en el siglo XIX. Al igual que con el béisbol, su industria azucarera estaba detrás de las de Cuba y Puerto Rico, y los dominicanos tenían problemas para posicionarse a sí mismos.

Los dominicanos hablan español, pero su país no es un lugar muy hispano. No es tan latino ni tan africano como Cuba. Los dominicanos han desarrollado géneros musicales originales y destacados, pero no tan influyentes ni tan reconocidos como los múltiples géneros que tiene la música cubana, el *reggae* de Jamaica o el calipso de Trinidad. No tiene la fuerte tradición en las artes visuales ni en la artesanía popular por las cuales es conocida Haití, y de hecho las tiendas turísticas dominicanas están llenas de pinturas haitianas, así como de artesanías y malas imitaciones de dicho país. También les venden puros cubanos a los turistas, porque los cigarros dominicanos, algunos de los cuales son de muy buena calidad, no tienen el mismo prestigio.

Además, la República Dominicana es muy diferente a su vecina del otro lado de la isla, Haití, un lugar mucho más africano.
Pero a excepción del idioma español y del béisbol, ninguna de
las dos se parecen mucho a Cuba ni a Puerto Rico. A pesar de
una larga y dolorosa relación con Estados Unidos y del hecho
de que el dinero que envían a la isla los emigrantes dominicanos es una parte primordial de la precaria economía del país
—una de las más pobres del continente americano— la República Dominicana tampoco se ha americanizado mucho. El
mundo de las Grandes Ligas es plenamente consciente de que
los peloteros dominicanos que llegan a Estados Unidos se ex-
travían en una tierra muy extraña y diferente.

Sería tentador decir que el béisbol define a la isla, pero este
deporte fue llevado por los cubanos, puertorriqueños y americanos. Los dominicanos se han destacado en el juego, y en las
últimas décadas el béisbol se ha convertido finalmente en algo
que los dominicanos dominan —finalmente, algo por lo que
pueden ser reconocidos— y esto es un motivo de orgullo. Desde
1956 —cuando Ozzie Virgil, de la norteña ciudad dominicana
de Montecristi, se hizo jugador de cuadro con los Giants de
Nueva York— hasta el año 2008, 471 dominicanos participaron
en al menos un juego de las Grandes Ligas. Uno de cada seis
ha salido del pueblo relativamente pequeño de San Pedro de
Macorís.

Pero incluso este logro destacado podría estar ligeramente
opacado por el hecho de que los cubanos dominan el béisbol
en el Caribe y siempre lo han hecho. Fue gracias a las leyes
norteamericanas, que obligaron a los peloteros cubanos a desertar si querían jugar en Estados Unidos, que se les abrió a
los dominicanos un espacio en el béisbol. En febrero de 1962,

cuando Estados Unidos impuso el embargo a Cuba, sólo seis dominicanos habían jugado en las Grandes Ligas.

A pesar de su ambigüedad tan turbia, la República Dominicana es realmente un país distinto, con su propia cultura, sociedad y un modo de hacer las cosas diferentes al de cualquier otro lugar. Esto ha hecho que los dominicanos amen a su patria y suspiren por ella cuando están lejos. Pero no es muy fácil comprender en qué reside esto. En los últimos veinte años se ha presentado un marcado crecimiento en el número de visitantes, pero en una modalidad de turismo que hace que los turistas sean recluidos en resorts amurallados, convenientemente alejados de la realidad dominicana. La impresión que se llevan los turistas es tan falsa que el país podría ser aún menos conocido de lo que era cuando casi nadie lo visitaba.

Hay rasgos típicamente dominicanos, y dada la violenta historia del país, no es de extrañar que se presenten actos violentos en la vida cotidiana dominicana. Hay violencia doméstica, pero también el reciente declive de la economía ha ido acompañado de un aumento en la delincuencia común, especialmente entre la juventud. El alcalde de San Pedro, Ramón Antonio Echavarría, afirma que el crimen callejero es el mayor problema de su administración. Asimismo, grupos de derechos humanos nacionales denunciaron que sólo en 2008, casi 500 personas, la mayoría menores de treinta y cinco años, fueron asesinadas a tiros en las calles por la policía, que sólo reconoce 343 asesinatos.

Sin embargo, los dominicanos exhiben una gran dulzura en su comportamiento. Ellos sonríen y se abrazan con mucha más facilidad que la mayoría de los otros pueblos. Los americanos, en su intento por inculcarles los valores del espíritu deportivo norteamericano, les dicen a los jóvenes peloteros en los programas juveniles dominicanos que les estrechen la mano a sus oponentes después de los juegos en señal de saludo. Ellos van al campo de juego y por un breve momento comienzan el ritual poco natural de estrecharse la mano, pero no tardan en abrazarse unos a otros. Eso es lo que hacen los dominicanos.

Los hombres dominicanos tienen fama de sexistas. Sin embargo, es común encontrar mujeres —así no sean mayoría— en las diversas profesiones, especialmente en la medicina. La imagen del carácter de la mujer dominicana se celebra particularmente en la historia de las hermanas Mirabal, tres mujeres de clase alta que se resistieron a la dictadura de Trujillo y fueron asesinadas en su casa cuando regresaban de visitar a sus esposos en prisión. De hecho, la leyenda fundacional de la resistencia dominicana es la de una mujer taína llamada Anacaona. Cuando su marido fue asesinado por los españoles, Anacaona se convirtió en líder de su pueblo y fue capturada por los españoles mientras trataba de negociar la paz. El gobernador español Nicolás de Ovando la condenó a la horca.

Las madres son reverenciadas y no es raro que un hombre decida utilizar su apellido materno en lugar del tradicional apellido paterno. Los nombres españoles tienen dos apellidos, el del padre y luego el de la madre. Aunque el apellido paterno es el primero y no el segundo, es el que se utiliza tradicionalmente. Pero los dominicanos suelen elegir el de sus madres. Un ejemplo es el del campo corto Ricardo Jacobo Carty. Jacobo era su apellido paterno y Carty el materno, y según la tradición española él debería ser llamado por su nombre completo, o bien Ricardo Jacobo, pero él decidió llamarse Rico Carty, en honor a su madre. Hay muchos otros ejemplos similares en San Pedro.

Los dominicanos son muy unidos y leales a sus familias. Esto, por supuesto, no es algo exclusivamente dominicano, pero llama la atención la dedicación a sus familias inmediatas y el poco interés que suelen mostrar por la comunidad en general. Su sentido del patriotismo es aún más débil. Al igual que muchos caribeños, a los dominicanos les encanta bailar, algo que hacen a la perfección, y consideran extraños a los compatriotas que no saben bailar. Parece que el amor por el baile ha sido siempre una característica dominicana. A las autoridades del siglo XVIII les perturbaba la ubicuidad del baile dominicano, y en 1818 el gobernador español emitió finalmente un decreto que prohibía bailar en las vías públicas en horas de la noche sin la debida autorización. Muchas danzas dominicanas de esa época, así como las de otras islas del Caribe, tuvieron sus raíces en las danzas europeas del momento, tales como el minué.

Luego, en el siglo XIX, surgió el merengue. Para los dominicanos, este género musical es una de las pocas cosas auténticamente dominicanas. Pero los musicólogos sostienen que en muchas otras islas, como en Cuba y Puerto Rico, también había merengue, y que probablemente su aparición data de mucho tiempo atrás. Peor aún, desde el punto de vista dominicano, uno de los primeros merengues se originó en Haití, y al parecer se arraigó en la parte dominicana de la isla a finales del siglo XVIII y principios del siglo XIX, cuando comenzaron a llegar refugiados haitianos durante la muy violenta revolución haitiana. Los dominicanos pueden vivir con la idea de que su juego, el béisbol, vino de Estados Unidos y Cuba, pero no así con el hecho de que su música llegó de Haití. La República Dominicana fue invadida y ocupada en varias ocasiones por la nación negra con la que comparte la isla, y el antihaitianismo, a menudo llevado hasta la xenofobia, es una fuerte obsesión dominicana. De hecho se cree popularmente, aunque es probable que no sea cierto, que el merengue se creó para celebrar el fin de la ocupación haitiana en 1844.

Este género musical fue nombrado a partir del merengue, el postre blanco y esponjoso, hecho apenas con claras de huevo batidas y azúcar. Tanto la palabra como el postre son franceses, lo que sugiere una conexión haitiana.

El merengue siempre ha sido una música bailable. A lo largo de sus muchas transformaciones ha mantenido un compás de 2/4, con énfasis en el tiempo acentuado. Fue interpretado originalmente en numerosas variantes de guitarra elaboradas con una calabaza con crestas llamada güiro —la versión moderna de metal se llama güira— y un tambor que es tocado con las manos en un extremo y con baquetas en el otro. Los dominicanos han tratado de concederle una importancia simbólica a este tambor, ya que tiene un lado masculino y otro femenino. El lado que se toca con las manos está cubierto con piel de macho cabrío y el tocado con las baquetas se cubre con piel de cabra. Los dominicanos suelen decir que el güiro es un auténtico instrumento dominicano, inventado por los indios taínos. Pero los antropólogos han refutado esto. De hecho, hay algunas pruebas inquietantes de que pudo llegar realmente de Puerto Rico.

Por la época en que el acordeón se sumo a la orquesta de merengue, este género musical fue denunciado por los ciudadanos prominentes, entre ellos el presidente Ulises Francisco Espaillat, quien afirmó que el merengue era peligroso y lo llamó "fatal" porque atacaba el sistema nervioso y hacía que la imaginación se descontrolara.

Él pudo haber tenido algo de razón. Al igual que el sexo, el merengue es una excitación física que supone una disyuntiva al pensamiento racional. En los años transcurridos desde la época de Espaillat, la instrumentación se ha hecho un tanto más elaborada y fuerte tras la inclusión de una sección de metales. El ritmo sigue siendo agitado y cautivante, una expresión estimulante y ligeramente indolente de la energía por el puro placer de la energía. Gracias a los grandes altavoces y a los potentes equipos de música, el merengue se ha asegurado de que las ciudades dominicanas nunca estén silenciosas durante la noche, y ahora, con la llegada de los iPod y los audífonos minúsculos, puede sonar a todo volumen en el canal auditivo y dirigirse directamente hacia el cerebro. Hay cosas que no se pueden hacer mientras se escucha merengue: reflexionar, quedarse quieto o estar triste.

Desde la década de los sesenta, un género musical más reciente, la bachata, ha surgido de las zonas rurales pobres. Es el equivalente dominicano de la música country: baladas tristes de amor no correspondido. Aunque también es reclamado como un género musical típico de República Dominicana, está claro que tiene sus raíces en el bolero cubano.

Así como todas las identidades nacionales, la identidad dominicana, ambigua y confusa, hunde sus raíces en la historia. Ubicada en una región conocida por las historias difíciles, la historia de la República Dominicana es particularmente difícil; una historia un tanto extraña, de una tierra y un pueblo que luchan durante varios siglos para encontrar un camino hacia la nacionalidad.

En el lapso de 500 años, fue invadida dos veces por los españoles, tres por los haitianos, en dos ocasiones por los franceses y en otras dos por los norteamericanos, descontando a las compañías azucareras o a las Grandes Ligas de béisbol. Los dominicanos también han pedido, por iniciativa propia y en diferentes épocas, ser anexados a España, Gran Bretaña, Colombia, Francia y Estados Unidos.

El único hito dominicano de su historia ocurrió en 1492, cuando Cristóbal Colón desembarcó allí y bautizó a la isla como La Española, para no dejar dudas sobre el título de propiedad, y estableció la primera colonia europea en el continente americano. La isla se convirtió en la base para la conquista española de América, y la mayoría de los carniceros que la conquistaron en nombre de España —incluyendo a Cortés, Pizarro, Ponce de León y Balboa— pasaron por ella.

El oro fue la obsesión española de la época, y cuando lo encontraron, esclavizaron a los nativos para extraerlo. Tan sólo veinticinco años más tarde, la mayoría del oro y de los nativos habían desaparecido. Los españoles los hicieron trabajar hasta causarles la muerte o los contagiaron con enfermedades letales, de modo que apenas sobrevivieron 11.000 nativos de una población total calculada inicialmente en 400.000, otorgándole así a La Española un lugar importante en la historia del genocidio.

Es comprensible que los dominicanos no se sientan cómodos con la historia de su fundación. En la República Dominicana no existe un día festivo en honor a Cristóbal Colón. Y sin embargo hay un cierto orgullo, especialmente en la capital, en la prelación que Colón les dio, pues Santo Domingo es la ciudad europea más antigua del continente americano, al igual que su universidad.

Pero una vez desaparecido el oro y la población nativa, Santo Domingo pasó a ser un lugar atrasado que no volvió a desempeñar un papel importante en el escenario mundial; es decir, hasta que el azúcar, que había sido un producto del Mediterráneo por espacio de mil años, empezó a cultivarse a un menor costo en el trópico caribeño. Los dominicanos figuraron entre los primeros productores de azúcar en el continente americano. Los colonizadores españoles recogieron la primera cosecha de azúcar dominicana en el año 1506. Pero a pesar de los altos precios que tenía el azúcar en Europa, los dominicanos no lograron consolidarse como productores importantes, pues el cultivo de la caña requiere una dosis considerable de trabajo y los españoles, que habían exterminado a casi todos los nativos, se encontraron con una isla poco poblada. Al igual que en otras islas, comenzaron a traer esclavos africanos, quienes empezaron a sublevarse a partir de 1522. Muy pronto hubo más esclavos fugitivos que españoles en la isla. En las regiones apartadas del Occidente de la segunda isla más grande del Caribe, el azúcar era vendido ilegalmente a enemigos de España, como Francia y Holanda. La solución de las autoridades españolas consistió en quemar y destruir toda la agricultura costera en ese lado de la isla, donde se habían presentado los casos de contrabando, y en desocupar la zona por la fuerza. Esta región fue ocupada por los franceses, quienes hicieron de ella la colonia más próspera del mundo, mientras que la parte oriental y española permanecía empobrecida y descuidada. A finales del siglo XVIII y comienzos del XIX, cuando en la parte francesa de la isla estalló la que sería la primera revolución exitosa de esclavos africanos en el continente americano y se fundó la primera nación negra poscolonial del mundo, el lado de Santo Domingo continuaba a la deriva.

En 1795, durante la revolución haitiana, los franceses les arrebataron a los españoles la parte oriental de la isla. Los dominicanos se rebelaron y expulsaron a los franceses y haitianos, pero en lugar de declarar la independencia, pidieron el regreso de los españoles que, desde 1809 hasta 1821, controlaron nuevamente la isla, pero de una manera despótica e indiferente al desarrollo de la colonia. Cansados del dominio español, los dominicanos se sublevaron nuevamente —tal y como lo hicieron la mayoría de las colonias españolas en aquella época— y en un escaso momento triunfal, expulsaron a los españoles y declararon su independencia. Debió ser un momento de gloria nacional, el momento fundacional de la nación. Sin embargo, una sensación de pánico pareció apoderarse de los dominicanos, quienes se sintieron aislados del mundo, y adelantaron negociaciones con Simón Bolívar, el gran libertador sudamericano oriundo de Venezuela, que soñaba con una gran nación latinoamericana e independiente llamada la Gran Colombia.

El ejército haitiano invadió a los dominicanos en 1822 y, ante la poca resistencia que encontraron, asumieron el poder y abolieron de inmediato la esclavitud. Los dominicanos nunca habían tenido su propio movimiento abolicionista. El dominio haitiano no sólo era antiesclavista, sino también antiblanco e incluso antimulato, y por eso los haitianos, en su deseo de hacer que la parte oriental de la isla fuera más negra, fomentaron la inmigración negra proveniente de Estados Unidos recibiendo a 5.000 negros, la mayoría de ellos de Nueva York y Filadelfia —muchos de los cuales eran esclavos liberados— para que se mudaran a las zonas poco pobladas. Tras veinte años de ocupación, los dominicanos terminaron siendo un poco españoles y un poco franceses, pero ni blancos ni negros del todo; el único país mulato, obsesionado con la raza y profundamente inseguro.

La historia dominicana tiene a su haber la victoria militar que expulsó a los haitianos en 1844. Pero uno de los líderes dominicanos, Buenaventura Báez, fue educado en Francia y parece haber sufrido de francofilia, esa antigua debilidad. A su regreso de Francia, Báez colaboró con los ocupantes haitianos mientras iniciaba un diálogo con el gobierno francés para que se hiciera cargo de la República Dominicana, que en esa época era conocida con el nombre de Haití Español. Existen evidencias de que los franceses influyeron en la negociación de la retirada de Haití. Incluso mientras el Haití Español estaba siendo bautizado como una nación independiente, llamada República Dominicana, se iniciaron las negociaciones para que los franceses asumieran su control.

El historiador dominicano Frank Moya Pons escribió sobre la "actitud derrotista" que se apoderó del naciente país, con una clase alta conservadora temerosa de que los haitianos regresaran para apoderarse de sus propiedades. En los primeros años como nación independiente, los dominicanos temieron posibles ocupaciones no sólo por parte de los franceses, sino también de los españoles, los americanos y los ingleses. Ésta era una amenaza para los haitianos —especialmente para Faustin-Élie Soulouque, su líder desde 1847 hasta 1859—, que temían por encima de todo una campaña extranjera para restablecer la esclavitud en Haití. Soulouque, un negro instaurado en el poder como marioneta de los mulatos de clase alta, era sorprendentemente astuto y rápidamente se consolidó en el poder, proclamándose como el Emperador Faustin I. Era un militante nacionalista negro, y su temor a a los extranjeros —especialmente a los estadounidenses, que por entonces tenían la nación de esclavos más grande el mundo— condujo a tres intentos por parte de éstos para reto-

mar el control de la República Dominicana. Esto, a su vez, hizo
que los dominicanos sintieran un intenso deseo de ser ocupados
y rescatados por un poder extranjero.

Ninguno de los cuatro poderes en cuestión estaba particularmente interesado en apoderarse de la República Dominicana. Tal parece que Cristóbal Colón fue el primero y el último
en considerarla como un botín. Los franceses solamente estaban interesados en Haití, y obligaron a sus habitantes a pagar
una indemnización elevadísima a cambio del reconocimiento
de Haití como una nación. El único interés de los franceses
en la parte dominicana de la isla era impedir que los haitianos gastaran todo su dinero tratando de invadirla, en lugar
de pagarles a ellos. A los británicos y a los españoles sólo les
preocupaban las maquinaciones norteamericanas con respecto
a Cuba, que era el verdadero botín, y temían que Estados Unidos tomara a la República Dominicana como una especie de
trampolín. Lejos de preocuparse por preservar su nación, y
mientras las mencionadas potencias militares los ignoraban,
muchos dominicanos —no todos blancos— solicitaron la ciu-
dadanía española. La legislación española prometía la ciuda-
danía a cualquier descendiente de un colonizador español, y
los ciudadanos españoles estaban exentos de prestar servicio
militar en la República Dominicana.

Pero al final del debate internacional, los españoles regresaron en 1860. Esta vez, igual que en las pasadas, a los dominicanos no les gustó el dominio español e iniciaron una guerra de
independencia contra España, obteniendo la victoria en 1865.
Finalmente eran independientes, pero entre 1865 y 1879 tuvieron veinte gobiernos distintos.

En medio de la desesperación y el derrotismo, los dominicanos trataron de formar parte de Estados Unidos. Ulysses S. Grant, el presidente norteamericano, se mostró interesado, pero el pueblo estadounidense y la mayoría de sus políticos no fueron particularmente receptivos, y el proyecto fue rechazado por el Senado en 1871. De hecho, el senador Charles Sumner de Massachusetts, un abolicionista de vieja data, fue reconocido como un héroe en Estados Unidos por su oposición a la iniciativa y por ahorrarle al país esta anexión. Cuando los dominicanos conocieron mejor las intenciones norteamericanas, Sumner fue recordado con la misma admiración por los dominicanos.

La República Dominicana, independiente y sin recursos económicos, se endeudó cada vez más y fue controlada crecientemente por las instituciones financieras internacionales. Los dominicanos estaban divididos en dos grupos firmemente opuestos: rojos y azules, el Partido Rojo y el Partido Azul.

Era el destino de la República Dominicana llenar extrañas notas a pie de página en la historia, pero nunca ocupar el centro del escenario. La Primera Guerra Mundial fue el pretexto para una invasión norteamericana a la República Dominicana. A medida que se aproximaba la Segunda Guerra Mundial, cuando el mundo les dio la espalda a los refugiados judíos alemanes, el dictador dominicano Rafael Leónidas Trujillo les abrió las puertas y les dio la bienvenida, no por un sentimiento de humanidad, sino para blanquear la composición racial de los dominicanos, del mismo modo en que los haitianos habían acogido con satisfacción a los negros norteamericanos para oscurecer su sangre.

Al comienzo de la Primera Guerra Mundial, los estadounidenses descubrieron que los dominicanos corrían el riesgo de ser ocupados por los alemanes, y entonces invadieron la isla.

En realidad, la invasión fue parte de una política que se remontaba a 1898, consistente en asegurar el control del Caribe para la construcción del Canal de Panamá. Durante este período, Estados Unidos encontró excusas para invadir seis naciones del Caribe, incluyendo Haití y la República Dominicana. Tomando como punto de referencia su historia y su deuda con la banca europea, los estadounidenses sospechaban que los dominicanos podrían sucumbir a los europeos, justo en su propio patio trasero, en la puerta de entrada a Panamá.

En una notable similitud con la invasión a Irak, que ocurriría menos de noventa años después, Estados Unidos invadió el país en 1916 sin muchas explicaciones ni objetivos precisos, y se sorprendió de que los locales resintieran su presencia. Los dominicanos conformaron pequeñas bandas que atacaron esporádicamente a las tropas norteamericanas, las cuales los calificaron de bandidos. Estados Unidos creó una policía nacional dominicana para controlar a los rebeldes, pero tuvo problemas para asumir el control efectivo de la fuerza policial.

El ejército estadounidense estableció una escuela de formación de oficiales en Haina. Entre los graduados de la primera promoción se encontraba un impulsivo delincuente de poca monta llamado Rafael Leónidas Trujillo Molina. Aunque este joven soldado raso tuvo problemas cuando trató de extorsionar a los habitantes locales, los cargos fueron retirados y Trujillo fue aprobado para recibir entrenamiento como oficial. Se graduó como segundo teniente y entabló amistad con oficiales norteamericanos de alto rango, ascendiendo tan rápidamente dentro de la jerarquía militar que en 1924, cuando los americanos abandonaron el país alegando que ya se había estabilizado y que dejaban consolidada una fuerza policial eficaz, Trujillo había alcanzado el grado de mayor. Poco después, era teniente coronel. Los estadounidenses habían dicho que querían asegurar la estabilidad, y en realidad lo consiguieron. Seis años después de la retirada estadounidense, la oposición estaba agotada por su guerra de ocho años contra la Marina de Estados Unidos, y Trujillo se hizo con el control absoluto del país. Lo mantuvo durante treinta y un años, consolidando una de las dictaduras más largas de la historia, hasta que fue asesinado en 1961 con la complicidad de la CIA.

Trujillo gobernó según su capricho personal: "megalomanía" fue la palabra usada por Jesús de Galíndez, un refugiado vasco de la Guerra Civil Española, en su tesis doctoral sobre Trujillo en la Universidad de Columbia, razón suficiente para que el general ordenara secuestrar a Galíndez en Nueva York y llevarlo a Santo Domingo. Su cuerpo nunca fue encontrado, y la variedad de historias horripilantes que circularon sobre su muerte fueron un testimonio de la sombría imaginación dominicana.

Por supuesto, el propio Trujillo tenía una imaginación dominicana —ninguna más oscura que la suya— y una de estas historias sombrías probablemente era cierta. Galíndez, al igual que muchos en las décadas de la tiranía de Trujillo, tuvo un final muy lamentable. En su tesis, que narraba minuciosamente tanto la excentricidad y la brutalidad del régimen, Galíndez informó que en 1935 los esbirros de Trujillo asesinaron a un oponente político exiliado en Nueva York; que habían hecho lo mismo en 1952 con otro dominicano en Madison Avenue y que en 1950 habían asesinado en La Habana a Mauricio Báez, un sindicalista de San Pedro de Macorís. Nada de esto hizo que el gobierno de Estados Unidos se opusiera al general Trujillo.

El incidente de los refugiados judíos es sólo uno de los muchos ejemplos de la obsesión de Trujillo con el blanqueamiento de la raza. Trujillo blanqueó el merengue al privilegiar la versión blanca de la región de Cibao. Otro intento para blanquear la raza tuvo lugar en 1937. Mientras todo el mundo estaba atento al histórico enfrentamiento beisbolístico entre Ciudad Trujillo y San Pedro, el dictador lanzó la Operación Perejil, ominosamente apodada el corte.

La mayoría de los haitianos no podían pronunciar correctamente la palabra perejil.

Los haitianos, cuya lengua materna es el creole, tienden a pronunciar la *r* como la *w*, lo cual es una influencia africana. Y, al igual que muchos pueblos de habla inglesa, también tienen dificultades con la jota española, que proviene del árabe. Trujillo envió soldados a la región fronteriza con ramitas de perejil. Cuando encontraban a alguien de rasgos africanos, o que les parecía sospechosamente oscuro, un soldado sacaba la ramita y le pedía a la persona que la identificara. Si decía algo que sonara como "pewidgil", era enviado al otro lado de la frontera o asesinado. No se sabe con exactitud cuántas personas fueron ejecutadas. El *New York Times* calculó inicialmente una cifra de 2.700 a 3.000 víctimas, pero la matanza continuó. Galíndez calculó que fueron más de 20.000 las personas asesinadas, y algunos sostienen que la cifra ascendió a 30.000. Los bateyes azucareros no fueron tocados, y se supone —aunque no es seguro— que el mensaje de Trujillo era que los haitianos podrían pasar a la República Dominicana, pero no podían salir de los bateyes.

Posteriormente, el compositor de merengue Julio Eladio Pérez compuso la canción "Trujillo en la frontera", en la que los dominicanos que vivían en la zona fronteriza agradecían al caudillo por traer la paz y el progreso a la región.

Trujillo también trató de blanquearse a sí mismo. Se rumoraba que tenía sangre haitiana y que era un poco oscuro; nada que no pudiera solucionarse con una dosis adecuada de maquillaje Pan-Cake. Según el periodista Bernard Diederich, quien se ocupó de Trujillo en la década de 1950, el maquillaje del general se derretía con el calor tropical y entonces Trujillo obligaba a los fotógrafos de prensa a retirarse.

La historia de Trujillo dice mucho acerca de la relación entre Estados Unidos y la República Dominicana. El dictador saltó a la fama a causa de la ocupación militar norteamericana. Su gobierno criminal fue tolerado por los presidentes Hoover, Roosevelt, Truman y Eisenhower, incluso en 1956, cuando sus agentes secuestraron a Galíndez en Nueva York. Aunque Trujillo torturaba y asesinaba a centenares de dominicanos, lo importante para Roosevelt era que Trujillo se hubiera unido a los aliados; para Eisenhower, lo que contaba era que Trujillo era un anticomunista acérrimo. Pero en junio de 1960, antes de que Kennedy fuera elegido, Trujillo intentó asesinar a Rómulo Betancourt, el presidente de Venezuela. Y en noviembre, poco después de que Kennedy llegara a la Casa Blanca, Trujillo asesinó a las tres hermanas Mirabal. Una vez asumió el cargo, Kennedy decidió que Estados Unidos no lo quería más, y Trujillo no tardó en ser asesinado. En la novela *Nuestro hombre en La Habana*, del novelista británico Graham Greene, Segura, un capitán de la policía y torturador infame, expone la siguiente tesis sobre la tortura: Un dictador podría torturar y asesinar a tanta gente como quisiera, siempre y cuando no tocara a miembros de la clase dirigente con los que podrían relacionarse otros líderes mundiales. Trujillo había cruzado esa línea. Ya no era sólo un asesino de incontables personas morenas, sino que se había convertido en un pícaro y en una amenaza para el mundo. A fin de lidiar con él, la CIA estableció contactos con organizaciones clandestinas dominicanas a las que Estados Unidos llevaba treinta años sin patrocinar, y ése fue el fin del general.

Trujillo dirigió la cleptocracia más exitosa en la historia del Caribe, lo cual no es un logro insignificante, habida cuenta de los contendores. En una cleptocracia, el éxito está marcado por la cantidad robada y por los años de impunidad. A pesar de que sólo era el dictador de un país pequeño y pobre, Trujillo se convirtió en uno de los hombres más ricos del mundo y permaneció más tiempo aún en el poder que los Duvalier en la vecina Haití, sumando las dictaduras de padre e hijo.

Claro que, en realidad, la cleptocracia más prolongada en la historia de Caribe fue la perpetrada durante varios siglos por Europa, que chupó hasta la última gota de riqueza que pudo obtener de sus colonias del Caribe. El sector corporativo estadounidense hizo todo lo que estuvo a su alcance en este sentido —después de todo, el azúcar también puede cultivarse en la Florida y Luisiana—, pero fue esta historia de cleptocracia en particular la que hizo que el Caribe fuera atractivo para las empresas norteamericanas, aunque nunca alcanzaran los éxitos cleptocráticos de Europa. Entonces, los europeos y los americanos se preguntaron por la tendencia a la cleptocracia que había en estas islas, como si se tratara de una afección exclusivamente caribeña, ocasionada tal vez por el clima.

La clave del éxito de Trujillo radicó en su brutalidad despiadada y en el egoísmo implacable con el que trató de controlar y definir todos los aspectos de la vida dominicana. El dictador era dueño de la mayor parte de la industria —incluyendo los ingenios de azúcar, además de la producción de arroz, la carne de res, la sal y los zapatos— controlaba los equipos de béisbol y era incluso el tema de inspiración de merengues exitosos como "Gloria al Benefactor", "Trujillo es grande e inmortal" y el éxito de 1946 "Queremos reelección". Bailaba merengue para ganar popularidad con la clase campesina, pero también blanqueó la música para atraer a las clases altas mediante la imposición de formas provenientes de la poesía española.

Los niños dominicanos se colgaban tapas de botella en el pecho en su intento por imitar las medallas que el líder se confería a sí mismo, en sus uniformes diseñados a la medida. Durante mucho tiempo se ha creído que los sentimientos de inseguridad y de ambivalencia por parte de los dominicanos exigían un hombre fuerte y paternalista como líder; lo que se conoce como caudillo, un tipo de líder que espera que le den las gracias por la cosecha de azúcar. También es ampliamente reconocido que esta tendencia, la del caudillismo, es uno de los grandes problemas de la República Dominicana.

Cuando Trujillo llegó al poder, uno de los primeros merengues oficiales decía:

Tenemos esperanza en nuestro caudillo;
Todo va a cambiar con gran rapidez,
Porque ahora Trujillo es el presidente.

Durante los treinta años posteriores al asesinato de Trujillo, la política dominicana sustituyó a rojos y azules con Joaquín Balaguer y Juan Bosch. Estos dos eternos enemigos fraternales —Balaguer, el caudillo de la derecha que se había desempeñado como presidente al servicio de Trujillo, y Bosch, el idealista de izquierda, amigo de Fidel Castro— tenían tantas cosas en común que parecían dos copias exactas de la misma persona. Balaguer nació en 1906 en la región norteña de Cibao;

era miembro de la élite de la región más próspera y con la población más blanca del país. Bosch nació en la misma región y
en la misma clase social tres años después. La madre de Bosch
era puertorriqueña y el padre de Balaguer era puertorriqueño.
Ambos eran blancos, en un país donde sólo un 15% de la población es blanca. Los dos eran escritores, aunque los cuentos
duros y realistas de Bosch ganaron más respeto que la poesía
florida y decimonónica de Balaguer, quien fue muy apreciado
sin embargo por sus ensayos literarios, en los cuales siempre
elogió la obra de Juan Bosch, su *frère-ennemi*.

El uno había trabajado para Trujillo, el otro se opuso a él y
se marchó al exilio.

Ambos vivieron y jugaron un papel protagónico en la vida
política del país hasta alcanzar los noventa años de edad, y los
dos parecían negarse a abandonar la política o a morir. Los dos
viejos enemigos podían incluso aliarse para excluir a un tercer
partido político.

Balaguer fue un esteta que nunca se casó y que dormía en el
cuarto de la servidumbre de la casa donde vivían sus seis hermanas. Vestía traje oscuro y sombrero de fieltro, y su única extrava-
gancia consistía en una limusina fabricada especialmente para
él, conocida como el "Balaguer móvil", y un escritorio tallado,
enorme y oscuro, que heredó de Trujillo, su caprichoso pre-
decesor. Se rumoreaba que Balaguer había engendrado hijos
ilegítimos en todo el país, pero esta especulación puede haber
surgido de la dificultad que tenían los dominicanos para aceptar gobernantes que no estuvieran obsesionados con el sexo.
Las proezas sexuales de la mayoría de ellos, especialmente las
de Trujillo y de su hijo Ramfis, eran legendarias.

Cuando los asesinos de Trujillo lo alcanzaron en la carretera, se dijo que el dictador se dirigía en ese momento a una cita clandestina.

Pero únicamente por la ropa y otros artículos masculinos se notaba la diferencia entre los caudillos: Trujillo era un cruce entre Lord Nelson y un Napoleón con plumas, tal como aparece en una opereta de Gilbert y Sullivan, mientras que Balaguer se parecía al actor Karl Malden haciendo un comercial de tarjetas de crédito. Balaguer, con o sin sexo, vivió hasta ser el jefe de Estado más anciano del mundo; se conservó gracias al celibato, tal como lo señalaba otro preocupante rumor, manteniéndose en el poder después de haber sido declarado legalmente ciego y cuando su sentido de la audición había disminuido casi por completo.

Al entrevistarlo en su escritorio colosal, que hacía parecer al pequeño hombre aún más pequeño, este escritor le preguntó por qué el sistema eléctrico fallaba constantemente. Mientras él negaba esta verdad evidente, el palacio se quedó sin luz, pero Balaguer continuó negando el hecho, demasiado ciego para saber lo que había sucedido.

Bosch fue también un octogenario pintoresco. Le gustaba llevar a los periodistas a los tugurios y mostrar su indignación por las viviendas miserables derribándolas, mientras sus desposeídos moradores lo observaban con impotencia al ver que habían perdido lo poco que tenían. Los sucesivos gobiernos de Estados Unidos veían con buenos ojos a Balaguer, que había formado su partido de derecha durante su exilio en Nueva York. La administración de Kennedy apoyó inicialmente a Bosch a pesar de que sus opositores señalaban que era comunista. Sin embargo, una vez asumió el poder, después de una de las pocas elecciones democráticas en la historia dominicana, Bosch cometió el error de buscar la independencia económica de Estados Unidos mediante la concesión de contratos públicos a los europeos. Washington empezó a temerle a Bosch, y después de haber sido depuesto por un golpe militar en 1963, Estados Unidos invadió el país para impedir que regresara al poder, instaurando a Balaguer en su lugar. En la mayoría de las elecciones mientras Balaguer estuvo en el poder, se sospechó que hubo fraude y que se recurrió a la violencia: en 1966, Balaguer ordenó el asesinato de 350 seguidores de Bosch para facilitar así su regreso al poder. Estados Unidos aceptó esto siempre y cuando mantuviera a Bosch alejado del poder.

Cuando Bosch dejó de ser un oponente, Estados Unidos comenzó a criticar la tendencia al fraude del casi nonagenario presidente.

En 1992, durante el aniversario de los 400 años de la llegada de Cristóbal Colón, Balaguer hizo caso omiso de la mala imagen que tenía el Descubridor, y gastó $200 millones para construir un monumento en su honor que proyectaba un haz de luz en forma de cruz sobre el firmamento, y que podía verse a 10 millas de distancia, si alguna vez había energía eléctrica para iluminarlo, claro.

Después de ver cómo Estados Unidos ha manipulado el destino de su país durante varias generaciones, los dominicanos cometen el comprensible error de pensar que su país es una de las principales prioridades de la política de Estados Unidos. El error de los anexionistas del siglo XIX —quienes cuando su propuesta pasó a votación en el Senado descubrieron que nadie en Washington estaba realmente interesado en su país— se repite continuamente. Cuando el presidente Lyndon Johnson envió tropas para ocupar la República Dominicana, hizo que

McGeorge Bundy, su principal asesor de seguridad nacional, viajara a la isla para informarle personalmente sobre la situación. Pero resultó que el principal motivo del viaje no era la preocupación de Johnson por la nación caribeña que acababa de invadir, sino obligar a Bundy a cancelar un debate previsto con los intelectuales más importantes sobre la política de Vietnam.

Era Vietnam, y no la República Dominicana, lo que preocupaba a Washington.

Y siempre ha sido así.

CAPÍTULO DOS

La primera pregunta

La primera pregunta que se hacen la mayoría de las personas al enterarse de la cantidad de jugadores de las Grandes Ligas que han nacido en la pequeña ciudad de San Pedro de Macorís es "¿Qué tiene el agua?", pues pareciera contener algunas sustancias, algunos provenientes de la fábrica mexicana de cemento situada a la orilla del río Higuamo. Pero seguramente no hay nada en el agua que contribuya al béisbol. En San Pedro el béisbol no surgió del agua, sino de la historia de la ciudad.

Los dominicanos tienden a apegarse más a sus regiones que a su país, un hecho que ha demostrado ser importante en la institución del béisbol. Una de las razones por las cuales es tan difícil definir a la cultura dominicana es que, aun tratándose de un país pequeño y grande únicamente para los parámetros caribeños, la República Dominicana tiene varias regiones con historias, economías, tradiciones y hasta composiciones raciales diferentes. Esto era cierto en algún grado incluso antes de que los europeos llegaran a la isla. Los indígenas nativos, los taínos, dividieron la isla en cinco regiones, cada una con su propio cacique. San Pedro, localizada en la costa sur a 40 millas al este de la capital, se encuentra en la parte oriental de la isla, motivo por el cual sus beisbolistas son llamados las Estrellas Orientales. Este sector pertenecía a la región que los taínos llamaron Higüey, gobernada por el cacique Cayacoa a la llegada de los españoles. Una vez los españoles asumieron el control de la isla, la historia y la cultura regionales se diferenciaron aún más. El béisbol surge entonces de la historia única de San Pedro de Macorís y de la región del sudeste.

Los taínos de La Española pertenecían a la etnia de los arahuacos, originarios de Sudamérica, que se habían propagado hacia el norte, hasta las Antillas Mayores.

Dos de sus invenciones más conocidas son las hamacas y los instrumentos musicales conocidos como maracas. Tenían dos cosas en común con los habitantes actuales: comían yuca, el tubérculo o raíz cuyo nombre se dice que tiene origen taíno, y practicaban un juego de pelota para el cual construían campos. La palabra taína para nombrar ese juego de pelota, así como el campo donde se practicaba, es la misma palabra dominicana con que se designa la aldea donde viven los trabajadores de la caña: batey.

Si bien la ascendencia que se remonta hasta los taínos es claramente el motivo por el cual los dominicanos comen tanta yuca, el hecho de que los residentes actuales también construyan estadios para jugar béisbol es sólo una coincidencia, un accidente de la historia, al igual que el hecho de que los taínos también sintieran una reverencia extrema por sus madres.

Los taínos eran navegantes, razón por la cual este pueblo de origen sudamericano se extendió por latitudes tan lejanas del norte del Caribe, y también porque fueron empujados hasta allí por los caribes, un agresivo pueblo de América del Sur que también se estaba expandiendo por las Antillas. Cuando Colón llegó al Caribe, se encontró con una guerra entre los taínos y los caribes, y al ver por primera vez a este pueblo indígena en la isla de Guadalupe, afirmó que los caribes criaban taínos para alimentarse de ellos, y que curaban sus extremidades al sol como si se tratara de cortes de carne. Esto le produjo tanta indignación que atacó y mató a todos los caribes que pudo encontrar, pero como esa era una práctica común en él, habría que preguntarse si se trató de un pretexto. Lo cierto es que los caribes y los taínos estaban claramente en guerra, y estos últimos parecían estar perdiendo. Gonzalo Fernández de Oviedo, uno de los primeros cronistas españoles de Santo Domingo, escribió que el cacique Cayacoa fue uno de los más feroces opositores a la invasión caribe.

Los taínos fabricaban unas excelentes canoas y, de hecho, inventaron la palabra canoa. Pescaban con redes, con anzuelo y línea, con lanzas o con trampas, que son las mismas técnicas utilizadas en San Pedro actualmente.

En la región del Higüey taíno, un pueblo se estableció en la desembocadura del Higuamo, sin duda atraído por la pesca, pues allí el río es ancho, de aguas salobres y lleno de peces. Este pueblo se autodenominaba macorixes. No sólo encontraron abundantes peces de río, ostras en los manglares de las aguas salobres y cangrejos que perseguían afuera de sus guaridas en las marismas, sino que también podían hacerse a la mar y atrapar peces gigantescos como el pez aguja, a veces más grandes que sus propias canoas.

En resumen, era un lugar ideal para la pesca, ubicado un poco antes de la desembocadura del río, por lo cual estaba a salvo de todo, excepto de las tormentas más arrasadoras, conocidas en taíno como huracanes.

Poco después de su llegada, los españoles emprendieron la conquista de Higüey y, cuando los taínos se resistieron, desataron una guerra de exterminio. En 1504, ya con el territorio completamente bajo su control, Juan Ponce de León fue nombrado gobernador de Higüey.

En la desembocadura del Higuamo, la gente seguía pescando, principalmente en el margen oriental, pero a medida que pasaba el tiempo, un pueblo creció en la orilla occidental. El sitio recibió varios nombres. El emplazamiento inicial se llamó Punta de Pescadores, nombre que persiste en la actualidad. Igual de pragmático e ilustrativo era el otro lugar, Mosquito o Mosquitisol, llamado así por los insectos por los que, además del pescado, era conocida la ciénaga.

Poco después de la independencia, en 1844 —algunos dicen que en 1846, pero otros insisten en que no fue sino hasta 1858—, la ciudad comenzó a ser llamada San Pedro de Macorís, en honor a San Pedro, el santo patrón de los pescadores, y a los macorixes, los pescadores taínos. La población estaba temporalmente libre del yugo español, y los nombres taínos comenzaban a adquirir popularidad: a lo largo de la historia dominicana, los nombres taínos se han puesto de moda cada vez que surge un sentimiento antiespañol o que el nacionalismo dominicano suscita la adhesión general.

San Pedro de Macorís, con su río resguardado y la corta distancia que lo separa de la capital por vía marítima, se convirtió en un puerto comercial para los productos de la región, especialmente el pescado y el plátano. De hecho, en cierto período entre fines de 1860 y 1870, la ciudad fue denominada Macorís de Plátanos. Otros cultivos, como el maíz y el frijol, también fueron enviados desde el puerto. Pero Macorís de Plátanos estaba a punto de sufrir un cambio dramático. El auge de la industria azucarera cubana comenzó a extenderse a San Pedro, que contaba con el terreno llano, tropical y húmedo apto para el cultivo de la caña; además, estaba cerca de la capital y tenía su propio puerto. El retorno del gobierno español en 1861 estimuló la llegada de empresarios españoles e italianos en busca de oportunidades, que estaban interesados en el azúcar.

Luego, el 10 de octubre de 1868, un acaudalado terrateniente cubano de Yara llamado Carlos Manuel de Céspedes, hizo una proclama desde su hacienda en Cuba, conocida desde entonces en la historia de Cuba como El grito de Yara, donde rechazaba el dominio español y la esclavitud. Acto seguido, dejó a sus esclavos en libertad.

Otros treinta y siete hacendados de Yara liberaron a sus esclavos y conformaron un ejército. Comenzó así una guerra fallida de independencia, conocida como la Guerra de los Diez Años. Como se trataba de una guerra principalmente agrícola —de hecho, los historiadores suelen atribuir el fracaso del movimiento a su incapacidad para conseguir el apoyo de La Habana—, los ricos terratenientes cubanos se vieron obligados a huir. Muchos eran productores de azúcar que se refugiaron en la República Dominicana.

La República Dominicana, donde no había esclavitud, no fue competitiva frente a Cuba y Puerto Rico sino hasta la década de 1870, cuando la práctica de la esclavitud comenzó a ser abolida en las colonias españolas. En 1876, un cubano, Juan Antonio Amechazurra, comenzó a explorar las posibilidades de producción de azúcar en San Pedro, y el 9 de enero de 1879, justo al norte de la ciudad, fundó la primera fábrica de azúcar a vapor, el Ingenio Angelina.

El ingenio fue una maravilla moderna, que representó la tecnología más avanzada de la época en la República Dominicana, y se convirtió en el nombre tanto de la máquina de vapor como de toda la fábrica de azúcar. Hasta ese momento, la caña era triturada en un molino accionado por tracción animal, procedimiento que recibe el nombre de trapiche. Tanto en Estados Unidos como en Europa, el azúcar estaba dejando de ser un producto de lujo para convertirse en un alimento básico de la clase obrera, uno de los mercados más importantes que surgieron de la Revolución Industrial. En noviembre de 1880, el gobierno estimuló la industria del azúcar en San Pedro mediante la concesión del permiso para que San Pedro de Macorís se convirtiera en un puerto internacional. Al año siguiente, otro cubano, Santiago W. Mellor, fundó el Ingenio Porvenir en un extremo de la ciudad. En 1882, empresarios puertorriqueños abrieron un ingenio y dos empresas dominicanas fundaron el Ingenio Cristóbal Colón y el Ingenio Consuelo, que fue vendido a un ciudadano cubano en 1883. En 1884, cinco años después de la apertura del primer ingenio de San Pedro, seis modernos ingenios a vapor estaban operando en San Pedro y exportando azúcar desde el puerto de la ciudad. Otro ingenio, Quisqueya, abrió sus puertas en 1892 y un octavo, Las Pajas, en 1918.

En un pueblo que contaba con unos pocos miles de habitantes, se invirtieron millones de dólares en infraestructura: la instalación portuaria, los ingenios, los bateyes para los trabajadores, las vías ferroviarias para transportar la caña desde los cañaverales a los ingenios . . .

Durante el siglo XIX, comenzando con la revolución haitiana y continuando con la abolición de la esclavitud por parte de los franceses, británicos y holandeses en sus colonias en el Caribe, se produjo una transformación en Europa que desplazó a la producción del azúcar de caña, que requería una labor intensiva, a favor del azúcar obtenido de la remolacha. A finales de aquel siglo se producía más azúcar de la remolacha —que crece muy bien en Europa— que azúcar proveniente de la caña.

Mientras tanto, las colonias españolas de Cuba y Puerto Rico, que mantenían una economía esclavista y casi libre de competencia, seguían desarrollando la producción de caña de azúcar, que aumentó aun después de que los españoles abolieron la esclavitud en las dos últimas décadas del siglo XIX. Después del cambio de siglo, la industria de la caña de azúcar superó a la de la remolacha. Posteriormente, la industria europea del azúcar fue destruida por la Primera Guerra Mundial, dejando al azúcar del Caribe como la única alternativa. Durante la guerra, la inversión norteamericana en el Caribe español, dedicada en gran parte al azúcar, alcanzó cimas jamás vistas, ni antes ni después. Al final del conflicto bélico, Cuba, Puerto Rico y la República Dominicana producían casi la tercera parte del azúcar que se vendía en el mercado mundial. Entre 1913 y 1926, la República

Dominicana cuadruplicó su producción de azúcar. La mayor parte de ese crecimiento ocurrió durante la ocupación militar norteamericana.

En esos años, el azúcar sustituyó al café como el principal producto de exportación de la República Dominicana, un cambio que ya se había producido en Cuba y Puerto Rico. Con esta expansión, Europa —incluida España—, dejó de ser el primer consumidor de azúcar proveniente del Caribe español, pues fue reemplazada por el paladar dulce de los norteamericanos. Este cambio en los mercados fue un presagio para el futuro del Caribe. Entre el final de la Guerra Civil norteamericana y 1890, el consumo de azúcar se triplicó en este país. A mediados de dicho siglo, las empresas estadounidenses de azúcar ya compraban la caña y la procesaban en ciudades norteamericanas. En 1870, la industria azucarera era la principal industria de la ciudad de Nueva York.

Poco a poco se hizo evidente que refinar y empacar el azúcar en su lugar de cultivo, lo que representaba un producto mucho menos voluminoso que la caña, contribuiría a reducir los costos. Mientras que el capital extranjero llevó nuevas tecnologías a los ingenios —mejores molinos, vías férreas y electricidad—, los campos permanecieron equipados con poco más que el músculo de los trabajadores y sus machetes. Pocos dominicanos estaban disponibles para semejante labor.

Si bien la esclavitud continuó en Puerto Rico hasta 1873 y en Cuba hasta 1886, en la República Dominicana no existía la esclavitud desde que fue abolida por Haití en 1822. Había pocos dominicanos que tuvieran conocimientos en agricultura intensiva y que estuvieran buscando trabajo porque durante varias generaciones se habían dedicado exclusivamente a la agricultura familiar. La República Dominicana era una nación de agricultores en pequeña escala, y su población era bastante escasa. Se calcula que la población total del país en 1875 era apenas de 150.000 habitantes.

Pero la tierra estaba disponible y el gobierno dominicano tenía gravámenes bajos para los derechos de exportación. En el siglo XIX, San Pedro de Macorís se convirtió en el centro azucarero de la República Dominicana. Tres cuartas partes de la caña sembrada en el país estaban en San Pedro. Después de la Primera Guerra Mundial, las compañías azucareras comenzaron a buscar nuevas tierras de manera agresiva. En 1923, una subsidiaria de la empresa americana South Porto Rico Sugar Company, incendió por completo dos pequeñas aldeas cerca de San Pedro —El Caimonal e Higueral— para poder habilitar más campos contiguos a La Romana. La empresa no les dio ninguna compensación a las 150 familias damnificadas. Para las compañías y los militares norteamericanos, expropiar las tierras de los campesinos alrededor de San Pedro no sólo habilitó tierra para cultivar, sino siervos sin tierra en busca de trabajo como agricultores. Mientras los campesinos tuvieran tierras para cultivar, no se interesarían en recibir salarios increíblemente bajos en las plantaciones de caña: a comienzos del siglo XX, los propietarios de los ingenios declararon que la República Dominicana no era propicia para la industria azucarera porque la combinación de la escasa población y la abundante tierra fértil contribuía a que los campesinos pudieran tener pequeñas granjas, razón por la cual no se interesaban en trabajar para los ingenios.

El hecho de que las compañías azucareras, especialmente las americanas, hubieran tomado posesión de una mayor cantidad de tierra de la que realmente cultivaban —más de la mitad de la tierra perteneciente a las compañías azucareras nunca fue utilizada— es prueba de que estaban más interesadas en los agricultores que en las granjas. Pero esto nunca funcionó realmente. Las diversas estratagemas mediante las cuales las compañías azucareras y la Marina engañaron u obligaron a los campesinos a abandonar sus tierras durante la ocupación norteamericana no logró que éstos trabajaran para las compañías azucareras, y más bien los incitó a organizar un movimiento guerrillero en contra de la ocupación, que permaneció activo en el Oriente del país desde 1917 hasta 1922.

La siguiente estrategia de los productores de azúcar consistió en traer trabajadores temporales de las Islas Canarias y de Puerto Rico. Pero muy pronto comprendieron que los trabajadores azucareros del Caribe británico estaban disponibles. Después de la abolición de la esclavitud en el Caribe británico en 1838, la industria azucarera en esas islas entró en decadencia y sus ingenios no sacaron provecho de los avances tecnológicos propios de la Revolución Industrial. Los trabajadores negros de habla inglesa comenzaron a emigrar temporalmente hacia las cosechas de azúcar en Cuba, las de banano en Centroamérica, a la construcción del puerto en Bermuda y, posteriormente, a la construcción del Canal de Panamá. Mientras la industria azucarera dominicana se estaba desarrollando en la década de 1870, los barcos de vapor estaban reemplazando a los veleros utilizados como medio de transporte en el Caribe, y los trabajadores tuvieron una mayor movilidad.

Simultáneamente, las compañías azucareras de San Pedro estaban empezando a apreciar las ventajas de reclutar a una fuerza laboral extranjera y más desesperada, especialmente después de que una huelga de los trabajadores dominicanos en

1884 obligara a las compañías a desistir de su intento de reducir los salarios. A partir de 1893, las empresas azucareras de San Pedro comenzaron a reclutar trabajadores de Saint Thomas, Saint John, Saint Kitts, Nevis, Anguila, Antigua y Saint Martin. En algunas islas, como en Anguila, casi toda la fuerza laboral masculina se desplazaba a la República Dominicana durante la época de cosecha. Cada año, cerca de 4.500 trabajadores llegaban a San Pedro cuando la zafra estaba a punto de empezar. Una de las consecuencias fue que los salarios en los cultivos de azúcar disminuyeron sustancialmente. Los migrantes trabajaban por 25 centavos al día en San Pedro, que equivalía a la mitad del salario de un trabajador agrícola dominicano. Los migrantes no tenían ningún poder de negociación. Los dominicanos podrían amenazar con regresar a sus casas, pero los inmigrantes tenían que aceptar los salarios y las condiciones de trabajo, o enfrentarse a la deportación. Adicionalmente, una vez que las compañías descubrieron esta oferta de mano de obra, contaron con una gran cantidad de reemplazos para los trabajadores inconformes.

En San Pedro, a los trabajadores inmigrantes se les apodaba cocolos. Existe un gran debate sobre el origen y significado de la palabra, y si es peyorativa o no. Al margen de su tono y significado original, actualmente los descendientes de los trabajadores azucareros de las Antillas Menores del Caribe se llaman a sí mismos cocolos con orgullo. Algunos han especulado que la palabra es de origen bantú. La explicación más usual es que este término obedece a una mala pronunciación por parte de los habitantes de San Pedro del nombre Tortola, una de las Islas Vírgenes desde donde vinieron algunos de los cocolos. Pero algunos escritores del siglo XIX se referían a los haitianos como cocolos, y un poema de finales de ese siglo, escrito por José Joaquín Pérez de Santo Domingo, se refería a un niño taíno como cocolo.

El asunto que los dominicanos tenían con los cocolos no era su lengua ni su nacionalidad, sino el color de su piel, que en la mayoría de los casos era negra. Esto ha hecho que incluso en la actualidad, San Pedro sea una de las zonas más negras de la República Dominicana. Como este es un país mulato, siempre ha existido la sensación de que esto podría cambiar, volviéndose gradualmente más negro o más blanco: así como los ocupantes haitianos querían que el país se volviera negro, los dominicanos, que desarrollaron un resentimiento y un temor atávico por los haitianos, querían que fuera más blanco.

Y entonces, los cocolos llegaron a San Pedro e hicieron que la población fuera más negra. Los dominicanos de otras regiones del país se preocuparon cada vez más no sólo de que San Pedro se hiciera más negro, sino también por la mano de obra extranjera que trabajaba para las compañías azucareras igualmente extranjeras: de algún modo, las provincias orientales se estaban separando de la República Dominicana. Con un gran resentimiento, los comerciantes dominicanos se quejaron de que los cocolos se llevaban el dinero a sus países de origen en lugar de gastarlo en San Pedro. Después de unos quince años de importar cocolos, los periódicos comenzaron a publicar artículos en contra de esta inmigración "indeseable". En 1912, la legislatura de Santo Domingo aprobó una ley que imponía restricciones para atraer personas a la isla que no fueran blancas. Pero en San Pedro, tanto las compañías azucareras como la población en general que se estaban beneficiando del *boom* del azúcar, ignoraron esta legislación. Dada la cantidad de dinero que generaban, nadie quiso oponerse a las compañías azucareras.

Los dominicanos querían que los trabajadores extranjeros permanecieran durante toda la zafra. Desde la década de 1890, las compañías les pagaban a los cocolos por anticipado con la modalidad de un crédito en las tiendas de las mismas compañías, que les vendían productos a precios muy elevados. Esto hizo que ellos estuvieran confinados en sus bateyes, pues no tenían ningún dinero qué gastar en otros lugares. Obviamente estas prácticas hicieron que el trabajo en el sector del azúcar fuera aún menos atractivo para los dominicanos, y obligó a las compañías azucareras a importar más mano de obra.

Mientras que las compañías azucareras acordaron pagarles mediante contrato el viaje de regreso a sus países de origen a los trabajadores extranjeros, una ley de 1919 prohibió que éstos recibieran el importe del pasaje hasta tanto no hubiera terminado la zafra. En Angelina, la compañía ni siquiera enviaba a su lugar de origen a un trabajador que hubiera quedado incapacitado mientras trabajaba. En este año se decretó una ley que prohibía la inmigración a la República Dominicana de cualquier persona que no fuera caucásica. Las que no fueran blancas y quisieran ingresar al país, tenían que registrarse y obtener un permiso por los primeros cuatro meses de estadía.

No obstante, los cocolos caribeños siguieron llegando a la isla hasta finales de 1920, cuando fueron reemplazados casi en su totalidad por trabajadores haitianos, que algunas veces también eran llamados cocolos. Gracias a la ley antiinmigratoria de 1912, las estadísticas comenzaron a mantenerse; según registros oficiales, entre 1912 y 1920, 39.000 de estos trabajadores de las Antillas Menores llegaron a San Pedro.

Durante la Primera Guerra Mundial, cuando las tropas norteamericanas ocuparon Haití y la República Dominicana, los haitianos comenzaron a reemplazar a los caribeños de las Antillas Menores como trabajadores migrantes. Un total de 22.121 haitianos llegaron para la zafra de 1921, y el 43% de ellos trabajó en los ingenios de San Pedro, aunque para aquel entonces, miles de trabajadores de las Antillas Menores ya habían llegado, muchos de ellos con sus mujeres, estableciéndose en comunidades como Consuelo. Para 1914, uno de cada cuatro inmigrantes legales era de sexo femenino.

Los varios miles de trabajadores extranjeros tendrían un gran impacto en San Pedro, un pueblo pequeño y poco poblado. Cada vez se habló menos español. Los haitianos hablaban creole, una versión africanizada del francés, y los trabajadores de las Antillas Menores hablaban inglés, salvo unos pocos francófonos de Saint Martin.

A los propietarios de los ingenios les gustaban los trabajadores de habla inglesa y les dieron trabajos más fáciles y mejor pagados en los ingenios. Estaban ascendiendo en la escala social y podían traer a sus familiares de sus islas nativas y encontrarles trabajo. Algunos abandonaron los ingenios y obtuvieron trabajos en el activo puerto del río Higuamo. Los cocolos eran los encargados de embarcar casi todo el azúcar en los puertos, y también ocupaban casi todos los puestos en los ferrocarriles de los ingenios.

Durante la ocupación, los americanos se interesaron menos en la raza que en el dinero, y como la producción de azúcar derivada de la remolacha en Europa había sido destruida, comenzaron a amasar grandes fortunas con el azúcar del Caribe. Durante el pico de 1922, Cuba, Puerto Rico y la República Dominicana produjeron el 38% de la caña de azúcar del mundo, y el 27% del azúcar mundial. Ese año las ventas de azúcar de Cuba ascendieron a mil millones.

Aunque los norteamericanos tenían más cultivos de azúcar e ingenios en la República Dominicana que en Cuba y en Puerto Rico, los productores dominicanos no recibieron el mismo trato preferencial que sí tuvieron las otras dos islas. El azúcar puertorriqueño podía entrar a Estados Unidos sin pagar ninguna tarifa, y el azúcar cubano tenía una reducción del 20%. Esto dificultaba que el azúcar dominicano fuera competitivo en Estados Unidos, pero afortunadamente Europa, que estaba en ruinas, creó un mercado enorme para los ingenios de azúcar dominicanos. Los historiadores denominaron al *boom* del azúcar caribeño durante las primeras décadas del siglo xx como la "Danza de los Millones".

La República Dominicana contaba ya con una economía basada en las exportaciones y su núcleo central —desde finales del siglo xix hasta la década de 1930— fue la industria azucarera y los ingenios de San Pedro de Macorís: Consuelo, Las Pajas, Quisqueya, Angelina, Santa Fe, Cristóbal Colón y Porvenir.

Una ciudad próspera, elegante y culta surgió en la ribera oriental del río Higuamo. En 1888 Gastón Fernando Deligne, que a la sazón tenía treinta años —el más destacado poeta dominicano del siglo xix—, y quien era oriundo de Santo Domingo, abandonó la capital y se mudó a San Pedro de Macorís, donde escribió gran parte de su mejor obra, hasta su muerte en 1913. Joaquín Balaguer, el caudillo derechista, literato y poeta, lo consideró como uno de los mejores poetas y señaló que tenía la capacidad de "reunir en un mismo poema, y a veces en la misma estrofa, lo más prosaico de los detalles realistas así como los pensamientos más elevados y las formas más evolucionadas".

A él le siguieron otras figuras literarias y, durante un tiempo, San Pedro fue conocido por sus poetas. Pedro Mir, el poeta dominicano más destacado del siglo XX, nació en San Pedro el mismo año en que murió Deligne. Como era usual en la naturaleza cada vez más cosmopolita de San Pedro, su padre era un ingeniero cubano que había venido a trabajar al Ingenio Cristóbal Colón, donde conoció y se casó con la madre de Pedro, que era puertorriqueña. Mir trabajaba en el Ingenio Cristóbal Colón cuando el izquierdista Juan Bosch, una importante figura literaria en los años treinta, se interesó en su poesía. Mir, que era la imagen opuesta de Deligne, comenzó su carrera en San Pedro pero terminó consolidando su reputación en Santo Domingo, salvo por el período comprendido entre 1947 y 1961, cuando huyó del régimen de Trujillo y se exilió en Cuba. En 1984, el Congreso dominicano lo nombró poeta laureado. En un rasgo típico de la extraña contradicción que encarnaba Balaguer, este crítico literario elogió a Mir por utilizar su poesía para enfrentar el "despotismo y la injusticia social" de la que el político Balaguer fue un artífice.

Ludín Lugo Martínez, nacida en San Pedro, fue una importante poetisa y novelista dominicana. René del Risco Bermúdez, nacido en San Pedro en 1937, fue un poeta y cuentista que padeció los rigores de la prisión y del exilio durante la época de Trujillo, y que murió en un accidente automovilístico a los treinta y siete años en 1974, cuando estaba consolidando su reputación. San Pedro ha sido cuna de muchos otros poetas y escritores. Si no hubiera tenido tanto éxito en el béisbol, habría sido famoso por sus poetas.

Durante los años del *boom* azucarero, la vida intelectual en San Pedro era intensa. Entre los jóvenes que participaron en la escena poética estaban Evangelina Rodríguez de Perosa, nacida en 1879, quien estudió medicina en París y regresó para ser la primera ciudadana dominicana en obtener un doctorado. En esta ciudad hubo un interés considerable en el progreso de las mujeres. En 1886 Deligne comenzó a propagar la idea de que las mujeres tenían derecho a recibir la misma educación que los hombres. En 1922 la primera organización política feminista del país, la Asociación Feminista Dominicana por los Derechos de las Mujeres, fue fundada en San Pedro por Petronila Angélica Gómez, una periodista y profesora. Su revista *Fémina* fue la primera en la República Dominicana en ser editada por mujeres, y se publicó durante diecisiete años.

Construida con el capital del azúcar, emergió una ciudad bonita con casas ornamentadas y tiendas con estilos arquitectónicos que iban desde la Belle Époque al Art Decó. Se construyó un parque central con jardines tropicales, y una nueva catedral blanca, terminada en 1913, definió el paisaje urbano, reluciente bajo el sol. Un imponente Ayuntamiento de dos pisos, con balcones de colores amarillo y blanco, tan lindo como un pastel, fue construido al lado de la catedral. Cuando los macorisanos caminaban por el elegante centro de la ciudad —así fueran trabajadores pobres del azúcar— se vestían de lino blanco.

Después de la invasión de 1916, el Contralmirante Harry Shepard Knapp, quien dirigía la junta militar que en aquel entonces gobernó a la República Dominicana, comenzó a pasearse por su feudo. Llegó a San Pedro el 25 enero de 1918, cuando ya había recorrido casi todo el país. Quedó sorprendido con San Pedro, una ciudad elegante, culta y con un desarrollo económico muy superior al que había visto en el resto del país. El primer automóvil que se vio en la República Dominicana fue un Ford importado por el propietario del ingenio de azúcar de Santa Fe en 1912. San Pedro también tuvo la primera calle asfaltada del país. Tuvo la primera línea telefónica automática, conectada con la capital. También fue la primera ciudad dominicana en utilizar el concreto en la construcción y en levantar el primer edificio de tres pisos.

En 1922, cuando se realizó el primer censo en San Pedro, esta ciudad tenía 38.609 habitantes, de los cuales más de una tercera parte —10.145— eran extranjeros. Pero no todos eran trabajadores de la caña; también había americanos, italianos, cubanos y otros extranjeros que dirigían la industria azucarera. Y durante las primeras décadas del siglo xx, llegaron inmigrantes del Líbano, que se establecieron en la República Dominicana, en Haití, en Jamaica y en otras islas del Caribe.

Después de que Trujillo tomara el poder en 1930, la aerolínea Pan Am ofreció vuelos en hidroaviones desde Santo Domingo, los cuales aterrizaban en el río Higuamo y dejaban a los pasajeros en el puerto, situado muy cerca de la catedral, del Ayuntamiento, de las tiendas y del parque de esta pequeña perla. Pero en esa misma época, la fortuna de San Pedro comenzó a cambiar.

Para 1931 el valor de los productos provenientes del puerto de San Pedro era menos de la mitad del alcanzado en 1926. El *boom* del azúcar estaba comenzando a desaparecer, y la República Dominicana era el productor de la región con el menor acceso a los mercados extranjeros. Sin embargo, la producción de azúcar continuó y aumentó con mayor rapidez que la demanda en las tres islas, y el gobierno cubano —y poco después el americano— impusieron restricciones a la producción con el objetivo de mantener los precios. Desde comienzos de 1930, con la excepción de unas pocas burbujas, el valor del azúcar en el mercado mundial ha declinado notablemente.

Trujillo tampoco le hizo mucho bien a San Pedro. Aunque muchos habitantes respaldaban al dictador, éste se percató de que la ciudad azucarera contaba con un número considerable de opositores a su régimen. Adicionalmente, él no quería ninguna competencia con Santo Domingo, la capital, a la que él consideraba como "su" ciudad. De hecho, le cambió el nombre por el de Ciudad Trujillo. Había subido al poder el 16 agosto de 1930. Pocas semanas después, el 3 septiembre, el huracán San Zenón destruyó a Santo Domingo. Trujillo vio esto como una oportunidad para reconstruir la ciudad conforme a sus caprichos. San Pedro cayó en el olvido a medida que el azúcar desaparecía y el dictador, que controlaba totalmente la economía, destinaba todos los recursos a la ciudad que ahora llevaba su nombre.

Pero a San Pedro de Macorís le quedaba algo más: durante el medio siglo que duró el *boom* del azúcar, entre todas las pequeñas poblaciones de la ciudad oriental en el río Higuamo quedaba esto: en 1886 comenzó a jugarse béisbol en los ingenios de azúcar de San Pedro.

La guerra Hispano-Americana recibe generalmente los créditos por haber catapultado la gran aventura imperialista americana en el Caribe español, porque, en efecto, Estados Unidos reemplazó a España como el poder colonial en Cuba y en Puerto Rico. Pero los empresarios americanos se habían interesado desde mucho tiempo atrás en las dos islas, y los productores de azúcar comenzaron a operar en Cuba por la misma época en que el béisbol comenzaba a juzgarse en Estados Unidos, en las décadas de 1830 y 1840. Y fueron estos mismos cubanos los que llegaron a San Pedro. Es irónico que cuando los productores de azúcar construyeron viviendas para los trabajadores y las llamaron bateyes en honor a los campos de pelota de los taínos, ignoraran que estos bateyes serían algún día uno de los más grandes manantiales de talento que se haya conocido en el juego de pelota.

CAPÍTULO TRES

La pregunta sobre el primero

El béisbol es un juego al que le encantan los hechos, pero al mismo tiempo genera mitos. Se dice con frecuencia que el primer juego de béisbol se llevó a cabo en 1839, en Cooperstown, Nueva York, de la mano de Abner Doubleday, quien inventó el diamante de béisbol y codificó las reglas. Esta fue la conclusión a la que llegó la comisión establecida en 1908 para determinar de una vez por todas el origen ambiguo de este deporte, conducida por Al Spalding, fabricante de insumos deportivos. Abner Doubleday, un general de la Guerra Civil, era en 1839 un cadete de West Point, lugar bastante lejos de Cooperstown, ciudad en la que no existía un registro que estableciera que Doubleday alguna vez hubiera estado de visita. No hay registros de que Doubleday haya mencionado su relación con el béisbol, y la mayoría de los historiadores —incluyendo a los del Salón de la Fama del Béisbol Nacional en Cooperstown, donde es un mito fundacional— descartan esta versión. Lo que se sabe es que el béisbol surgió de los deportes ingleses, posiblemente del cricket, que se remonta como mínimo al siglo XVI, y sus raíces datan de varios siglos atrás. El *rounders*, otro deporte británico, muy probablemente fue un precursor del béisbol en Estados Unidos. Hubo muchas variaciones del juego y de su nombre en el siglo XVIII. Algunas de ellas fueron el *town-ball*, el *round-ball*, y un juego llamado *base*, y todavía se discute cuál de ellos o qué combinación contribuyó al origen del béisbol.

El único hecho en la historia de Abner Doubleday que parece ser cierto es la fecha: 1839. Alrededor de ese año, esos juegos habían evolucionado hacia algo similar al béisbol. Originalmente fue un deporte urbano y en 1845 Alexander Cartwright, un librero de Manhattan, escribió un manual de reglas para su club local, los Knickerbockers, que posteriormente cambiarían su nombre por el de los Yankees. Sus reglas se convirtieron en las normas del béisbol, y él viajó por Estados Unidos para conformar clubes de béisbol en varias ciudades. En 1857 sólo en la ciudad de Nueva York había dieciséis clubes. La guerra civil contribuyó a propagar este deporte en Estados Unidos. Pero fue el azúcar —es decir, los ejecutivos americanos del azúcar— lo que lo llevó al Caribe durante la Danza de los Millones.

La presencia americana en Cuba antecede al béisbol e incluso al interés en el azúcar. Cuando Estados Unidos era una colonia británica, había una considerable presencia británica en Cuba. En 1762, los británicos ocuparon La Habana durante varios meses. Mientras que a los americanos les parecía que la República Dominicana era un lugar lejano y desconocido, Cuba les era cercana y familiar. En 1817, cuando los españoles declararon que los puertos cubanos quedaban abiertos al comercio internacional, varios negocios americanos se instalaron allí. Los cubanos se familiarizaron con los americanos y con su cultura. Las compañías estadounidenses ganaron contratos para realizar obras de infraestructura, especialmente en La Habana, donde el alumbrado a gas de las calles y los adoquines de granito de las calzadas fueron instalados por los americanos. Había varios consulados americanos en la isla.

Y en la década de 1860, cuando el béisbol se estaba convirtiendo en el pasatiempo nacional americano, los cubanos comenzaron a aprenderlo y a jugarlo. Es probable que los españoles hayan relacionado inadvertidamente el movimiento por la independencia con el béisbol en una suerte de profecía que se cumplió cuando en 1868, al comienzo de la Guerra de los Diez Años, prohibieron este deporte, sospechando que era una conspiración proindependentista. No había una relación clara, al menos hasta la prohibición, pero los jóvenes de clase alta se estaban volviendo independentistas, y también estaban jugando béisbol, lo que los españoles consideraban como una intromisión por parte de los americanos y también una excusa de los rebeldes para armarse con bates de madera.

La fracasada guerra, que comenzó en 1868 y terminó en 1878, afianzó el interés de los cubanos por el deporte americano no sólo porque los españoles habían lanzado la acusación sino porque los cubanos independentistas, incluyendo a José Martí, huyeron a Estados Unidos, donde el béisbol se estaba convirtiendo en toda una manía. Los cubanos aprendieron el juego y organizaron competiciones entre ellos, y también jugaron contra los americanos. El mismo Martí asistió a un juego en Cayo Hueso donde los cubanos derrotaron a los americanos. Martí, quien era muy consciente de que una vez que los españoles fueran derrotados, los americanos serían el siguiente problema, supuestamente reclamó la victoria como un buen augurio para la causa de la independencia.

El béisbol cubano, al igual que el americano, tuvo un primer juego mítico. Según cuenta una historia, en Matanzas en el año de 1866, los tripulantes de un barco norteamericano decidieron enseñarles el juego a los trabajadores cubanos que cargaban el azúcar en el puerto. Según otra versión, la tripulación de un barco americano, anclado por un desperfecto mecánico, les enseñó el juego a los hombres que estaban haciendo las reparaciones. Algunas versiones señalan que los americanos querían venderles equipos de béisbol a los cubanos. Otra versión sostiene que el primer juego no sucedió en Matanzas sino en La Habana, desde el momento en que dos acaudalados jóvenes habaneros, llamados Ernesto y Nemesio Guillot, fueron enviados a Spring Hill College, una escuela preparatoria en Mobile, Alabama. Regresaron a Cuba en 1864 con bates, pelotas, un manual de reglas de Cartwright, y entrenaron un equipo en el Vedado, el elegante barrio de La Habana, haciendo que este barrio, según algunos historiadores del béisbol como Peter Bjarkman, fuera la verdadera cuna del béisbol cubano, en contraposición a la versión más generalizada que señala que realmente nació dos años después en la ciudad de Matanzas. La historia de los hermanos Guillot, a diferencia de las de Matanzas, es lo suficientemente poco romántica como para ser cierta.

Según la historia oficial, el primer juego organizado entre jugadores cubanos adscritos a un club ocurrió en un campo de béisbol en Matanzas —que aún existe— llamado Palmar del Junco, el 27 diciembre de 1874. A diferencia del juego supuestamente establecido por Abner Doubleday en Cooperstown, está bien documentado que este cotejo entre un equipo de Matanzas y el Habana Béisbol Club realmente tuvo lugar. Lo que no está del todo claro es si fue el primer juego organizado entre clubes. El historiador Roberto González Echavarría sugiere que pudo haber sido simplemente el primer cotejo sobre el que se escribió en la prensa. Los historiadores se inclinan por la versión que sostiene que el béisbol surgió en Matanzas porque era un puerto donde anclaban los barcos americanos, y los cubanos —al igual que los dominicanos— siempre se han sentido atraídos por la idea de que el béisbol es una competencia en la que los locales vencieron a los americanos.

Pero el juego realizado en Palmar del Junco en 1874 fue entre cubanos. La Habana ganó por un sorprendente marcador de 51 a 9. Las habilidades de bateo surgieron primero que las habilidades dentro del campo, y los primeros juegos muchas veces terminaban con este tipo de marcadores. Emilio Sabourín, uno de los mártires más reverenciados de la independencia cubana, jugó ese día como jardinero izquierdo para La Habana y anotó ocho jonrones. Sabourín fue uno de los primeros promotores no sólo del béisbol cubano, sino también de la independencia de la isla. Fundó y administró uno de los tres clubes de La Habana que jugaron catorce series entre 1878 y 1892. Su club ganó nueve de ellos. Pero los peores temores de los españoles se vieron confirmados cuando se descubrió que el dinero que había recaudado Sabourín con los juegos de béisbol fue destinado para la causa de la independencia. Fue detenido en 1895 y el béisbol fue prohibido una vez más. Sabourín fue enviado a una infame prisión militar en Ceuta, en el lado marroquí del estrecho de Gibraltar. El jardinero izquierdo, algunas veces llamado "el padre del béisbol cubano", murió allí dos años después.

En la década de 1890, España estaba perdiendo su presencia en las tres islas y Norteamérica estaba tomando su lugar, por lo que el fútbol, el deporte tradicional, cayó en desgracia y fue reemplazado por el béisbol, el deporte americano.

Al igual que en el caso de Cuba y Estados Unidos, tampoco está claro cuando comenzó el béisbol en la República Dominicana. Ciertamente, a finales de la década de 1870, los independentistas cubanos, que gustaban del béisbol, y los americanos fanáticos de este deporte se encontraron para desarrollar la industria azucarera en San Pedro de Macorís. Se dice que fue en esta ciudad donde tuvo lugar el primer juego dominicano, en el año 1886. Pero muchos historiadores y habitantes de Santo Domingo rechazan esta versión. Los fabricantes de azúcar no fueron los únicos cubanos en llegar a la República Dominicana, y San Pedro no fue su único destino. Al mismo tiempo que los azucareros estaban construyendo a San Pedro, Ignacio Aloma y su hermano Ubaldo llegaron a Santo Domingo. Eran herreros que fabricaban balcones y parrillas. En 1891 formaron dos clubes de béisbol con jugadores cubanos y americanos y unos cuantos dominicanos. Los dos equipos eran conocidos por sus colores, los Rojos y los Azules. Otro cubano fundó dos equipos en La Vega, al norte cerca de Cibao, y también recibieron el nombre de Rojos y Azules. En Cuba también había equipos rojos y azules, pero tal denominación era particularmente significativa en la República Dominicana, pues durante varias décadas la política giró en torno a los partidos Rojo y Azul.

En la década de 1880, cuando los nuevos ingenios de azúcar entraron en funcionamiento en San Pedro, no era fácil encontrar beisbolistas experimentados. La forma habitual para armar un club de béisbol en Estados Unidos y en Cuba era encontrar jóvenes atléticos y enseñarles el juego. Y sucedió que a los americanos, a los cubanos y a los puertorriqueños se les ocurrió que en los ingenios había potencial para formar clubes de béisbol. Comenzaron a enseñarles el juego a los trabajadores. Cada ingenio podía tener su propio club y jugar entre sí. Pronto habría una liga de ocho clubes sólo en la industria azucarera de San Pedro.

En Santo Domingo el béisbol era un juego de la élite adinerada. Al igual que en La Habana, los dominicanos de clase alta enviaban a sus hijos a estudiar a Estados Unidos y regresaban jugando béisbol, lo cual era algo muy diferente al deporte en los ingenios de San Pedro.

Pocos años después de que comenzaran los juegos en 1886, los ingenios empezaron a importar cocolos de las Antillas Menores. Los cocolos no sólo mantuvieron su propia lengua —el inglés con acento antillano— sino también su propia cultura. Bebían un ron oscuro y fuerte elaborado a partir de la planta tropical de guavaberry, conocida en el ámbito científico como *Myrciaria floribunda*. Hacían sopa de *callaloo*, una planta de hojas grandes, y acompañaban la carne o el pescado con pequeñas bolas de masa hervidas, o con una papilla de harina de maíz llamada *fungi*. Bailaban su propia música, tenían sus propios tambores y en los días festivos se disfrazaban con trajes y máscaras para representar danzas rituales de David y Goliat, o de tribus salvajes.

También tenían sus propios deportes, de los cuales el más popular era el cricket. Los historiadores discuten sobre el papel que jugó este deporte en el surgimiento del béisbol en Estados Unidos, aspecto que no tiene ninguna validez en el desarrollo del béisbol de San Pedro. Las compañías azucareras simplemente les daban a los cocolos bates y un conjunto de reglas. Ellos ya conocían los conceptos de batear, atrapar, correr bases, lanzar, cantar *outs* y anotar carreras.

El cricket, y luego el béisbol, representaban una distracción en medio de condiciones de vida muy penosas. En la región que una vez se llamó Mosquito, la malaria era rampante. Lo mismo sucedía con la lepra, enfermedad que le arrebató la vida al poeta Gastón Deligne. La disentería era un problema frecuente debido a la mala calidad del agua en los bateyes. La dieta de la mayoría de los trabajadores no era lo suficientemente nutritiva para las jornadas de doce horas durante la zafra. Las heridas y lesiones graves causadas por la manipulación de las máquinas en los ingenios, o por los machetes en los cañaverales, eran frecuentes. Si una mutilación incapacitaba al trabajador de por vida, éste no recibía ninguna compensación.

Los cocolos, que venían de un mundo diferente con una educación limitada pero mejor, sabían cosas que los dominicanos ignoraban por completo, como por ejemplo las luchas y protestas laborales y la organización de la comunidad negra. Marcus Garvey, nacido en Jamaica en 1887 y precursor del movimiento Poder Negro, organizó a los miembros de su raza en todo el mundo angloparlante, y no se olvidó de los cocolos de San Pedro de Macorís. En 1919 la Asociación Universal para el

Progreso de los Negros, fundada por Garvey, envió a un organizador. Pocos meses después, ya tenían su propia sede en San Pedro y, un año después, esta ciudad era un importante capítulo dominicano del movimiento de Garvey, con más de 1.000 miembros. Garvey promovió la idea de que los negros se reunieran en África, y muchos cocolos dijeron que pronto abandonarían los ingenios y regresarían al continente de sus ancestros. Durante la zafra de 1921, los cocolos hicieron una huelga que fue aplastada con rapidez.

Ellos tenían una sociedad bien organizada, y uno de los puntales de esa organización era una red de clubes de cricket. Ellos elaboraban sus propios uniformes blancos. Pero los ingenios estaban más interesados en el béisbol y en algunas ocasiones les pagaban a los jugadores de cricket para que jugaran béisbol. Mientras tanto, nadie les pagaba por jugar cricket. Ya en la década de 1920, el béisbol había reemplazado ampliamente al cricket y muchos de los campos donde lo habían jugado se convirtieron en diamantes de béisbol.

Durante la zafra los trabajadores del azúcar se dedicaban exclusivamente a trabajar, pero durante los otros seis meses del año, en la temporada muerta, tenían tiempo para el béisbol. Ese tiempo libre coincidía más con el calendario beisbolístico de verano de Estados Unidos que con la temporada de invierno, que se hizo tradicional en el resto de la República Dominicana y en las otras islas del Caribe. Cada ingenio patrocinaba a un equipo con uniformes e implementos y jugaban campeonatos regionales contra otros ingenios. Varios de ellos, especialmente Consuelo, tenían tantos jugadores talentosos que el equipo no podía utilizarlos a todos y enviaban a algunos a otros ingenios. Muchos, como Alfredo Chico Contón, jugaron en Cuba, Puerto

Rico o en la Liga Dominicana de Béisbol Invernal. Pero ninguno de estos talentosos jugadores jugó en las Grandes Ligas porque éstas no contrataban jugadores negros.

Los beisbolistas de los ingenios de azúcar de San Pedro estaban incluso separados de los beisbolistas de La Vega y de Santo Domingo, así como de los cubanos y los puertorriqueños, porque los demás caribeños jugaban durante la zafra en el calendario de invierno. Pero los equipos de San Pedro tenían la ventaja de un contacto continuo con los americanos, pues las compañías azucareras siempre estaban trayendo personal americano. En los años desde que el juego había sido llevado al Caribe, tanto las reglas como los implementos habían estado cambiando con rapidez. En 1873 se decretó que atrapar una bola con la gorra, una práctica común hasta entonces, le concedería un *hit* al bateador, y la bola no podría ser puesta en juego nuevamente. En la década de 1880, el número de bolas para obtener bases se redujo gradualmente de nueve a cuatro, y el número de *strikes* para un *out* pasó de cuatro a tres. En la década de 1890, la distancia que había entre el montículo del lanzamiento y el *home*, que era de 50 pies, aumentó a 60. En la primera década del siglo XX, las dos primeras bolas que marcaban *foul* comenzaron a ser contadas como *strikes*, reduciendo notablemente el número de lanzamientos para cada bateador. El juego cambiaba de forma considerable de una década a otra, y los beisbolistas dominicanos necesitaban tener contacto con Estados Unidos para jugar la versión beisbolística que se practicaba allí.

Las comunidades de los ingenios, especialmente los cocolos, estaban estrechamente entrelazadas, y en ese contexto, los juegos de béisbol eran más que apreciados. A fin de cuentas, eran lo más cercano al ocio que tenían estos trabajadores. El béisbol adquirió un gran significado para los beisbolistas y sus aficionados, y la calidad de la enseñanza por parte de los cubanos y los americanos de las compañías azucareras se consideraba excelente. Durante las primeras décadas, cuando el béisbol se estaba propagando por la República Dominicana, el que se jugaba en los ingenios de San Pedro era catalogado como el mejor béisbol del país. No hay forma de verificar esto, y el béisbol tiene su propia manera de fomentar mitos inciertos, pero este fue el comienzo de la leyenda del béisbol en San Pedro. Para los fanáticos del béisbol que preguntan, "¿Por qué San Pedro de Macorís?", la respuesta no es el agua, sino el azúcar.

CAPÍTULO CUATRO

¿Quién está en primera?

Mientras en San Pedro se estaban organizando campeonatos arduamente disputados entre los ingenios, Santo Domingo desarrollaba su propia liga. Durante quince años hubo dos equipos, aparte del Rojo y el Azul: el Ozama Club, nombrado por el río en cuya margen occidental se había construido inicialmente la ciudad, y el Nuevo Club. Había otros equipos, pero estos eran los únicos que contaban con uniformes y con una agenda oficial. Habían recibido sus conocimientos beisbolísticos de dominicanos que habían residido en Estados Unidos.

Lulu Pérez, quien dirigía el Nuevo Club, aprendió la bola curva de los americanos y se la enseñó a su pítcher estrella. Este tipo de lanzamiento es difícil de dominar. Consiste en presionar el dedo medio contra la costura de la pelota y sacudir la muñeca al soltarla. Esto hace que la pelota parezca ir en línea recta, aunque en el último momento se desvía. Una buena bola curva le hace creer al bateador que puede batearla con facilidad, y cuando éste batea o se prepara para dar un paso atrás y toma impulso, cae en la zona de *strike*, el cual es declarado. Lo que hace aún más difícil a una bola curva es que, cuando es buena, desciende a la zona de *strike*, o incluso por debajo de las rodillas, antes de alcanzar la base. Muy pocos bateadores pueden acertarle a una buena bola curva. Pero también es un lanzamiento peligroso, pues si no tiene el movimiento suficiente, será una bola, o un *fly* predecible en la zona de *strike*, la cual es muy fácil de batear porque no ha sido lanzada con velocidad.

En la primera década del siglo xx, sólo había unas pocas bolas curva efectivas, lo que por supuesto implicaba que los bateadores tuvieran poca experiencia contra este lanzamiento, que fue inventado en la década de 1870 por Candy Cummings. Incluso en la actualidad, es difícil que un joven pítcher dominicano que no haya jugado en Estados Unidos lance buenas bolas curva. De hecho, las buenas bolas curva son escasas en general. Pero en los primeros años del siglo xx, Lulu Pérez le enseñó este lanzamiento a Enrique Hernández, el as del Nuevo Club, y éste lo hizo tan bien que ningún bateador de Santo Domingo podía pegarle a la bola. Hernández decía tener sangre taína, y los aficionados comenzaron a decirle Indio Bravo. En una época en la que la defensa de los jardineros todavía no estaba bien desarrollada, eran los lanzamientos los que impedían que el marcador ascendiera a dos dígitos. Cuando Indio Bravo lanzaba, el Nuevo Club era imbatible.

En 1906, un grupo de jóvenes beisbolistas de Santo Domingo se reunieron en una casa en la zona colonial, donde alguna vez vivió Cristóbal Colón y que en la actualidad es un atractivo turístico. Se reunieron para ver cómo podían derrotar a Indio Bravo. Conformaron un club de béisbol con el objetivo de derrotar al Nuevo Club y lo llamaron Club Licey, en honor a otro río en la provincia de Cibao. Del uniforme gris inicial pasaron al blanco con rayas azules por el cual recibirían el apodo de los Azules. Los seguidores de Licey todavía celebran su aniversario en noviembre, pero más que la constitución del equipo, fue el comienzo de la Liga Dominicana de Béisbol Invernal lo que se ha convertido en pieza central del béisbol dominicano.

Originalmente fue un campeonato realizado en Santo Domingo donde no participaban el Norte ni San Pedro, las otras dos regiones beisbolísticas. Pero Licey comenzó a viajar fuera de la capital para buscar otra competencia. Para jugar en el Norte, el equipo tendría que viajar varias horas por carreteras sin asfaltar, e incluso organizar caravanas de mulas que avanzaran por los senderos montañosos. Adicionalmente, San Pedro de Macorís contaba con una ventaja comercial de vieja data: su cercanía a Santo Domingo. En 1911 los macorisanos armaron un equipo con jugadores americanos, cubanos, dominicanos y cocolos para enfrentar a Licey. En el primer juego, en ese mismo año, el lanzamiento se impuso con veintiún poncheos. Pero el tránsito entre las bases también cumplió un papel importante, pues lograron robar veintidós bases. Para sorpresa y decepción de los macorisanos, Licey ganó.

De regreso en la capital, Licey no pudo estar a la altura del Nuevo Club, que ganó el primer campeonato en 1912. Indio Bravo estuvo imbatible, incluso después de que un trastornado seguidor de Licey intentara neutralizarlo al apuñalarlo en el brazo con el cual lanzaba.

La invasión y ocupación norteamericana de la República Dominicana fue profundamente impopular, como sucede con casi todas las ocupaciones militares. En San Pedro, un dominicano les disparó a unos oficiales de la Marina norteamericana y mató a uno de ellos cuando las tropas arribaron al puerto. Después de la invasión, el interés por el béisbol aumentó, no por amor a los emblemas americanos, sino por un deseo intenso de derrotarlos en su propio juego. Los americanos instruyeron a sus rivales y los equiparon. Aunque mostraron poco respeto por todo lo dominicano, quedaron impresionados con sus beisbolistas. El pítcher Felito Guerra, por ejemplo, era tan respetado que le ofrecieron un contrato para jugar en Estados Unidos. Habría sido el primer dominicano en jugar en las Grandes Ligas, pero se convirtió en un héroe nacional cuando rechazó la oferta en señal de protesta por la ocupación.

Cuba, Puerto Rico y Panamá habían sido ocupados por Estados Unidos, razón por la cual estos tres países se destacaron por ser los mejores exponentes del juego. Ahora la República Dominicana seguía el mismo patrón. Después de la invasión dominicana, Estados Unidos ocupó a Nicaragua, y el béisbol de ese país mostró grandes progresos. Tal parecía que el béisbol era lo único bueno que podía recibir un pequeño país latinoamericano al ser invadido por Estados Unidos.

Licey armó su equipo con puertorriqueños, cubanos y americanos. Su pítcher estrella era un cubano a quien le decían El Diamante Negro. Pero el Nuevo Club aún conservaba el liderato porque contaba con Indio Bravo, que seguía realizando hazañas homéricas. Después de la ocupación norteamericana, el Nuevo Club jugó contra los tripulantes del Washington, un crucero de la Marina norteamericana, e Indio Bravo ponchó a veintiún bateadores. Pero el pítcher se enfrascó en una disputa con su equipo y pasó a jugar con Licey, haciendo que esta escuadra fuera invencible. El Nuevo Club se desmoralizó tanto que se desintegró.

Los Tigres de Licey se habían convertido en el club predominante. Para el año de 1921, el béisbol del Norte dominicano se había trasladado de La Vega a Santiago de los Caballeros, la capital de Cibao. El equipo tardó cinco días en llegar allí y tuvo que descansar dos días. Ganaron los ocho juegos contra Santiago.

Pero ese mismo año fue conformado un nuevo equipo en Santo Domingo, llamado Escogido, con el objetivo de derrotar a Licey. Escogieron el color rojo porque Licey llevaba el azul. Este equipo se autodenominaba como Los Tigres, porque sus uniformes tenían rayas, y Escogido se conoció como los Leones. En 1928 Santiago bautizó a su equipo Sandino en honor a Augusto César Sandino. El año anterior, tres años antes de abandonar la República Dominicana, Estados Unidos invadió y ocupó a Nicaragua, y Sandino se convirtió en un héroe en toda Latinoamérica por su resistencia armada a la ocupación norteamericana. Pero cuando Trujillo, que fue un producto de los esfuerzos militares norteamericanos en contra de la insurgencia, tomó el poder, el nombre de Sandino fue prohibido, y a la usanza de los equipos de Santo Domingo, el de Santiago pasó a llamarse Las Águilas, y posteriormente Las Águilas Cibeñas. El único equipo que no tenía un animal emblemático era San Pedro de Macorís. Siguiendo su tradición como ciudad de poetas, llamaron a su equipo Las Estrellas del Oriente. Pero ellos también necesitaban un animal para darle a sus seguidores una imagen que pudieran utilizar durante los espectáculos que tenían lugar en los estadios dominicanos. Y entonces decidieron que su mascota sería un elefante para que los aficionados pudieran barritar como elefantes cuando las Estrellas anotaran un jonrón. El ruido siempre ha sido importante en la cultura dominicana.

Los cuatro equipos —los Tigres de Licey, los Leones de Escogido, las Águilas Cibaeñas y las Estrellas del Oriente— de estas tres ciudades se convirtieron en el núcleo principal del béisbol profesional dominicano. Jugaban largas temporadas, con juegos extenuantes durante el campeonato final.

Los juegos en Santo Domingo, Santiago y San Pedro atraían a grandes multitudes, y eran ávidamente reseñados por los periodistas deportivos, quienes utilizaban seudónimos para protegerse de la ira de los fanáticos. Durante unos pocos años, el béisbol fue una pasión de aficionados, lo que los dominicanos denominan la época romántica del béisbol. Pero los clubes podían ganar tanto dinero con los estadios llenos que fue inevitable que el comercio desplazara al romanticismo, y el béisbol se convirtió en un deporte profesional. Los jugadores buscaban el salario más alto en un circuito que incluía no sólo a los cuatro equipos dominicanos, sino también a equipos de Cuba, Puerto Rico y otros pocos países latinoamericanos, además de la Liga Negra norteamericana. Y los jugadores de estos equipos extranjeros, especialmente de la Liga Negra, de la Liga Cubana y de la Liga Puertorriqueña, también iban a jugar a la República Dominicana.

El jugador más famoso de la Liga Dominicana fue Juan Esteban Vargas, más conocido como Tetelo Vargas. Nacido en Santo Domingo en 1906, era un corredor tan veloz que le decían el "Venado dominicano". Estableció un récord mundial al darle la vuelta al diamante de béisbol en 13:25 segundos. Circula un rumor no confirmado de que una vez le ganó a Jesse Owens, la estrella olímpica de atletismo, durante un sprint. Vargas jugaba en los tres jardines, como campo corto y segunda base, y era un gran bateador de poderosos brazos. Jugó en Escogido, en la Liga Negra de Nueva York, en Puerto Rico, México, Venezuela, Cuba, Colombia, Canadá y, finalmente, después de haberse retirado, en las Estrellas de San Pedro. Así era el periplo de los beisbolistas dominicanos. Vargas no pudo jugar en las Grandes Ligas porque era negro, pero en la década de 1940 jugó un torneo en Puerto Rico contra los Yankees, durante el entrenamiento de primavera de este equipo, y bateó un promedio de .500, anotando siete *hits* en catorce turnos al bate. En 1953, cuando tenía cuarenta y siete años y jugaba para las Estrellas, fue el mejor bateador de la Liga Dominicana, con un promedio de .353.

Gracias a carreras profesionales tan descollantes como la de Tetelo Vargas, los trabajadores de la caña de San Pedro tenían aún más motivaciones para dar todo de sí cuando jugaban en los ingenios, esperando que tal vez pudieran abandonar el ingenio y jugar algún día para las Estrellas o para otros equipos dominicanos, o incluso en la Liga Negra.

Trujillo no era un aficionado al béisbol, pero esto no significaba que no estuviera interesado en controlarlo. A su hijo

Ramfis, a otros familiares y a muchos de sus generales les gustaba el juego. Adicionalmente, la concepción que él tenía del gobierno era la de adueñarse de todo, para percibir las ganancias y distribuir una parte a su antojo entre quienes le dijeran "Gracias, Presidente". Cuando los precios del azúcar comenzaron a subir a finales de los años cuarenta, Trujillo tomó posesión de los ingenios para recibir las ganancias. A mediados de los años cincuenta, controlaba dos terceras partes de la producción de azúcar en el país, principalmente para beneficio propio. Entre sus activos figuraban los ingenios de Porvenir, Quisqueya, Santa Fe y Consuelo, localizados en San Pedro.

Pero incluso antes de controlar la industria azucarera, después de asumir el poder y cuando el azúcar ya no parecía rentable, Trujillo se apoderó del béisbol justo en la época en la que algunos de los mejores jugadores llegaron a la República Dominicana. Los beisbolistas más destacados de la Liga Negra vinieron a la capital dominicana; de hecho, algunos de los mejores del mundo, incluyendo a Josh Gibson, que fue con un equipo venezolano en 1933. Gibson, uno de los mejores cátchers y bateadores de todos los tiempos, era llamado el Babe Ruth negro, y algunos decían que era mejor bateador que Ruth. Gibson logró el mejor porcentaje de bateo en la historia de la Liga Negra: .384. El promedio de bateo muestra lo difícil que es conectar un *hit* en el béisbol profesional. Un bateador que conecte un *hit* cada vez que tenga un turno al bate tendría un promedio de 1.000. En realidad, cualquier profesional que pueda conectar un *hit* una de cada tres veces al bate —un promedio de .333— es considerado un bateador formidable. Y quien tenga un promedio superior a .300 es considerado excelente. Gibson tuvo un promedio de .467 en 1933, lo que representa un *hit* de cada dos veces en su turno al bate.

Los equipos de Santo Domingo, financiados por el dictador, comenzaron a traer talentos extranjeros como al pítcher cubano Luis Tiant, Sr., el padre zurdo del pítcher derecho que llevaba su mismo nombre. Cada vez quedaban menos posiciones para los dominicanos a menos que fueran jugadores destacados como Tetelo Vargas. Los equipos dominicanos reclutaban a quien fuera en su intento por ganar.

Hasta ese entonces, el equipo de San Pedro no había ganado ningún campeonato. A diferencia de los equipos de Santo Domingo, que eran quienes ganaban generalmente, San Pedro no atrajo estrellas extranjeras. Ni siquiera recurrían mucho al gran talento que tenían en sus ingenios, porque jugaban durante la zafra. El equipo local estaba conformado mayoritariamente por beisbolistas de clase alta, algunos de los cuales eran doctores, otro aspecto por el cual era conocido San Pedro, y generalmente perdían. Pero San Pedro también quería competir. En lugar de jugar en el equipo local, un grupo de macorisanos prominentes, reunidos en torno a Federico Nina Santana, un juez natural de Santo Domingo, decidieron organizarse con el financiamiento del juez, quien contrató a jugadores del máximo nivel y no escatimó en el dinero con tal de ver ganar a San Pedro. Fue entonces cuando el equipo recibió su nombre, Estrellas del Oriente, y luego el de Estrellas Orientales. Anteriormente se había llamado El Macorís. Las Estrellas Orientales eran cubanos en su mayoría. Contrataron a los integrantes cubanos y puertorriqueños de Licey y de Escogido, a quienes derrotaron, y ganaron el campeonato de 1936.

Para este año, Licey y Escogido estaban acostumbrados a disputar el campeonato de la capital, aparte de algún juego ocasional en Santiago. Perder con San Pedro fue todo un impacto. Mientras tanto, las Estrellas Orientales seguían contratando más talentos, lo que les daba muchas esperanzas de ganar de nuevo el campeonato en 1937. Aunque a Trujillo no le gustaba el béisbol, tampoco le gustaba ver perder a la ciudad que ahora llevaba su nombre. El general no sentía afecto por Licey y Escogido, equipos que perdieron sus estadios tras el huracán de San Zenón. Pero el dictador creía que Ciudad Trujillo debía contar con un equipo de béisbol, y que ese equipo debería ganar.

José, el hermano del dictador, era un fanático del béisbol y una persona emocionalmente inestable que una vez se salió de casillas durante un juego y golpeó a un beisbolista americano. Él y su hermana habían financiado a Licey. José E. Aybar, un odontólogo que había dirigido a Licey desde 1929, recibió enormes cantidades de dinero de los Trujillo a fin de declararle la guerra a Escogido por el mayor talento de Cuba. El dictador decidió que su ciudad sólo debería tener un equipo, que comprarían a los mejores jugadores que había en el mercado y que derrocarían a San Pedro de Macorís y se llevarían el campeonato. El doctor Aybar fue puesto al mando de los Dragones de Ciudad Trujillo.

Aybar viajó a Nueva Orleáns, al parecer con maletas repletas de dinero, y contrató a los mejores talentos de la Liga Negra, incluyendo a Josh Gibson y a Satchel Paige, el pítcher derecho que lanzaba bolas quebradas tan excepcionales que les puso nombres como "la evasora de bates", "la bola saltarina", y el "*blooper* dos-montículos". Algunos historiadores de béisbol afirman que fue el mejor pítcher de todos los tiempos.

Aybar también contrató a Cool Papa Bell, un pequeño jardinero central de quienes algunos han dicho —a despecho
de los admiradores de Tetelo Vargas— que fue el corredor
más veloz en la historia del béisbol. Según una leyenda, una
vez llegó a primera base con un batazo de sacrificio, un dri-
bleo desde *home* para que el corredor pasara a segunda base.
El doctor Aybar recibía el dinero de Trujillo. Supuestamente
Paige recibió $30.000 en efectivo, una suma muy elevada en
lo más profundo de la depresión, para que los dividiera entre
él y otros ocho beisbolistas. Los mejores beisbolistas de la Liga
Negra, que supuestamente pagaba bien, ganaban menos de
$1.000 por un contrato de ocho semanas.

Muy pronto se propagó el rumor en esta liga que la dominicana pagaba mejor. Nina también fue a Estados Unidos y trajo
cuatro jugadores para San Pedro. Ellos llegaron al puerto en
hidroavión, y los esperaba el general Federico Fiallo, el coman-
dante militar de Trujillo y antiguo pítcher de Licey en su primera temporada en 1906. Fiallo llevó a los beisbolistas a Ciudad
Trujillo y Nina regresó a Estados Unidos para contratar más
beisbolistas.

Durante la temporada de treinta y seis juegos, los tres equipos gastaron montones de dinero para atraer a las mejores estrellas. La temporada de 1937 es recordada como la mejor en
la historia de la República Dominicana, y una de las mejores en
la historia del béisbol, como una batalla épica entablada con
algunos de los mejores beisbolistas de todos los tiempos. Ciudad Trujillo, decidida a derrotar a San Pedro, con sus nuevas
estrellas americanas, cubanas y un puertorriqueño, terminaron
con sólo un jugador dominicano en su plantilla. Los beisbolistas americanos vivieron experiencias insólitas. Cuando Ciudad

Trujillo perdía, los militares disparaban enojados al aire. La policía detenía a los jugadores de la Liga Negra y los mantenía en la cárcel hasta la noche anterior al juego para evitar que se fueran de la ciudad. Paige escribió posteriormente: "Quise estar de nuevo en casa cuando todos esos soldados comenzaron a perseguirnos adondequiera que fuéramos y a permanecer incluso frente a nuestras habitaciones durante las noches". En uno de los juegos contra San Pedro, el mánager les dijo en tono amenazante: "Sigan mi consejo y ganen". En la séptima entrada iban perdiendo por una carrera. "Podías ver a Trujillo haciendo formar a su ejército", añade Paige. "Comenzaron a comportarse como un escuadrón de fusilamiento". Ciudad Trujillo anotó dos carreras en esa entrada y se puso adelante en el marcador por una carrera, y luego Paige lanzó dos entradas sin permitir ninguna carrera.

Como sucede algunas veces en las Grandes Ligas, Ciudad Trujillo gastó más dinero y ganó. La capital se sumergió en una fiesta bulliciosa de merengue y bailes en las calles. Más que alegría por el triunfo, los beisbolistas sintieron alivio, pues nadie sabía realmente qué podrían hacer los Trujillo —que eran mentalmente inestables— si llegaban a perder. Paige escribió: "Regresé deprisa al hotel y al día siguiente nos sacaron rápidamente de allí".

Todo esto costó demasiado dinero. El plan era modificar la Liga de Invierno para que pudieran visitar a los equipos americanos fuera de temporada y no disgustar así a los mánagers americanos. A Trujillo no le gustaba disgustar a los americanos. Pero San Pedro no tenía dinero para contratar estrellas americanas y cubanas, y sin la amenaza que representaba San Pedro, Trujillo no iba a pagar una gran plantilla para el equipo de su ciudad. Todos se habían quedado sin dinero, y durante más de diez años en la liga no se jugó béisbol profesional. Los mejores beisbolistas dominicanos iban a jugar al extranjero. Fue el béisbol *amateur* lo que mantuvo vivo al juego. Y fue ampliamente reconocido que el mejor béisbol aficionado del país estaba en los cultivos de caña de San Pedro de Macorís. Incluso Cuqui Córdova, el más importante historiador del béisbol de Santo Domingo, reconoció que en los años cuarenta los mejores beisbolistas dominicanos eran trabajadores pobres que jugaban en los ingenios de San Pedro.

Cuando la zafra terminaba, algunos de los cortadores de caña conseguían trabajo desmalezando y removiendo la tierra de los cañaverales. Pero cuando Trujillo compró las refinerías, eliminó este tipo de trabajo y utilizó químicos para erradicar la maleza, haciendo que las condiciones fueran aún más duras en los campos de San Pedro. Sin embargo los trabajadores podían cultivar sus propios alimentos y reunirse para jugar béisbol.

En 1951 la Liga Dominicana se reorganizó de nuevo y una vez más se jugó béisbol profesional. Tetelo Vargas, quien tenía alrededor de cuarenta y cinco años, se radicó en San Pedro para jugar con las Estrellas; gracias al poder de su bateo, el equipo ya estaba para dar la pelea. Pero ese primer año, Licey derrotó a Escogido y se llevó el título. El año siguiente, las Águilas derrotaron a Licey y en 1953 Licey derrotó a las Águilas estableciendo una competencia entre estos dos equipos que ha dominado la liga. Al año siguiente las Estrellas ganaron tras derrotar a Licey. Para entonces, el béisbol ya se había integrado y la Liga Negra había desaparecido. Los equipos dominicanos empezaron a contratar jugadores de las Grandes Ligas para jugar durante el invierno. Las Estrellas ficharon a Roger Maris, pero no quedaron muy impresionados con él. Aunque Maris era conocido en las Grandes Ligas por ser un beisbolista serio y responsable, los macorisanos se quejaron de que no se esforzaba mucho para los parámetros de San Pedro. Ese mismo verano, Maris regresó a los Yankees y rompió el récord de sesenta jonrones en una temporada que ostentaba Babe Ruth.

Entre 1951 y 2008, de los cincuenta y cinco campeonatos —descontando los recesos por golpes de estado o invasiones— Licey o las Águilas habían ganado treinta y nueve de ellos, con las Águilas llevando un campeonato más que su rival, mientras que las Estrellas Orientales sólo habían ganado dos veces, en 1954 y en 1968. Se convirtieron en un equipo rompecorazones, muy semejante a los Red Sox, con un largo historial de colapsos previos a la victoria. Doce veces llegaron a las series finales, y en todas perdieron.

En 1959 las Estrellas Orientales inauguraron un nuevo estadio en el extremo de la ciudad, a un lado de la carretera rural que conducía a los cultivos de caña. Recibió el nombre de Ramfis Trujillo, amante del béisbol e hijo del dictador asesino. Originalmente hubo algunas dudas sobre la paternidad de Ramfis, cuyo verdadero nombre era Rafael Leonidas Trujillo Martínez. María Martínez, su madre, lo tuvo cuando estaba casada con un cubano, quien dejó en claro que no era el padre del bebé. María lo abandonó y se convirtió en la tercera esposa de Trujillo. La semejanza física se hizo evidente desde una edad temprana, mientras el joven Ramfis —apodo que le endilgó Trujillo, tomándolo de un personaje de la ópera *Aída* de Verdi— se deleitaba matando animales de granja con una pistola de gran calibre. Trujillo nombró a Ramfis coronel cuando éste tenía cuatro años. Amante del béisbol y del polo, Ramfis sentía afición por torturar con sevicia a quienes consideraba como sus enemigos.

Fue un doble insulto para San Pedro que su estadio llevara el nombre de este asesino, tanto por su brutalidad como por el hecho de que siempre se había declarado abiertamente seguidor de Escogido. Cuando su padre fue asesinado, San Pedro cambió el nombre del estadio, que pasó a llamarse Tetelo Vargas. Pero los dueños de la República continuaron reclamando el estadio de béisbol de San Pedro. En la entrada hay una placa en honor a Joaquín Balaguer por las renovaciones de 1993, y al lado otra al Presidente Leonel Fernández por las renovaciones de 1999. Una de las trampas presidenciales consistía en que el Estadio Tetelo Vargas fuera bautizado con su nombre.

CAPÍTULO CINCO

La primera apertura

No fue el equipo local sino el béisbol de las Grandes Ligas de Estados Unidos lo que hizo que el mundo se enterara de que esta pequeña ciudad azucarera producía grandes beisbolistas. Tres cosas sucedieron a mediados del siglo XX que lograron abrir las puertas de las Grandes Ligas a San Pedro de Macorís.

Lo primero que sucedió fue la abolición de la así llamada línea de color en el béisbol de las Grandes Ligas, la segregación que había creado a la Liga Negra. Inicialmente el béisbol estuvo integrado, pero luego surgió un movimiento para excluir a los afroamericanos, liderado por Cap Anson en la década de 1880. Anson fue uno de los mejores jugadores de su época, con una carrera de veintisiete años, principalmente para los White Stockings de Chicago, que posteriormente se llamaron los Cubs, durante la cual fue el primer beisbolista en anotar

3.000 *hits*. Era tan influyente en el mundo del béisbol que su racismo contagió a todo el deporte. Anson se negó a jugar en numerosas ocasiones porque había jugadores negros en su equipo o en el de los rivales. En 1883 se negó a jugar con el receptor Moses Fleetwood Walker, un joven bien educado e hijo de un doctor, considerado el primer afroamericano en jugar en las Grandes Ligas. Otros jugadores respaldaron a Anson. Nunca hubo una regla escrita que les prohibiera jugar a los beisbolistas negros, pero a finales del siglo XIX se hizo cada vez más evidente que no se les permitiría hacerlo. Algunos calificaron esto como un "acuerdo entre caballeros". Después de la temporada de 1898, los negros ni siquiera pudieron jugar en las Grandes Ligas. Haber sido el causante de esta injusticia no impidió que el Salón Nacional de la Fama reconociera y admitiera a Anson en 1939, siendo una de las primeras figuras del siglo XIX en ingresar al Salón de la Fama.

Ocasionalmente, los beisbolistas que tenían la piel un poco más clara podían jugar arguyendo que eran latinos o indios norteamericanos, pero eran expulsados tan pronto eran descubiertos. En 1916, Jimmy Claxton jugó dos juegos para los Oakland Oaks haciéndose pasar por indio norteamericano. Fue expulsado cuando se descubrió que tenía sangre africana. La piel ligeramente más oscura de jugadores como Alex Carrasquel de Venezuela, Hiram Bithorn de Puerto Rico y de varios cubanos no pasó desapercibida para la prensa o los aficionados, pero ellos lograron jugar en las Grandes Ligas aunque nunca tuvieron carreras largas ni ilustres. Algunos firmaron declaraciones en las que certificaban que eran de ascendencia española. En los años veinte, dos cubanos, el jardinero Jacinto "Jack" Calvo y el pítcher José Acosta, lograron la proeza de jugar en equipos de las Grandes Ligas y en la Liga Negra.

Durante dos décadas no hubo una organización permanente de béisbol profesional afroamericano, hasta 1920, cuando Rube Foster, un negro que había sido pítcher —y que no debe confundirse con el pítcher de los Red Sox que lleva el mismo nombre— fundó la Liga Nacional Negra, una federación beisbolística con la misma calidad de las Grandes Ligas. Además de la temporada que jugaron en Estados Unidos, también lo hicieron en Cuba, República Dominicana, Puerto Rico, Panamá y Venezuela. Los beisbolistas afroamericanos entraron a formar parte del mundo latino.

En 1920 el juez Kenesaw Mountain Landis fue nombrado primer comisionado del béisbol. Teodoro Roosevelt lo había nombrado juez del distrito norte de Illinois, donde se distinguió por sus juicios en contra de sindicalistas, izquierdistas, opositores a la Primera Guerra Mundial y a los individuos de raza negra. Muchos de sus veredictos fueron anulados tras ser apelados. Él fue el juez que hizo que Jack Johnson, el primer negro en ganar el título de los pesos pesados, fuera proscrito de ese deporte. Con el respaldo de beisbolistas blancos y de propietarios racistas de clubes, logró mantener la segregación en el béisbol.

Pero las relaciones de raza estaban cambiando en los años cuarenta. Las fuerzas militares favorecían la integración; había un incipiente movimiento por los derechos civiles y un gran derroche de talento en la Liga Negra, algunos de cuyos mejores beisbolistas esperaban entrar a un equipo que tuviera el valor de reclutarlos. Landis murió en 1944 y Happy Chandler, el nuevo comisionado, un político de Kentucky apodado así por su actitud, se mostró dispuesto a permitir la integración. En 1945 Branch Rickey, el mánager general de los Brooklyn Dodgers, les hizo pruebas a varios jugadores negros. Declaró que pensaba formar un equipo con beisbolistas negros. Ese mismo año firmó con Jackie Robinson, un beisbolista polifacético y un jardinero talentoso, y lo envió a las Ligas Menores con la intención declarada de ficharlo para los Dodgers.

Durante un tiempo circularon rumores en el sentido de probar a los jugadores de la Liga Negra antes de entrar a las Grandes Ligas. Muchos creían que Satchel Paige sería uno de los primeros en ser evaluados. Este beisbolista había renegado de las pruebas, pero estuvo amargado durante años por no ser el primer jugador en someterse a éstas. De todos modos, probablemente no habría aceptado comenzar en las Ligas Menores, pues era considerado uno de los mejores pítchers de la época.

Hay algunas evidencias que muestran que Rickey quería que un beisbolista cubano fuera el primer negro en ser evaluado. A los aficionados les habría parecido más aceptable un latino, pues por extraño que parezca, los americanos estaban más dispuestos a aceptar a los negros si eran extranjeros. Rickey estaba detrás de Silvio García, un campo corto famoso también por su alcoholismo y por sus declaraciones amenazantes sobre lo que les haría a las personas blancas que se atrevieran a molestarlo.

Aunque Robinson era talentoso, era un novato y no era el mejor beisbolista que la Liga Negra tuviera para ofrecer. Pero era bueno y tenía otra cosa que buscaba Rickey. Cuando contrató a Robinson, Rickey le aconsejó que aceptara los insultos con estoicismo, algo que Paige ni García habrían hecho nunca. Paige era famoso por sus berrinches y payasadas. Soportaba el ultraje verbal y las amenazas de muerte con una actitud ecuá-

nime que pocos jugadores podrían haber exhibido; lograba esto
no a causa de una naturaleza estoica ni pasiva, sino a una personalidad fuerte y disciplinada.

Robinson fascinaba a la prensa y al público. En 1947 fue el
primer novato del año, haciendo que fuera un premio muy codiciado desde entonces. Once semanas después de que Robinson
firmara con Brooklyn, Bill Veeck de los Indians de Cleveland
reclutó a un jardinero de la Liga Negra llamado Larry Doby.
Varios años atrás, Veeck había intentado comprar a los Phillies
de Filadelfia y contratar a beisbolistas negros destacados, pero
cuando le comentó sus intenciones a Landis, el club fue vendido repentinamente a otro postor. Doby, que soportó lo mismo
que Robinson, ha sido ampliamente ignorado por la historia
porque fue el segundo y no el primero. Era por eso que Satchel
Paige anhelaba tanto haber sido el primero. Doby fue el primer
beisbolista negro en conectar un jonrón en una serie mundial,
en 1948, lo que contribuyó a que Cleveland ganara la serie.
Satchel Paige también fue contratado y ayudó a que los Indians
ganaran. Robinson fue fundamental para que Brooklyn ganara
la Serie Mundial, aunque esto ocurrió en su última temporada,
en 1956, mucho después de haberse convertido en una leyenda.

El tercer jugador negro fue Hank Thompson, contratado
por los Browns de St. Louis doce días después de Dobey. El
cuarto, Willard Brown, jugó su primer juego con los Browns dos
días después de Thompson, quien pasó a los Giants en 1951,
conformando con Monte Irvin y Willie Mays el primer trío de
jardineros negros.

Los equipos de las Grandes Ligas estaban contratando grandes talentos de la Liga Negra y ganando banderines y series
mundiales con ellos. Sin embargo, todavía existía una gran

resistencia por parte de los propietarios, beisbolistas y aficionados. La Asociación Sureña Clase AA de las Ligas Menores se negó a contratar beisbolistas negros y terminó convirtiéndose en blanco del boicot promovido por el movimiento a favor de los derechos civiles. La organización desapareció en 1961, pero mantuvo la segregación hasta el final. Tom Yawkey, propietario de los Red Sox de Boston —el equipo favorito de muchos dominicanos en la actualidad— se negó a contratar negros. Rechazó a Jackie Robinson, quien hizo pruebas en el Fenway Park, y a Willie Mays. Para los años sesenta, mientras los equipos integrados prosperaban, los Red Sox permanecieron tercamente en el fondo de las posiciones con su equipo exclusivamente blanco.

Con sólo un 15% de su población blanca, casi todos pertenecientes a la clase privilegiada, la República Dominicana rara vez produce beisbolistas blancos. Pero en los años cincuenta, los beisbolistas dominicanos tuvieron una oportunidad en las Grandes Ligas. Si lograban entrar en ellas, se encontrarían en un país extraño, muy diferente al suyo, y habrían de enfrentar un tipo de racismo muy distinto.

Los dominicanos no son ajenos al racismo. La obsesión dominicana —pan caribeña, en realidad— de calibrar las diferencias raciales es profundamente racista.

Pero el beisbolista dominicano se ve confrontado con algo completamente diferente en Estados Unidos. Y como los dominicanos están muy familiarizados con la noción de racismo, les parece que la variación americana es muy desconcertante. Los dominicanos no se preocupaban por la segregación ni la integración. En la lógica racista dominicana, los equipos de béisbol segregados y los comedores separados no tienen mucho sentido, pues los rasgos raciales no se transmiten en los comedores ni en los diamantes de béisbol.

La mayoría de los dominicanos son tan mezclados en términos étnicos que sus hijos pueden salir con la piel de cualquier color. Hay supersticiones rurales que recomiendan a las mujeres embarazadas consumir alimentos de color blanco para asegurar que sus bebés tengan la piel clara. Como ciudadanos de un país mulato, el color de la piel de los dominicanos puede ser más oscuro o más claro dependiendo de con quién se mezclen. Creen que si fueran más blancos, serán más felices y prósperos, porque las personas blancas tienen países felices y prósperos. De otra parte, si su población fuera más oscura, la República Dominicana terminaría siendo un país negro. Si eso sucediera, sería simplemente absorbida por Haití, un país bárbaro y empobrecido. Desde la primera invasión haitiana, la mayor preocupación de los dominicanos ha sido siempre la amenaza de una ocupación haitiana.

En términos históricos, la respuesta en la República Dominicana ha consistido en sumarle personas de raza blanca a la mezcla y deshacerse de las que tengan piel negra. El problema es que esto plantea una pregunta difícil: ¿Quién cortará la caña?

La República Dominicana necesitaba gente negra, y también necesitaba compensar este factor con gente blanca. El azúcar era la única industria exenta del decreto de Trujillo —que tenía como objetivo evitar la importación de negros vecinos—, que estipulaba que la fuerza laboral de todas las compañías tenía que ser 70% dominicana.

La preocupación y el afán por blanquear la raza perduraron después de la muerte de Trujillo, esta vez en manos de

Balaguer, quien había sido su presidente marioneta y que en 1983 escribió un libro titulado *La isla al revés,* donde sostenía que los haitianos aún estaban tratando de invadirlos aunque sin utilizar métodos militares. La llamó una invasión pacífica, un término predilecto de Trujillo. La nueva invasión, escribió, era "biológica", y advirtió sobre la "fecundidad" de las personas de raza negra, diciendo que "se multiplican con una rapidez casi comparable a la de los vegetales". Para ilustrar su tesis, incluyó cinco páginas con fotografías a color de familias provenientes de su región nativa para mostrar los agradables rostros caucásicos que tenían.

Cuando José Francisco Peña Gómez —un político popular de piel negra y rasgos africanos— se postuló como candidato a la presidencia en 1996, Balaguer insistió en que él tenía un plan secreto para reunificar el país con Haití. Peña Gómez era un dominicano hijo de padres dominicanos, pero tenía un abuelo haitiano, algo que bastó para que lo tildaran de haitiano.

En una fecha tan reciente como 1997, el Presidente Leonel Fernández, quien dijo que tendría una actitud diferente, señaló haber descubierto que la República Dominicana era amenazada por una "mafia" haitiana; en consecuencia, alrededor de 35.000 haitianos y dominicanos de origen haitiano fueron deportados a ese país.

Pero los dominicanos no consideran que su sociedad esté dividida entre gente blanca y gente negra, a diferencia de los americanos, para quienes todo aquel que tenga trazas de sangre africana es considerado negro. La mayoría de los dominicanos son mulatos, y en la sociedad dominicana, los mulatos no son considerados negros. De hecho, la palabra mulato es un término muy despectivo en todas sus variantes: morenos, indios, chavines, personas con cabello africano, comúnmente conocido como "pelo malo" y ojos verdes, personas con "pelo bueno" pero con "nariz mala"; rasgos que son considerados negros en Estados Unidos. Los dominicanos no esperaban ser tratados como si fueran haitianos.

Era predecible que los primeros beisbolistas negros latinos fueran cubanos. Los cubanos blancos siempre habían jugado en las Grandes Ligas, y treinta y dos isleños habían jugado allí antes de 1948, comenzando en 1871 con Esteban Bellán, el primer latino de las Grandes Ligas, conocido como Steve Bellán, y uno de los fundadores del béisbol cubano. Beisbolistas de esta nacionalidad como el pítcher Dolf Duque, llamado "el orgullo de La Habana", fueron pilares de las Grandes Ligas durante la época en que el béisbol estuvo segregado. No existía un "acuerdo entre caballeros" en cuanto a los latinos de piel blanca.

En 1951 Minnie Miñoso de La Habana, el veloz jardinero apodado "el Cometa Negro", pasó de la Liga Negra a los Indians de Cleveland, y luego a los White Sox de Chicago. Miñoso fue el primer latino negro en jugar en las Grandes Ligas. La puerta se estaba abriendo lentamente para San Pedro.

En 1952 Sandy Amorós pasó de la liga cubana a las Grandes Ligas; un caso afortunado, pues él era negro y no hablaba una sola palabra de inglés, razón por la cual los periodistas nunca lo entrevistaron. Amorós, quien había sido un jugador descollante en Cuba, era un hombre tímido que parecía perdido en el mundo angloparlante típico de las Grandes Ligas de los años cincuenta. Cuando jugó con los Brooklyn Dodgers, Amorós no tenía casa; vivía en el yate de Roy Campanella, el receptor de color que jugaba para los Dodgers, quien había aprendido español tras jugar en la liga mexicana. El invisible Amorós tuvo su momento de fama, una atrapada espectacular de un *hit* conectado por Yogi Berra. Fue en la parte baja del jardín derecho, muy cerca del muro del estadio de los Yankees, en un partido que terminó en doble play, salvando la serie mundial de 1955 para los Dodgers.

Teniendo en cuenta que en los años cincuenta había pocos beisbolistas que hablaran español y pocos negros en las Grandes Ligas, las cosas no iban a ser fáciles para los dominicanos. El primer dominicano en jugar en las Grandes Ligas fue Osvaldo Virgil, quien abandonó su aldea cerca de la frontera con Haití y terminó en las Grandes Ligas como un negro llamado Ozzie Virgil.

Los dominicanos no estaban siendo reclutados en aquella época, y seguramente Ozzie nunca habría sido descubierto por el béisbol de las Grandes Ligas si su padre no hubiera sido un opositor tan férreo del régimen de Trujillo, al punto que la familia tuvo que refugiarse en Puerto Rico. Desde allí, y al igual que muchos puertorriqueños de la época, los Virgil se mudaron al Bronx, donde Ozzie jugó béisbol de barrio, casualmente estaba cerca del Polo Grounds, la sede de los Giants de Nueva York. Posteriormente jugó para la Marina. Virgil podía hacerlo casi todo en el béisbol: era un jugador polifacético que podía ocupar cualquier posición, y en sus nueve años en las Grandes Ligas jugó en todas las posiciones salvo en la de pítcher y jardinero central.

En esa época, los Giants habían reclutado a Alejandro Pompez como buscador de talentos. Nacido en Key West, Florida, de padres cubanos, Alex Pompez, había sido el propietario de dos franquicias de la Liga Negra: los Cubanos de Nueva York y las Estrellas Cubanas. Era conocido por haber traído latinos a la Liga Negra, incluyendo a Minnie Miñoso y al pítcher Martín Dihigo, considerado en Cuba como uno de los beisbolistas más grandes de todos los tiempos.

Pompez estaba reclutando beisbolistas en el Bronx. Siempre buscaba beisbolistas latinos y había manifestado incluso el deseo de buscar algunos dominicanos, cuando se encontró con uno muy talentoso en su mismo barrio. Virgil jugó su año de novato para los Giants en 1956 y, posteriormente, dijo que estuvo tan nervioso durante su primer turno al bate en las Grandes Ligas que sus piernas no dejaban de temblar. Pasó cuatro veces al bate y no pudo conectar un sólo *hit*, y cometió también un error en tercera base. Éste fue el debut oficial del béisbol dominicano en las Grandes Ligas.

Virgil no despertó una gran reacción entre el público, por lo menos no en el dominicano. Todo el mundo estaba demasiado preocupado por el color de su piel, especialmente en 1958, cuando Virgil fue canjeado a los Tigers de Detroit. El periódico *Detroit Free Press* informó sobre el canje con el titular "Tigers reciben al primer negro", y el día de su primer juego, otro titular de primera página anunció: "El primer negro de los Tigers juega hoy como tercera base". Un artículo publicado en la primera página del *Detroit News,* publicó el titular: "Decisión de los Tigers de jugar con un negro huele a raza". Repentinamente, y como era un hombre con piel demasiado clara como para ser considerado negro en su tierra nativa, se convirtió en un símbolo de la integración racial en Estados Unidos. Su significado histórico como el primer beisbolista dominicano fue olvidado casi por completo, a pesar de que en aquella época las Grandes Ligas tenían cuarenta y seis beisbolistas negros y él era el único dominicano. En ese momento, los Tigers eran el único club de las Grandes Ligas, junto con los Red Sox, en no haberse integrado y, por lo tanto, su raza era el aspecto más importante de este hombre. El editorial del periódico *Free Press* del 9 junio de 1958, abrió así: "Ahora los Tigers incluyen a un negro", y escribieron su nombre de manera incorrecta. Treinta y nueve años después, el mismo periódico publicó un perfil periodístico en el que decía que "Ozzie Virgil no piensa en sí mismo en términos de blanco y negro".

Pero aunque Virgil estaba dispuesto a aceptar su papel en Detroit como un icono negro, los negros americanos no lo consideraron nunca como uno de los suyos. "Ellos me veían más como un jugador dominicano que como un negro", se quejó en una ocasión al periódico *Detroit Free Press*.

El mismo año del debut de Virgil, el segundo dominicano, Felipe Alou, llegó a Estados Unidos para jugar en las Ligas Menores. Su verdadero nombre era Felipe Rojas Alou. Se hacía conocer por sus apellidos Rojas Alou, con el uso tradicional de su apellido paterno, pero el buscador de talentos que lo reclutó no entendía la costumbre hispana relacionada con el orden de los apellidos, y creyó que Alou era su apellido paterno y que Rojas era su segundo nombre. Todos los hombres de la familia Rojas —Felipe, sus hermanos Matty y Jesús, así como Moisés, el hijo de Felipe, quienes jugaron en las Grandes Ligas— se cambiaron el apellido para no confundir a los americanos. En 1992 Felipe Alou se convirtió en mánager de los Expos de Montreal, siendo el primer mánager latino en las Grandes Ligas.

Pero fue Ozzie Virgil quien allanó el camino. Juan Marichal, uno de los primeros cinco dominicanos en jugar en las Grandes Ligas y el único en llegar al Salón de la Fama en 2009, dijo que cuando estaba en la República Dominicana, nunca pensó en jugar en las Grandes Ligas hasta que Ozzie Virgil comenzó a jugar con los Giants.

En 2006, cuando el 10% de los jugadores de las Grandes Ligas eran dominicanos, un periodista del *Miami Herald* le preguntó a José Reyes, el joven campo corto dominicano de los Mets, por Ozzie Virgil, el primer dominicano en jugar en las Grandes Ligas. Reyes no sabía quién era.

Los dominicanos comenzaron a ser fichados en las Grandes Ligas de béisbol muy lentamente. Después de Virgil en 1956, llegó Felipe Alou en 1958, y luego su hermano Matty en 1960. Julián Javier, un jugador de cuadro con buena puntería y un corredor veloz, debutó con los Cardinals de St. Louis en 1960. En ese mismo año, Diomedes Olivo comenzó a lanzar para los Pirates de Pittsburgh a la edad de catorce años. En 1961 su hermano Chi-Chi comenzó a lanzar para los Braves. Rudy Hernández, un pítcher que pasó la mayor parte de su carrera en las Ligas Menores, fue llamado a filas y lanzó veintiún partidos con los Senators de Washington en 1960.

Los primeros dominicanos —Virgilio, los Alou, los Olivo, Marichal— eran oriundos de pueblos pequeños. La única excepción fue Hernández, quien era de Santiago. Cuatro de los siete primeros fueron pítchers. Ninguno de ellos era de San Pedro. Los primeros fueron hallados en lugares donde los primeros buscadores de talento dominicano sabían buscar, como en los Juegos Panamericanos o en los equipos militares conformados por el régimen de Trujillo. Virgil fue descubierto porque vivía en Nueva York y Felipe Alou porque era estudiante de preparatoria en Medicina de la Universidad de Santo Domingo y jugaba en un equipo de la universidad dirigido por Horacio Martínez, quien había firmado recientemente como buscador de talentos para los Giants de Nueva York.

De los siete primeros, el que estableció la imagen más perdurable de un beisbolista dominicano en su aspecto tanto positivo como negativo —una imagen que afectaría tanto a beisbolistas como a aficionados— fue Juan Antonio Marichal Sánchez, de la pequeña aldea de Laguna Verde, cerca de la frontera con Haití, al Norte del país.

Marichal era un pítcher temible con un lanzamiento pasado de moda en los años sesenta; justo antes de lanzar, él levantaba la pierna recta en el aire, haciendo imposible que el bateador supiera qué lanzamiento iba a realizar. Adicionalmente, dominaba una amplia variedad de lanzamientos, lo que contribuía a confundir más al bateador.

Marichal venía de un mundo difícil. Era un descubrimiento de Ramfis Trujillo, que tomó al joven Marichal para jugar en el equipo que estaba conformando en la Fuerza Aérea dominicana. El hijo del dictador lo vio lanzar en un juego e inmediatamente se lo llevó para la Fuerza Aérea. Aunque trabajar para un maníaco homicida puede ser aterrador, los Trujillo les concedían privilegios y les pagaban bien a sus reclutas.

Marichal se convirtió en un pítcher de las Grandes Ligas en 1960 con los Giants de San Francisco, y desde su primer juego fue una estrella. Su promedio de carreras limpias fue de 2.89, uno de los más bajos en la historia del béisbol. El promedio de carreras limpias, o ERA, mide el número de carreras limpias que son errores del pítcher, anotadas en un juego. En una época en la que los clubes de pelota tienen enormes cantidades de pítchers y un abridor rara vez permanece en el juego durante más de siete entradas, sorprende recordar la noche del 2 de enero de 1963, en el Candlestick Park de San Francisco, cuando Marichal lanzó dieciséis entradas contra Warren Spahn, el pítcher de los Braves de Milwaukee, y Willie Mays le bateó un jonrón a Spahn.

Marichal parecía captar la atención de toda la República Dominicana cada vez que lanzaba. Según la leyenda, los primeros americanos en enterarse del golpe de Estado de 1965 en Santo Domingo fueron los operadores de la Western Union en el Candlestick Park de San Francisco. Su trabajo consistía en transmitir cada jugada a la República Dominicana cuando Marichal estaba lanzando. Algo catastrófico debía haber ocurrido para interrumpir la transmisión.

En realidad las comunicaciones, que eran controladas por el gobierno, habían sido intervenidas por los conspiradores.

Marichal seguramente se habría destacado aún más si no hubiera lanzado en una época de pítchers excepcionales. Don Drysdale, Sandy Koufax y Bob Gibson lanzaron en su misma época. Durante la carrera de Marichal, el premio Cy Young, el más prestigioso de lanzamiento, fue ganado una vez por Drysdale, dos veces por Gibson y tres veces por Koufax, pero nunca por Marichal. ¿Acaso fue porque Marichal era dominicano? Algunos así lo sostienen, pero si le hubiera ganado a Koufax o a Gibson, algunos podrían haber afirmado que era porque Koufax era judío o Gibson era negro.

Los bateadores le temían a Marichal por su variedad inusual

de lanzamientos y por su capacidad de ocultar la pelota hasta el último momento. Art Shamsky, uno de los mejores bateadores de los Reds de Cincinnati en aquel momento, se refirió a Marichal como "el pítcher más duro que he enfrentado". Shamsky fue lo que se denomina un bateador de contacto: él siempre trataba de tocar la pelota con el bate, así cometiera un *out*. Se enorgullecía de que muy rara vez se ponchaba. Él podía hacer contacto con Koufax, pero Marichal lo ponchaba. "Batear consiste en ver la pelota en la mano del pítcher", afirmó Shamsky. "Pero con semejante descarga, no podías ver la pelota hasta que estaba sobre ti".

En un juego que ama las estadísticas, Marichal obtuvo récords espectaculares; a veces incluso más que Koufax. La prensa, que otorgaba el Premio Cy Young, los estereotipó a ambos. Koufax, el judío, era un pítcher "intelectual", mientras que el dominicano Marichal, era un pítcher latino de "sangre caliente". Al Dark, mánager de los Giants, y quien tenía a tres latinos en su plantilla, reflexionó públicamente sobre si los latinos podían entender realmente el juego de béisbol. Dijo que carecían del "estado de alerta mental".

La prensa llamó a Marichal "el dandy dominicano", una etiqueta un tanto denigrante, que implicaba que no sabía qué hacer con su dinero y que se entregaba a un dandismo cómico. Nada ilustra mejor el impacto que causó Marichal que el hecho de que, años después de haberse retirado, la prensa se refiriera todavía de vez en cuando a algún jugador dominicano como un dandy.

Como los jugadores de béisbol se ganan la vida jugando el juego de su infancia, tienen mucha menos presión que la mayoría de las personas para actuar como adultos en un oficio. No son pocos los incidentes de berrinches y estallidos de violencia por parte de los peloteros estadounidenses. Pero cuando un beisbolista hispanoparlante hace lo mismo, dicen que es un latino de sangre caliente. Marichal no dio origen al beisbolista latino de sangre caliente. El original fue Adolfo Luque, un cubano que fue uno de los mejores pítchers de todos los tiempos, consagrado en la literatura americana porque Hemingway lo menciona en su libro *El viejo y el mar.* Luque no titubeó en amenazar a jugadores, árbitros o aficionados. En una ocasión, al ser interrumpido por un jardinero llamado Bill Cunningham, quien estaba gritándole algo al pítcher desde el banco, Luque soltó la bola y el guante, caminó hacia Cunningham y le lanzó un puñetazo que Cunningham eludió. El puño de Luque aterrizó de lleno en la mandíbula del jardinero Casey Stengel. Se produjo una trifulca y Luque fue expulsado del juego, pero regresó presa de la furia, agitando su bate ante los jugadores y árbitros. Los latinos son así, concluyeron muchos comentaristas del béisbol.

Los peores temores sobre Marichal fueron confirmados el 22 de agosto de 1965.

Los Giants estaban jugando contra su principal rival, los Dodgers de Los Ángeles, con Marichal lanzando contra Koufax. Al bate, Marichal se involucró en una discusión con Johnny Roseboro, el receptor de los Dodgers. Marichal sostuvo que éste lanzaba la pelota deliberadamente muy cerca de su cabeza. Según algunas versiones, el lanzamiento golpeó a Marichal en el oído. Las palabras aumentaron de tono y Marichal golpeó al receptor con el bate. Roseboro necesitó catorce puntos de sutura. Marichal le dio al béisbol una imagen perdurable e injusta de los dominicanos, como personas ásperas y violentas, características

propias de un pueblo atrasado. Esto se convirtió en un estereotipo de larga data. En los duros barrios latinos de Nueva York,
donde los dominicanos se mudan a sectores puertorriqueños,
éstos dicen con frecuencia que los dominicanos no usan calcetines, es decir, que son primitivos.

Pero Marichal fue una inspiración para los jugadores dominicanos. Fue uno de los grandes. Un beisbolista se convierte
en elegible para el Salón de la Fama cinco años después de
su retiro, que en el caso de Marichal fue en 1981. No pudo
conseguir los votos favorables del 75% de los miembros de la
Asociación de Escritores de Béisbol de América, que es el requisito para la inclusión. También fue rechazado al año siguiente.
Algunos creían que era a causa del incidente con Roseboro.
Otros, sobre todo en la República Dominicana, pensaban que
se debía a que era dominicano. Al año siguiente, el mismo
Roseboro, que se había hecho buen amigo de Marichal, alentó
su postulación al Salón de la Fama, y finalmente fue aceptado
ese año; el primero —y más de 460 beisbolistas dominicanos
después— y el único jugador dominicano de las Grandes Ligas
en recibir ese honor.

En un año tan reciente como 2008, Marichal se vio envuelto
en una controversia. Él y el pítcher Pedro Martínez fueron fil-
mados en la República Dominicana asistiendo a una pelea de
gallos. Y una vez más se presentó la antigua acusación: los dominicanos son bárbaros, primitivos y crueles con los animales.
Martínez sostuvo que las peleas de gallos eran simplemente
"parte de la cultura dominicana".

En la década de los sesenta, los jóvenes peloteros de los bateyes y de los barrios de San Pedro de Macorís siguieron la carrera de Marichal y obtuvieron dos lecciones contradictorias: en

primer lugar, era muy difícil para un dominicano ser aceptado en Estados Unidos; en segundo lugar, aquellos que persistieran tenían la posibilidad de alcanzar mucha fama, dinero y gloria. Pero nunca sería fácil.

En las ciudades sureñas a las que son enviados muchos beisbolistas jóvenes, la extraña xenofobia americana ha persistido durante años, mucho después de que el béisbol, incluso el del Sur, se hubiera integrado. Rogelio Candalario, un jugador de San Pedro, firmó con los Astros de Houston. Era un prometedor pítcher zurdo hasta que se rompió el brazo en 1986. Los Astros lo enviaron a su equipo de la Doble A en Columbus, Carolina del Sur. "La gente simplemente no me miraba", recordó Candalario. "Yo preguntaba, '¿Pasa algo malo?'. 'Nada', respondían ellos".

CAPÍTULO SEIS

El surgimiento de San Pedro

En 1962 ocurrió algo que repercutió en el béisbol, en el azúcar y en el turismo. El 7 de febrero, en respuesta a la expropiación de los activos estadounidenses en Cuba por parte del nuevo gobierno revolucionario de Fidel Castro, Estados Unidos declaró un embargo comercial. En primer lugar, esto significaba que Estados Unidos compraría su azúcar a otras naciones, mientras que los cubanos respondieron abriendo el comercio con la Unión Soviética. Hasta entonces Cuba era básicamente sinónimo de vacaciones en el Caribe, y había poco turismo en el resto de la región. Los estadounidenses comenzaron a buscar otros lugares para pasar sus vacaciones de invierno. Pero esto también significó que los beisbolistas cubanos ya no podían jugar en Estados Unidos. A fin de ser elegible para trabajar allí, un cubano tenía que desertar para siempre del régimen, dejando atrás a amigos y familiares, algo que muy pocos beisbolistas cubanos querían hacer. Ahora las Grandes Ligas tendrían que buscar talento latino en otros lugares.

Los primeros peloteros de San Pedro de Macorís dieron el salto a las Grandes Ligas en 1962, el mismo año del embargo a Cuba. No es sorprendente que estos jugadores procedieran de los ingenios. Amado Samuel, un campo corto de Santa Fe, fue el primer macorisano en ingresar. Firmó con los Braves de Milwaukee en 1958 y jugó su primer partido de Grandes Ligas a comienzos de la temporada de 1962. Sólo jugó tres, la última de ellas para los Mets. El segundo macorisano en entrar a las Grandes Ligas fue Manny Jiménez, también de Santa Fe. Lamentaba no haber sido el primero por un sólo día, comenzando la temporada de 1962 con los Athletics de Kansas City. Jugó siete años como jardinero izquierdo y, a diferencia de Samuel, fue un bateador respetable con una potencia en su bateo que en los campos azucareros de Santa Fe le había valido el apodo de "El Mulo". En sus mejores años, bateó más de .300. Pedro González, del Ingenio Angelina, fue el tercer jugador de San Pedro en entrar a las Grandes Ligas. Su padre era puertorriqueño y su madre era cocolo, natural de la isla francesa de Saint Martin. Pasó su infancia en el centro de San Pedro, en un barrio a la orilla del Mar Caribe llamado Miramar. Cuando sus padres se separaron, su madre regresó con él a Angelina donde González se convirtió en un cocolo y en un beisbolista. Actualmente recuerda con una sonrisa los implementos con los que jugaban él y sus amigos. De vez en cuando lo hacían con pelotas de béisbol, porque en la Liga Dominicana el que atrape el último *out* del juego se queda con la pelota y, por tradición, generalmente se la entrega a los niños de la calle de su preferencia.

Pero la mayoría de las veces jugaban con pelotas hechas con

calcetines, que también es una tradición en San Pedro. Los calcetines son rellenados con firmeza en un calcetín exterior, que después se cose bien y se sumerge en agua antes de jugar para darle un poco de densidad. Pero los calcetines también eran difíciles de conseguir. Cuando Julio Franco, el veterano campo corto de las Grandes Ligas, crecía en Consuelo, solía robarle los calcetines a Vicente, su hermano mayor. Esta es otra manera de ver aquella afirmación de los puertorriqueños según la cual los dominicanos no usan calcetines.

Durante un tiempo se utilizaron batillas. El agua embotellada venía en jarras de gran tamaño con una tapa grande que podía utilizarse como una pelota. Pero desde hace algunos años, se fabrican con plástico liviano y la tapa no tiene el peso suficiente para ser lanzada.

Los bates también representaban otro problema. Cuando los bates de verdad se partían, eran pegados con cola, cinta o clavos, pero muchas veces eran reemplazados por un palo de madera, o incluso por una caña de azúcar liviana. A veces, el cartón de una caja de leche era moldeado en forma de guante; un guante bastante apropiado si uno supiera cómo darle forma, y especialmente si no se atrapaba nada más que un manojo de calcetines. Si alguien tenía un guante de cuero, lo dejaba en el campo de juego para que el otro equipo lo utilizara. Los niños dominicanos son ingeniosos: las niñas saltan la cuerda con hojas de palma.

La mejor forma de conseguir bates y pelotas era jugando en un equipo, y en San Pedro había varios. Allí estaban los ingenios de azúcar, y González no se limitó a jugar en Angelina. Un año jugó en un equipo dirigido por el vicecónsul haitiano, que tenía su sede en San Pedro para ayudar a los muchos haitianos que cortaban caña allí. Manny Jiménez y su hermano Elvio, un campo corto que en 1964 sería compañero de equipo de González en los Yankees de Nueva York, también jugaban en esta escuadra. Pero la carrera de Elvio en las Grandes Ligas duró sólo un juego.

En 1957, Ramfis Trujillo reclutó no sólo a Juan Marichal, sino a varios beisbolistas de los ingenios de San Pedro, a González y a los hermanos Jiménez. En San Pedro se estaba haciendo cada vez más evidente que el ejército dominicano era un trampolín hacia las Grandes Ligas. El Ejército, la Armada, la Fuerza Aérea y la policía tenían equipos que competían entre sí, y todavía lo hacen. Era un béisbol dominicano de primera línea, y quienes se destacaban en estos equipos no tardaban en llamar la atención. Incluso en la actualidad, los jóvenes en los ingenios de San Pedro señalan que los equipos militares son una buena oportunidad porque "fue así como descubrieron a Juan Marichal".

González, un hombre corpulento y afable, firmó con la organización de los Yankees en 1958, el año en que Marichal comenzó su carrera en las Grandes Ligas. Llegó a Estados Unidos sin dominar el inglés. En aquel entonces había pocos hispanoparlantes que pudieran ayudarlo. "Desayunaba con huevos y jamón, y el resto del tiempo comía pollo y papas fritas", recuerda González. "Era lo único que sabía pedir".

Cuando empezó en las Grandes Ligas en 1963, los dominicanos todavía no eran completamente aceptados. Tras destacarse como bateador en las Ligas Menores, González comenzó a jugar con los Yankees en 1963, siendo el primer dominicano en jugar con este equipo. Era toda una novedad y fue apodado "Speedy González" a partir del estereotipo ligeramente racista de Looney Tunes: un ratón mexicano con un diente de oro y un gran sombrero, que hablaba con un sonsonete nasal exagerado; el latino como personaje de dibujos animados. Es probable que también haya sido llamado así no tanto por la caricatura, sino por una canción exitosa de 1962 del cantante Pat Boone, que parece hablar de este mismo ratón, pero que en realidad no habla de nada.

Debido a las lesiones, González nunca estuvo a la altura de su potencial de bateo, pero era un jardinero sutil y astuto que sólo cometió treinta y un errores en sus cinco años en las Grandes Ligas. En 1964 ocupó las cinco posiciones y sólo cometió tres errores en sesenta y seis juegos.

Al igual que Virgil, el color de la piel de González era un tema más relevante que su origen étnico.

"Recuerdo cuando los Yankees llegaron para jugar contra los Orioles de Baltimore en 1963", dice sin rastro de amargura en su voz. "Todo el equipo se hospedó en el hotel Sheraton de Baltimore, pero se negaron a atenderme en el restaurante. Tuve que ir al sector negro de la ciudad para poder comer. Pero siempre me dije que no vine a integrarme, sino a jugar béisbol".

Cuando estaba al bate, González era golpeado con frecuencia con la pelota. Él cree que esto era intencional: "Los pítchers acostumbraban golpear a los beisbolistas negros. Los mánagers les ordenaban: 'Golpeen a los negros' ". Sorprendentemente, González también insiste en que Charles Dressen, el legendario mánager de Brooklyn integrante del Salón de la Fama, que en esa época era mánager de Detroit, "siempre les decía que golpearan a los bateadores negros". Un bateador golpeado pasa a la primera base, pero lo cierto es que ha sido intimidado; algo que en el béisbol se conoce como "ser despojado del poder". Los racistas creían que los negros se dejarían intimidar fácilmente, razón por la cual los pítchers muchas veces lanzaban la pelota directamente a sus cuerpos. Bill Veeck, quien fue propietario de clubes durante toda su vida, criticó abiertamente esta práctica.

Pero González no trató de crear problemas, concentrándose en cambio en consolidar su carrera. "Aprendí mucho porque estaba enamorado del béisbol y trabajaba muy duro", recuerda. Una vez, cansado de los golpes lacerantes de las bolas rápidas, perdió los estribos. Hacia el final de la temporada de 1965, mientras bateaba para los Indians de Cleveland contra Larry Sherry, pítcher de los Tigers de Detroit, éste le lanzó dos bolas seguidas que por poco lo golpean. No es cierto que Sherry intentara golpear a González, pues con mucha frecuencia, un pítcher lanza la pelota hacia el centro del *home* para obligar al bateador a salir de él, pero lo cierto fue que González montó en cólera.

Con su bate aún en la mano, corrió hasta el plato y golpeó a Sherry en el brazo antes de que pudieran contenerlo. González fue multado con $500 y suspendido por el resto de la temporada, aunque quedaban pocos juegos. No lesionó a Sherry como Marichal había lesionado a Roseboro, y no fue un juego notable; González tampoco era un jugador famoso como Marichal, pero para quienes presenciaron el incidente, se trataba de un nuevo caso de un dominicano de sangre caliente que había perdido el control, a pesar de la larga tradición de norteños "fríos" que han hecho cosas similares en el béisbol.

González no ganó grandes sumas de dinero. La mayoría de los beisbolistas de los años sesenta tampoco lo hicieron. En

1966, uno de sus mejores años, los Indians de Cleveland le pagaron $15.000 por su contrato. Probablemente ganó más dinero en el béisbol después de haberse retirado, pues era "alguien" por su trayectoria en las Grandes Ligas. En 1964 jugó incluso en una Serie Mundial. Posteriormente fue mánager de Tampico en la Liga Mexicana y después de las Estrellas Orientales, al regresar a su ciudad natal. Este equipo fue una cantera de futuros beisbolistas de las Grandes Ligas provenientes de San Pedro, incluyendo a Julio Franco, Alfredo Griffin y Rafael Ramírez.

Más tarde, González se convirtió en un apreciado descubridor de talentos de los Braves de Atlanta en San Pedro. "Simplemente doy una mirada a mi alrededor y evito que los chicos se mantengan en la calle", afirma. "Podrían llegar a ser buenos jugadores". González es un hombre exitoso, cuyos hijos estudiaron medicina en la universidad local, toda una prueba para los jóvenes macorisanos de que llegar a las Grandes Ligas puede cambiar sustancialmente la vida de una persona.

San Pedro se coló en las Grandes Ligas de manera casi subrepticia hasta la aparición de su primera estrella, Ricardo Adolfo Jacobo Carty, conocido como Rico Carty. El primer indicio de sus raíces de cocolo fue la pronunciación de su apodo, "Beeg Mon"; una descripción muy precisa, pues Carty era un hombre musculoso que medía 6 pies y 3 pulgadas. Era originario de Consuelo, donde hay una calle llamada Carty en honor a su madre que era partera; ésta vía va desde la iglesia hasta un ingenio de azúcar cercado por mallas. En la actualidad, hay más de 100 personas con este apellido en Consuelo, una subdivisión de casi 45.000 personas.

Inicialmente los Carty —naturales de Saint Martin con raíces en otras islas— eran trabajadores azucareros de habla francesa. Cuando Rico hablaba en su inglés fluido, era difícil discernir si su acento era francés, español o antillano. Probablemente tenía los tres acentos.

Carty ha dicho en varias entrevistas que en Consuelo había dos opciones: cortar caña para el ingenio o trabajar en él. Su padre laboró sesenta años en el Ingenio Consuelo. Le gustaba el boxeo y el cricket. Rico nació en 1939, y cuando él era niño los adultos jugaban al cricket. Los chicos también lo practicaban, pero el atractivo del béisbol, fomentado por los ingenios, era irresistible. La familia Carty vivía en un pequeño barrio llamado Guachupita, detrás del ingenio, donde las casas eran rudimentarias.

Rico se crió con sus dieciséis hermanos, doce hombres y cuatro mujeres. Los campos aledaños estaban destinados al cultivo de la caña de azúcar. El béisbol se jugaba en las calles de tierra apisonada. Debido a su capacidad para batear al fondo del jardín central, Carty fue conocido como un bateador "arriba y al centro", y Carty atribuía esto al hecho de que, según los parámetros de Consuelo, había que batear la bola dentro de la calle: si la enviabas en dirección a las casas, era *out*. Atribuyó su capacidad de batear lanzamientos de rompimiento al hecho de que los calcetines arrugados o los trapos con que se hacían las pelotas no fueron completamente redondas, razón por la cual los lanzamientos tenían muchos movimientos impredecibles.

La madre de Carty entendía el valor de la educación y quería que su hijo fuera médico. Pero a Rico no le gustaba estudiar, sino jugar al béisbol, y ella le prohibió ir a los campos de béisbol, esperando que se concentrara en las tareas escolares. Pero él se escabullía y jugaba en la calle con los equipos de Consuelo.

Como no era un buen estudiante, sus padres le consiguieron trabajo cortando madera en el ingenio. Él lo odiaba, pero trabajar allí le dio la oportunidad de jugar en el equipo de béisbol. En esa época, los dominicanos todavía no habían logrado entrar a las Grandes Ligas de béisbol, y el deporte que podía sacarlos de la pobreza era el boxeo. El padre de Rico, quien amaba este deporte, le dio libros y lo entrenó. Rico resultó invicto en diecisiete peleas, doce por nocaut. Luego perdió la siguiente. Siempre dijo que fue por comer muchos frijoles antes de la pelea. Abandonó el boxeo y en 1959 regresó al béisbol del Ingenio Consuelo, donde se decía a menudo que era el chico que podía enviar la pelota a 400 pies y en línea recta hasta el centro del campo con cualquier tipo de lanzamiento. Pero su padre sufrió una decepción: a pesar de que vivió hasta los noventa años, nunca fue a ver a su hijo jugar al béisbol. En 1959 Rico y otros quinientos jóvenes dominicanos intentaron entrar al equipo panamericano de béisbol. Los dominicanos habían ganado los Juegos Panamericanos de 1955 y eran un equipo a tener en cuenta en los juegos de 1959, que se celebraron en el Comiskey Park de Chicago.

Las Grandes Ligas enviaron buscadores de talentos para observar el poderío del equipo dominicano, al que no le fue bien, pero sí a Carty, bateando jonrones hacia el centro campo con el estilo que había aprendido en las calles y haciendo un espectacular tiro al plato desde la cerca del jardín derecho. Todos querían fichar a este joven dominicano con el bateo perfecto, un poderoso brazo de lanzamiento, alto, estilizado y musculoso, y un rostro notablemente esculpido.

Muchos de los nuevos jugadores dominicanos —a diferencia de los cubanos, que jugaban una temporada en México y otra en Venezuela— salían por primera vez de la República Dominicana. A fin de cuentas, no es un lugar tan grande, y Carty había viajado una docena de millas para ir a Santo Domingo o a Santiago hasta cuando fue a jugar a Chicago a los diecinueve años. Como cocolo, Carty siempre pensó que hablaba inglés. Pero cuando llegó a Estados Unidos, descubrió que no entendía a los estadounidenses y que ellos no le entendían.

Los buscadores de talentos hablaron con él, pero Rico no les entendía. Cada vez que alguien le ofrecía un contrato, él lo firmaba. En poco tiempo había firmado con seis organizaciones de las Grandes Ligas, y según otras fuentes con ocho o nueve. Había firmado con los Cardinals, los Braves, los Yankees, los Giants, los Cubs y los Dodgers. En medio de su confusión, había firmado también con las Estrellas, Licey, Escogido y con las Águilas.

George Trautman, quien dirigía las Ligas Menores de Béisbol, intercedió y les dijo a los diferentes clubes —que estaban molestos— que no había ninguna causal jurídica, ya que Carty se había olvidado de recibir dinero alguno. Pero él le dijo a Carty que tenía que elegir un equipo. Carty escogió a los Braves de Milwaukee, porque le gustaba el equipo. Sólo más tarde comprendió que la bonificación de $2.000 que le habían ofrecido era una pequeña suma de dinero, y que podía haber conseguido mucho más con los Cardinals de St. Louis.

Cuando regresó a la República Dominicana fue más complicado resolver sus contratos. Al darse cuenta de lo que había hecho, dijo que quería jugar con las Estrellas Orientales de su ciudad natal. Trujillo se puso furioso y Carty fue llevado ante un tribunal designado por Trujillo. Pero al final un buen jugador podía ser perdonado incluso por un tribunal de Trujillo, y se le permitió jugar con las Estrellas.

Los Braves lo enviaron a jugar a las Ligas Menores de Béisbol en Waycross, Georgia, y Carty creyó que las leyes de Jim Crow no se aplicaban a él porque era latino. Al igual que Pedro González, sólo comía pollo, pues era lo único que sabía pedir. Más tarde aprendió a pedir hamburguesas.

En Estados Unidos era difícil encontrar alimentos conocidos. En su autobiografía, Felipe Alou escribió que la frialdad de la leche norteamericana le producía náuseas. En las zonas rurales de República Dominicana, la leche generalmente no era pasteurizada, sino hervida, y se servía caliente. Pero el pollo era el único alimento familiar que podían encontrar.

Esta historia del pollo obligado se repite una y otra vez por parte de los primeros beisbolistas de San Pedro que jugaron en las Grandes Ligas. ¿Por qué sólo conocían esa palabra? No todos la sabían. Los beisbolistas de San Pedro cuentan historias de novatos dominicanos que prefieren los restaurantes de comida rápida porque tienen fotografías, y pueden señalar la foto o mover los brazos e imitar a un pollo para comunicar su pedido.

Los dominicanos pobres llevan una dieta de arroz, frijoles, frutas tropicales, tubérculos vegetales y, ocasionalmente, pollo.

En la amplia curva de la calle principal que rodea el Estadio Tetelo Vargas, hay muchos pequeños restaurantes-bar donde los aficionados pueden ver los juegos de béisbol de Estados Unidos en televisores de pantalla grande. Básicamente venden pollo. Tal como lo sugiere González, el pollo bien pudo ser la palabra que intentaron aprender los primeros beisbolistas emigrantes. El pollo de San Pedro es popular y de buena calidad; y al igual que en gran parte del Caribe, la mayoría crecen al aire libre, siendo la modalidad más económica y rentable de criar aves de corral en el trópico. No todos los jugadores dominicanos pedían pollo. "*Ham and eggs*" (jamón y huevos) fue otra expresión que aprendieron a decir rápidamente los beisbolistas dominicanos. Cuando José Mercedes llegó a los Orioles, aprendió a decir "*same thing*" (lo mismo) y simplemente esperaba a que alguien ordenara y luego repetía: "*Same thing*".

Carty no estuvo tan aislado como González, porque había algunos dominicanos en la organización de los Braves, incluso otros macorisanos; tanto así que había uno cuyo padre había jugado cricket con el de Carty. Pero sólo Rico llegó a las Grandes Ligas.

Carty fue querido y respetado por sus compañeros, pero siempre fue un hombre extraño y un personaje pintoresco. A sus compañeros les desconcertaba su costumbre de cargar siempre la billetera mientras jugaba, porque temía dejar su dinero en el vestuario.

Le costó entender el racismo norteamericano. Veía que, en calidad de latino, estaba en una posición un poco mejor que la de los beisbolistas negros americanos. Así que siempre se presentó como latino. Sin embargo, los beisbolistas afroamericanos resentían esto. Carty no entendía mucho a la América negra en la cima del movimiento por los derechos civiles. Se hacía llamar "Big Boy" (Niño grande), y los beisbolistas negros se molestaron porque no les gustaba ver a un hombre negro llamarse a sí mismo "niño". Entonces se llamó "Big Man" (hombre grande), y lo pronunciaba "Beeg Mon". Pero él nunca comprendió realmente lo que significaba esto.

Fue después de que los Braves se trasladaran a Atlanta, cuando Carty vivió en carne propia lo que significaba ser un hombre de color en Estados Unidos. En septiembre de 1971, cuando Carty se había consolidado como una estrella del béisbol, iba conduciendo por la ciudad con su cuñado Carlos Ramírez, cerca de la medianoche. Ramírez, que también era dominicano, estaba de visita y no hablaba nada de inglés. La tensión racial había aumentado en Atlanta tras el asesinato de dos policías blancos en un barrio negro. Según Carty, quien describió el incidente en una entrevista con el *Cleveland Plain Dealer* en 1975, un auto con dos hombres blancos se detuvo cerca de ellos y le dijeron a un negro que estaba en la calle: "*Hey, nigger.*"

Ramírez le preguntó a Carty en español qué estaba sucediendo. Cuando Carty le respondió, su cuñado le preguntó: "¿Aquí hacen eso?".

"Sí", contestó Carty. "A veces ocurre, entre los negros y los blancos".

"¿Por qué?", preguntó Ramírez.

"No sé", dijo Carty. "Yo sólo juego béisbol y me voy a casa". Y los dos se rieron. Entonces, los dos blancos comenzaron a gritarles "*niggers*". Carty, que no entendía las modalidades del racismo norteamericano, les gritó en inglés: "Ustedes pueden ser más negros que yo, porque son americanos y yo no". Carty no estaba en sus condiciones físicas habituales, porque se estaba recuperando de una lesión severa en la pierna. Al ver a un policía blanco, bajó de su coche y fue cojeando para pedirle ayuda; le dijo que estaba lesionado y no quería problemas con los dos hombres del coche; realmente eran policías vestidos de civil. Los policías sacaron sus armas y uno de ellos dijo: "Negros que matan policías". Acto seguido golpeó a Ramírez en la cabeza con su pistola, y a continuación golpeó a Carty con una cachiporra, dándole patadas en el suelo; luego lo esposaron y lo detuvieron antes de que un policía lo reconociera.

Los policías fueron suspendidos, uno de ellos ya tenía un historial de conducta violenta con los afroamericanos, y el jefe de la policía y el alcalde en persona lamentaron profundamente el hecho. El abogado de los tres policías suspendidos dijo que se había tratado de un incidente menor que había sido sobredimensionado porque un beisbolista famoso estaba involucrado. Pero en realidad a Carty lo salvó su posición en el béisbol. La prensa de Atlanta expresó su preocupación de que las lesiones en el dedo y el ojo tumefacto le impidieran a Carty terminar la temporada.

Carty fue lo que se conoce como un bateador natural o, como dicen en San Pedro, "nació para batear." Su bateo tenía tanto poder y gracia, y él tenía esa capacidad misteriosa para anticiparse a los lanzamientos y poner el bate en su dirección, que mantuvo durante siete años el promedio de bateo más alto que haya registrado en su vida cualquier beisbolista actual. En su época, pocos beisbolistas bateaban bien; un periodo conocido en la historia del béisbol como "la época de la segunda bola muerta". La primera, una época en que inexplicablemente todos los bateadores tuvieron un bajo rendimiento, fue durante las primeras dos décadas del siglo xx. La segunda, de 1963 a 1972, coincidió casi con exactitud con la carrera de Carty. El fenómeno sólo se explica parcialmente por el hecho de que fue una época de grandes pítchers. Carty fue, junto con Roberto Clemente, Hank Aaron, Carl Yastrzemski y sólo unos pocos más, uno de los escasos grandes bateadores de su tiempo. Al contrario de Marichal, quien fue subestimado debido a la abundancia de grandes pítchers, Carty gozaba de renombre porque eran muy pocos los beisbolistas que pudieran batear tan bien como él.

De no haber sido por sus problemas de salud, Carty podría haber llegado a ser uno de los mejores bateadores de todos los tiempos. En 1963 tuvo un brillante año como novato, pero al año siguiente tuvo problemas de espalda. En 1967 perdió varias semanas de juego por una lesión en el hombro al resbalar en segunda base. En 1968 pareció quedarse sin un ápice de suerte, pues pasó 163 días en el hospital por una tuberculosis y estuvo ausente toda la temporada. En 1969 perdió cincuenta y ocho juegos debido a tres luxaciones en el hombro. A menudo, sus lesiones se prolongaban durante el invierno, mientras jugaba para la Liga Dominicana, algo que él insistía en hacer todos los inviernos.

En 1970 tuvo un fenomenal promedio de bateo de .366, que era el mejor en las Grandes Ligas desde 1957, cuando Ted Williams bateó .388 con los Red Sox. Carty regresó triunfante a San Pedro para jugar con las Estrellas, pero fue canjeado a Escogido. Mientras jugaba en este equipo, se rompió la pierna en tres partes y se fracturó la rodilla al chocar con Matty Alou en los jardines. Los Braves no contaron con su mejor bateador durante la temporada de 1971. Después de que su rodilla sanó y le removieran una férula que iba de la cadera a la pantorrilla, volvió a Escogido y, en un juego contra Licey, Pedro Borbón, pítcher de los Reds de Cincinnati golpeó a Carty con la pelota y le fracturó la mandíbula.

Carty nunca hizo una fortuna en las Grandes Ligas de béisbol. Abrió un restaurante en Atlanta, Rico Carty's Open Barbecue, pero se incendió quince días después de su inauguración.

Carty tenía anillos de diamante con su nombre y número de uniforme. Cuando vivía en Atlanta, fue conocido por su adicción a las compras luego de adquirir veinticinco pares de zapatos en un mismo día. En otra ocasión compró seis trajes y veinticuatro camisas. Cuando un periodista le preguntó por esto, Carty respondió: "Entro a una tienda y no puedo contenerme. Veo todas esas cosas tan lindas y siento que tengo que comprarlas".

En 1977, el año mejor remunerado de su trayectoria de quince temporadas en las Grandes Ligas, ya al final de su carrera, recibió $120.000. Los demás años ganó la mitad de eso o menos. Pero él no necesitaba mucho dinero en San Pedro. Compró una casa grande y cómoda por $45.000, una casa estilo rancho suficientemente grande para su esposa, cuatro hijas y un hijo. En los años sesenta, cuando su madre escogió el sitio, era un sector poco desarrollado en un extremo del centro y Carty tuvo que pagar para tener acceso a la electricidad. Era una figura popular en San Pedro, el niño de Consuelo convertido en una estrella. La mayoría de los beisbolistas de la siguiente generación, incluido Julio Santana, sobrino de Carty, dicen que él ha sido su inspiración. En 1994 fue elegido alcalde de San Pedro aunque no tenía ninguna experiencia política ni administrativa. Es posible que esta no haya sido una demostración de su popularidad, ya que fue elegido a dedo por Joaquín Balaguer, un político que no permitía que sus candidatos fueran derrotados. Carty explicó: "Joaquín Balaguer es amigo mío, y cuando me pidió que me postulara, no pude decirle que no". Como alcalde de San Pedro, prometió darles bates y bolas de las Grandes Ligas a los jóvenes.

Pero pronto sucedió algo que les abrió aún más las puertas de las Grandes Ligas a los chicos de San Pedro, y que produjo quizá la generación más importante de esta ciudad.

CAPÍTULO SIETE

Esquivando el reclutamiento

En los años setenta, los niños de San Pedro llevaban casi un siglo jugando béisbol sin saber que podía cambiarles la vida. Pero después de que los primeros beisbolistas de San Pedro llegaron a las Grandes Ligas —especialmente una vez que Rico Carty se convirtió en una estrella del béisbol—, este deporte se convirtió en algo mucho más serio que un deporte: podía ser la salvación de toda una familia. Lo que había cambiado no era San Pedro, sino el béisbol de las Grandes Ligas.

Hasta 1976, una vez que un jugador firmaba un contrato con un equipo, le pertenecía hasta que ya no lo quisiera más y lo canjeara o dejara en libertad. Cuando un contrato expiraba, el equipo siempre tenía la opción de renovarlo. La norma, conocida como "cláusula de reserva", entró en vigencia en 1879. Un propietario podía incluso reducir el salario de un jugador en un 20%. En 1969, después de destacarse como bateador y jardinero de los Cardinals de St. Louis durante doce años, Curt Flood fue transferido a los Phillies de Filadelfia. Los Cardinals habían canjeado a tres beisbolistas suyos por tres de los Phillies. Pero Flood se negó a ir, aduciendo que no le gustaban los Phillies, su estadio, ni sus fans. Los Phillies eran tristemente célebres por su racismo. El director, Ben Chapman, había inducido a su equipo a gritarle insultos racistas a Jackie Robinson. Flood interpuso una demanda y logró contratar a Arthur Goldberg, antiguo juez de la Corte Suprema de Justicia, para defender su caso, que fue remitido a la Corte Suprema. Entre los argumentos de Goldberg estaba la afirmación de que el sistema actual reducía los salarios de una forma injusta. El tribunal falló en contra de Flood.

Pero muchas personas consideraron que Flood, que había participado activamente en el movimiento por los derechos civiles, estaba luchando por una causa justa. Flood le escribió al comisionado de béisbol Bowie Kuhn en 1969: "No me considero una propiedad que se compra y se vende independientemente de mis deseos". Como era negro, la comparación con la esclavitud era evidente, y su lucha era vista como otra forma de reivindicación de los derechos civiles, en una época en la que existían muchas luchas de ese tipo en Estados Unidos.

No fue considerado como un asunto relacionado exclusivamente con el dinero. Si Flood aceptaba ser canjeado, ganaría $100.000, uno de los salarios más altos en el béisbol de aquél entonces.

El célebre periodista deportivo Red Smith, que escribía para el *New York Times*, satirizó: " 'Es decir', las demandas en el béisbol pueden ser insólitas, 'con estos salarios, ¿también exigen derechos humanos?' ".

Sí, lo hicieron.

En 1975 los pítchers Andy Messersmith y Dave McNally se negaron a firmar sus contratos, y después de haber jugado una temporada sin contrato se estableció que ahora tenían derecho a ser agentes libres.

Un jugador que se convierte en un agente libre al cumplir su contrato, entra en el mercado y puede ir al equipo que escoja, que en muchas ocasiones es el que más dinero le ofrece. Si a un jugador le ha ido bien, la oferta puede ser muy competitiva, pues los agentes que representan a los jugadores se vuelven importantes, porque al haber millones de dólares en juego, el proceso de negociación suele ser complicado. Antes de que aparecieran los representantes, los beisbolistas negociaban los contratos sin ayuda de nadie.

Independientemente de los nobles principios que hayan motivado a Flood, uno de los resultados de su disputa fue que el béisbol se convirtió en un deporte de millonarios. Salarios como el de Flood —de $100.000— se hicieron risibles. En la época de Carty, por ejemplo, el salario promedio en las Grandes Ligas era de $52.300. Los salarios que recibió Carty, aunque en la actualidad parezcan bajos, estaban por encima del promedio. Sin embargo, en 1980 éste había ascendido a $146.500, y una década después ya era de más de $800.000. En 2008 el salario promedio era de $3 millones al año. Las bonificaciones, es decir, la suma adicional luego de firmar el primer contrato, también habían aumentado; lo que anteriormente eran adelantos de poca monta para los beisbolistas más prometedores, actualmente son sumas que ascienden a varios millones de dólares.

Por aquélla misma época, cuando los aviones reemplazaban ya a los trenes como medio de transporte para los equipos, las

Grandes Ligas comenzaron un proceso de expansión, pasando de los dieciséis equipos que había inicialmente en el Nordeste y Centro-Oeste, a los treinta que hay actualmente en todo el país, y esta expansión creó también una búsqueda intensiva de talentos jóvenes. La fuente más importante de nuevos beisbolistas era el proceso de reclutamiento, donde cada equipo puede escoger jugadores entre un grupo de talentos. Cuanto menor haya sido la posición de un club en la temporada anterior, más privilegios tendrá en el reclutamiento, de modo que los equipos que ocuparon los últimos lugares serán los primeros a la hora de escoger nuevos jugadores.

Pero el reclutamiento era una operación altamente regulada, y los equipos estaban limitados en el número de selecciones que podían hacer. Esto colocaba al beisbolista en una buena posición de negociación. Un talento muy prometedor podía rechazar la oferta. Luego tenía que esperar un año, pero probablemente adquiriría más valor para quienquiera que lo contratase. Mientras tanto, el equipo habría desperdiciado una opción, ya que debía conformarse con los beisbolistas reclutados, independientemente de que ellos hubieran aceptado firmar el contrato o no. Por lo tanto, el club podía estar interesado en ampliar la oferta —aumentando la bonificación— a fin de adquirir al jugador que había firmado, razón por la cual los bonos han ido aumentando considerablemente.

Sin embargo, los beisbolistas extranjeros no estaban sujetos al reclutamiento. Fueron declarados "agentes libres aficionados", y no había límites en la contratación de agentes libres, ningún equipo tenía que estar en el último lugar para ser el primero en hacerse a los jóvenes más talentosos. Los extranjeros se convirtieron así en una fuente ilimitada de nuevos talentos.

Esto internacionalizó al béisbol, que se abrió a los venezolanos, colombianos, panameños, nicaragüenses, coreanos, taiwaneses y japoneses. Actualmente, más de la cuarta parte de los jugadores de las Grandes Ligas han nacido en el extranjero, y el porcentaje probablemente aumentará, ya que casi la mitad de los beisbolistas de las Ligas Menores son de origen extranjero. La idea inicial era trascender las limitaciones del reclutamiento, pero posteriormente se fue descubriendo una gran cantidad de talento foráneo, dispuesto a firmar por un precio inferior al de los jugadores norteamericanos reclutados que representaban una promesa similar.

El primer país en beneficiarse de esta búsqueda de talentos por fuera del reclutamiento fue la República Dominicana. Esto se debió en parte a que a mediados de los años setenta, la idea de los jugadores latinos en el béisbol ya era una costumbre. Los equipos habían contado con beisbolistas cubanos y puertorriqueños, pero los cubanos ya no estaban disponibles y los puertorriqueños eran ciudadanos de Estados Unidos y, por tanto, estaban sujetos al reclutamiento. Con una tradición beisbolística, y siendo una de las economías más pobre del continente americano, los dominicanos estaban listos para ser salvados por el béisbol. Cuando las Grandes Ligas comenzaron a buscar jugadores extranjeros, el primer lugar al que acudieron fue a la República Dominicana.

San Pedro y otras regiones del país se convirtieron en fuente de aprovisionamiento para los *scouts* —buscadores de talentos— de las Grandes Ligas. Un *scout* tenía que identificar a un adolescente, desarrollar su potencial y hacerle firmar un contrato —un proceso que a veces tardaba años— antes de que otro *scout* lograra arrebatárselo. De modo que los *scouts* acudían a los diamantes de béisbol, donde se encontraban y competían fuertemente por los jóvenes talentos. Algunos, como Pedro González, habían sido beisbolistas, pero muchos de los más exitosos nunca lo fueron. Epifanio Guerrero, comúnmente conocido como Epy, de Santo Domingo, jamás fue beisbolista. Su hermano Mario, un campo corto, nunca salió de las Ligas Menores, y ninguno de los dos hijos de Epy consiguió pasar de la Tripel A. Pero Epy fue el *scout* más famoso de la isla, logrando firmar a 133 jóvenes dominicanos, treinta y siete de los cuales —incluyendo a George Bell y Tony Fernández— pasaron a las plantillas de las Grandes Ligas.

Al principio, Guerrero buscaba jugadores para los Blue Jays de Toronto, y Rafael Ávila, su archirrival, estaba haciendo lo propio para los Dodgers de Los Ángeles. Este equipo, que había abierto el béisbol a los jugadores negros de Brooklyn, fue un pionero en la contratación de latinos. Ávila, cubano de nacimiento, era un veterano de la malograda invasión anticastrista de Bahía de Cochinos, acaecida en 1961. En 1970, cuando Ávila se trasladó a la República Dominicana, sólo veinticuatro jugadores dominicanos habían ingresado a las Grandes Ligas. Pero en una época en la que el béisbol todavía no era muy internacional, el hecho de que ese número de jugadores de un pequeño país extranjero hubieran logrado entrar a las Grandes Ligas en igual número de años fue todo un fenómeno.

Al principio, los *scouts* comenzaron a explorar en los equipos militares, donde había sido descubierto Marichal. Sin embargo había una dificultad, y era que los militares dejaran en libertad al jugador. Entonces buscaron en la Liga Dominicana. Ávila comenzó a trabajar con Licey, y con el paso del tiempo descubrieron una gran cantera sin explotar en los campos azucareros de San Pedro, donde había cientos de adolescentes con mucho talento que carecían de una formación adecuada. Los *scouts* necesitaban encontrar lugares para entrenar a los jóvenes jugadores y darles de comer —todos ellos eran demasiado pequeños y desnutridos— sin llamar demasiado la atención. Ávila construyó entonces dos habitaciones en el patio trasero de la casa de Elvio Jiménez, donde alojó y alimentó a quince jugadores, convirtiéndose en el precursor de lo que posteriormente se conoció como una academia de béisbol.

La disputa por los peloteros de San Pedro era ardua. En 1976 Reggio Otero, un *scout* cubano de los Indians de Cleveland, recogió en Consuelo a un cocolo de quince años llamado Alfredo Griffin, que había perfeccionado sus habilidades jugando todos los domingos con el ingenio de azúcar donde trabajaba su padrastro. Epy Guerrero nunca olvidó que Griffin se le había escapado y cuando éste ascendió lentamente durante tres años con los Indians, logró que fuera contratado por Toronto, donde inició su carrera y se hizo ganador del Premio al Beisbolista Novato del Año.

Alfredo Griffin, Pepe Frías, Julio Franco, Rafael Ramírez y Tony Fernández eran campo cortos de San Pedro, y todos ellos ingresaron a las Grandes Ligas en el lapso comprendido entre 1973, cuando ingresó Frías, y 1983, cuando lo hizo Fernández, alcanzando todos el estrellato. Griffin, Frías y Franco eran de Consuelo. Muy pronto, San Pedro de Macorís, la ciudad de los plátanos, el azúcar y los poetas, se conoció como la ciudad de los campo corto. Hasta la fecha, sólo trece de los setenta y nueve macorisanos que han jugado en las Grandes Ligas han sido campo corto, en comparación con veintisiete pítchers, sobre todo en los últimos años. Pero cuando esta ciudad fue la primera en hacerse visible para los seguidores del béisbol profesional, parecía ofrecer excelentes campo corto más que cualquier otra cosa, e incluso hoy, cuando el nombre de San Pedro de Macorís se menciona, a menudo la respuesta es: "Ese pueblo de campo cortos".

Un campo corto es uno de los beisbolistas más importantes de un equipo y, ciertamente, es la estrella del diamante. Deambula entre la segunda y la tercera base, entre el cuadro interior y los jardines. Como la mayoría de los bateadores son diestros, tienden a batear hacia la izquierda, lo que hace que el campo corto participe en más jugadas que cualquier otro jugador. Si se tratara de un mundo de zurdos, el campo corto tendría que estar entre la primera y la segunda base. Es una posición que requiere un gran atletismo, porque está involucrado en jugadas decisivas, incluyendo los doble plays y los triple plays. A menudo, para el momento en que un roletazo ha llegado hasta el campo corto, hay poco tiempo para ponchar al corredor con un lanzamiento largo a primera base. Los movimientos de un campo corto son con frecuencia espectaculares, y los buenos campo cortos generalmente se convierten en los favoritos de los aficionados.

Desde que los jóvenes de San Pedro sueñan con ser estrellas, lo hacen pensando en ser campo corto. Pero al mismo tiempo, como han tenido una vida dura y una mala alimentación, los macorisanos tienden a ser pequeños y de brazos fuertes, que es la constitución clásica de los campo corto, o que al menos lo era hasta que comenzaron a jugar en esa posición beisbolistas de gran estatura como Cal Ripken Jr. y Alex Rodríguez.

La familia de Griffin era de Nevis. Su padre, Alberto Reed, fue músico y trabajador portuario en Santo Domingo. Vivían en Villa Francisca, un barrio pobre, ruinoso y estrecho ubicado en el casco antiguo de la capital, cerca del río Ozama. Reed actuaba en un club nocturno cercano, llamado Borojol. Interpretaba un género musical que alcanzaría su apogeo en Cuba en las décadas de 1940 y 1950 con cantantes que ganaron reputación internacional como Tito Rodríguez y Beny Moré. Era el son, una mezcla de ritmos afrocubanos. Finalmente, el son se transformaría en la salsa, pero antes de que esto sucediera, Arsenio Rodríguez introdujo en los años cuarenta las congas grandes en el son; en la época en que Alberto Reed tocaba, la conga era un instrumento fundamental en la orquesta. Esto causó una gran impresión en el joven Alfredo, quien se apasionaría por las congas.

Cuando Alfredo tenía sólo ocho años, las calles duras de la capital, donde los chicos de los barrios rivales disputaban su dominio, se hicieron aún más duras. Una invasión de Estados Unidos siguió a un golpe de Estado, y la guerra civil trajo consigo combates callejeros con armas automáticas de alto calibre. Mary, la madre soltera de Alfredo, era una macorisana que quería marcharse de aquella ciudad peligrosa que al joven Alfredo le gustaba recorrer a sus anchas y observar en ella tanto la violencia como la distribución de alimentos practicada por los soldados estadounidenses. Ella tomó a sus tres hijos, dejó a Reed y regresó con su familia a Consuelo, su lugar de origen.

Luego sostuvo una relación con un trabajador del azúcar al que Alfredo considera como su padrastro. Aunque Alfredo siempre utilizó el apellido de su madre, es obvio que Reed fue una influencia importante en su vida. Las personas de Consuelo que crecieron al lado de Alfredo dicen que en los primeros recuerdos que tienen de él no lo recuerdan trabajando en el ingenio —porque él no trabajaba allí ni jugando los domingos en el equipo de béisbol de Consuelo, porque eso lo hacía a cambio de un pago— sino que recuerdan a Alfredo tocando las congas en una orquesta y animando las fiestas de los cocolos.

Otras cosas que recuerdan es que trabajaba lustrando zapatos y que era un peleador callejero curtido.

Griffin reconoce que el Ingenio Consuelo es una cantera de beisbolistas. "Todos proceden de aquí", dijo, "porque todos los domingos jugamos béisbol para los ingenios". Ciertamente, Consuelo, un pequeño distrito que hasta el año 2009, contabilizaba once beisbolistas de talla mundial, es el barrio más productivo *per cápita* en la historia del béisbol moderno. Griffin aprendió a jugar béisbol en las calles de Santo Domingo, pero no sabe con certeza si hubiese terminado convertido en un beisbolista de haber permanecido en aquel peligroso barrio. Ninguno de los muchachos con los que creció allí jugaron béisbol profesional, y algunos de ellos terminaron en la cárcel.

De no haber sido por el béisbol, Alfredo Griffin podría ser muy diferente, pero un tío suyo, Clemente Hart, que había sido jugador de cricket y luego de béisbol y quien jugó con las Estrellas, orientó a Alfredo hacia este deporte en Consuelo. Pronto, el Ingenio Consuelo le pagó para jugar en su equipo, que era administrado por Pedro González, antiguo beisbolista de las Grandes Ligas. No era el típico equipo de una empresa: en sus filas estaban Alfredo Griffin, Nelson Norman, Rafael Ramírez, Rafael Santana y Julio Franco, todos ellos futuros beisbolistas de las Grandes Ligas. Este era un equipo que estaba en la mira de los *scouts*.

De hecho, el equipo de Consuelo jugaba en el Circuito de los Ingenios, una liga que constaba de seis equipos patrocinados por ingenios —los que suministraban los uniformes con su nombre estampado en el pecho—, con temporadas de treinta partidos que se jugaban durante el "tiempo muerto" y que los *scouts* seguían muy de cerca. Bien conocidos por la calidad de su béisbol, los partidos de esta liga eran el mayor entretenimiento de las comunidades azucareras.

También surgieron equipos en los diferentes barrios del centro de San Pedro, que formaron su propia liga. La mejor escuadra de San Pedro jugaba con la mejor de los ingenios en el Estadio Tetelo Vargas durante la temporada final de septiembre. Los jugadores del ingenio y sus familias se hacinaban en los autobuses para ir al estadio, donde se realizaba el partido frente a una multitud vociferante de unos 9.000 espectadores. En octubre, cuando comenzaba la zafra, los trabajadores se quitaban el uniforme y regresaban a los ingenios o a los cultivos, y el béisbol profesional —las Estrellas— pasaban a ocupar el estadio.

Las ligas de aficionados de San Pedro y sus *playoffs* les daban a los *scouts* la oportunidad de buscar prospectos en muchos juegos. Los peloteros jóvenes inicialmente jugaban por amor al deporte, pero rápidamente se percataban de que estaban siendo observados para las Grandes Ligas.

Reggie Otero, un *scout* cubano que trabajaba para los Indians de Cleveland, vio a Griffin —entonces de quince años— jugando en la segunda base. Otero no permitiría que Epy Guerrero se lo llevara para los Blue Jays de Toronto, y lo preparó rápidamente como parador en corto, firmó con él en 1973 y lo envió al sistema de granja de Cleveland a la edad de dieciséis años.

A pesar de ser cocolo, Griffin hablaba poco inglés y llevó una vida solitaria en Estados Unidos, alejado por primera vez de su entorno familiar. Durante los tres años que pasó en las Ligas Menores abrió esporádicamente con los Indians.

En su primer turno al bate en las Grandes Ligas, en 1976, conectó un *hit*. El invierno siguiente regresó a las Estrellas de San Pedro, donde desarrolló habilidades como bateador ambidiestro. La capacidad de batear con el brazo izquierdo o con el derecho es una gran ventaja porque, por lo general, los pítchers se enfrentan mejor a bateadores que batean del lado desde el cual lanzan ellos, mientras que un bateador ambidiestro puede batear a cualquier lado sin importar quién esté lanzando, y por eso Griffin salió de San Pedro transformado en un bateador muy valioso. Después de tres años en los que sólo jugó ocasionalmente, Griffin fue canjeado a los Blue Jays de Toronto por Víctor Cruz. Según la leyenda, Epy Guerrero se lo robó. Pero la verdad es que los Blue Jays simplemente hicieron un canje magnífico. Cruz había sido un excelente pítcher de relevo en Toronto, y los seguidores de este equipo no podían entender por qué los Blue Jays renunciarían a un pítcher tan destacado por un desconocido que no era muy apreciado en Cleveland.

Sin embargo, Griffin se destacó de inmediato en su nuevo hogar. Cuando los periodistas lo vieron practicando en 1980, se convirtió en el tema obligado de los entrenamientos de primavera. Utilizaron expresiones como "suave" y "el ballet del *infield*" para describir sus habilidades defensivas. En su primer año en Toronto —su primera temporada completa, porque Cleveland lo había enviado con frecuencia a las menores— Griffin ganó el Premio al Novato del Año, el codiciado título de Jackie Robinson.

Cuando un joven de San Pedro tenía en sus manos dinero

de las Grandes Ligas, casi siempre hacía algo por su familia, y especialmente por su madre. Pero en los días de Griffin, una bonificación por firmar no era una suma apreciable. Griffin sólo recibió una buena suma cuando llegó a Toronto, tuvo su primera temporada completa allí y, así, construyó una gran casa para su madre Mary en la calle Carty de Consuelo. Posteriormente compró una casa de piedra gris con una fuente en el barrio Rico Carty, recientemente construido en el centro de San Pedro.

Durante su carrera de dieciocho temporadas en las Grandes Ligas, Griffin fue conocido como un bateador confiable, un corredor lo suficientemente rápido para anotar numerosos triples, un ladrón de bases casi imparable y un jardinero de mano suave, un jugador galardonado que disputó varias series mundiales con Toronto y los Dodgers y que luego pasó a ser entrenador de *infield* para Los Ángeles de California. Jugó con las Estrellas entre temporadas. Parecía disfrutar sus inviernos en San Pedro: su cómoda casa, la música y las discotecas, incluyendo la que él mismo compró en el paseo marítimo. Incluso le gustaba ir a Consuelo, donde aún vivía su madre.

Griffin proyecta un tipo de imagen diferente a la de un dominicano en las Grandes Ligas. Era conocido como un líder y un conciliador, un jugador con el tipo de temperamento que mantiene unido a un equipo de béisbol. Siempre hacía un esfuerzo especial para ayudar a los jugadores novatos a adaptarse al equipo. Griffin insistió constantemente en que esto no era nuevo para los dominicanos y que Rico Carty lo había ayudado. Entre sus valiosos *souvenirs* beisbolísticos estaba una foto autografiada de "Beeg Mon". Pero la prensa estadounidense no pareció darse cuenta de que Griffin contradecía el estereotipo latino: para ellos, no era más que otro dominicano. En una entrevista en 2001, la revista *Sports Collectors Digest* utilizó incluso el antiguo apodo de Juan Marichal, tildando a Griffin de "dandy dominicano".

El béisbol se convirtió en una verdadera empresa dondequiera que hubiese pobreza en San Pedro, que era en casi todas partes. Epy Guerrero encontró a otro campo corto de mano delicada en el barrio Restauración, un sector de aceras desmoronadas, con casas de una sola planta y techo de hojalata, localizado detrás de la pared del jardín del Estadio Tetelo Vargas. Tony Fernández era un pillo callejero que trepaba palmeras para ver jugar a las Estrellas y agarrar de vez en cuando una pelota elevada para jugar con ella. Algunos espectadores llevaban incluso redes para atrapar las pelotas elevadas. Fernández participaba en juegos callejeros a un lado del estadio con una pelota de calcetines, o con una de verdad si acaso podía conseguirla. Actualmente los niños siguen jugando béisbol con pelotas de calcetines en el mismo lugar.

Fernández también encontró trabajo cuidando los jardines del estadio, lo que era una buena oportunidad para conseguir pelotas. Las Estrellas le decían "Cabeza", porque pensaban que su cabeza era demasiado grande. En realidad, y al igual que muchos niños dominicanos, su cuerpo era demasiado pequeño. Pero la cabeza de Fernández también era muy valiosa: tenía una comprensión del juego muy superior a la de un chico de su edad.

Todo el mundo conocía a Cabeza, y varios *scouts* tenían sus ojos puestos en él. Practicaba incansablemente fildeando roletazos y otras habilidades dentro del cuadro interior. Pero el interés de los *scouts* se enfrió cuando descubrieron que Fernández tenía un hueso astillado en una de sus rodillas, una condición discapacitante: si bien las lesiones son parte del juego, nadie quiere empezar con una joven promesa lesionada. Guerrero, quien siempre tenía una manera sorprendente de hacerse con jugadores prometedores, llevó a Fernández a un hospital de Santo Domingo y le pagó la operación. Después de su recuperación, Guerrero lo contrató.

Fernández tuvo una carrera de diecisiete temporadas en las Grandes Ligas, una menos que Griffin. No sólo fue un gran fildeador, sino también un bateador sólido, conocido por sus triples, y un corredor de bases rápido e inteligente. Se hizo famoso por una maniobra extraña e impactante, del tipo de las que hacen famosos a los campo cortos: podía saltar para atrapar la pelota, y cuando aún estaba en el aire, la lanzaba por debajo de la mano a la primera base.

Julio César Franco creció en Consuelo jugando con calcetines y cartones de leche. Su apellido paterno era Robles, pero Julio —al igual que Alfredo y muchos otros dominicanos— escogió el de su madre. Su padre trabajaba en el Ingenio Consuelo, arrastrando los carros que llevaban la caña al trapiche por 230 pesos dominicanos al mes. En esa época, el peso dominicano valía casi lo mismo que el dólar. Posteriormente consiguió un mejor trabajo como soldador, ganando 450 pesos al mes, un salario excelente comparado con los del ingenio.

"La ambición de todos era llegar a las Grandes Ligas", recuerda Franco. Pero de todos los chicos con los que creció y jugó en Consuelo, él fue el único en triunfar. Había muchos juegos, especialmente los fines de semana, pero muy pocos programas en los que un adolescente pudiera recibir entrenamiento en las muchas destrezas básicas del béisbol. Sin embargo, Franco encontró un programa dirigido por Antonio García, a quien todos apodaban "El Chico", quien era conocido en su ciudad como un hombre de una disciplina espartana. Educaba a los adolescentes de San Pedro con las mismas reglas de las Grandes Ligas, incluyendo la puntualidad. Jugaban dos partidos por día. Una semana los juegos se realizaban en Consuelo y a la siguiente en el centro de San Pedro; los beisbolistas de Consuelo tenían que caminar varias millas para llegar allí. El primer juego comenzaba a las nueve de la mañana, y después de éste se hacía un almuerzo en la casa de alguien que viviera cerca —bien fuera un beisbolista o un entrenador— a las tres de la tarde, antes del segundo juego. A comienzos de los años setenta, la comida era barata en San Pedro porque era una comunidad agrícola. Después del segundo juego todos regresaban a Consuelo.

La mayoría de los beisbolistas no tenían guantes; cuando su equipo estaba al bate, los jardineros que tuvieran guantes los dejaban en sus posiciones para que sus contrincantes los pudieran utilizar. El niño "rico" del barrio era Carlos Rymer, no porque su familia tuviera mucho dinero, sino porque tenía parientes en Nueva York que le enviaban implementos beisbolísticos. Todos los jugadores los usaban, pero si Carlos se enojaba, se llevaba los implementos y salía gritando: "¡Se acabó el juego!". Rymer firmó como pítcher con los Braves de Atlanta, pero más de treinta años después, Franco no pudo ocultar su alegría juvenil al señalar que Rymer nunca logró salir de las Ligas Menores de

Atlanta. Por otra parte, tampoco lo hizo ninguno de sus compañeros de equipo de la infancia. Pocos lo hacen.

En la época de Franco, las Grandes Ligas de béisbol sabían de San Pedro y los *scouts* estaban dedicados a buscar. "Si eras un jugador excepcional", recuerda Franco, "el rumor se propagaba y terminabas siendo reconocido".

Franco "fue reconocido" por Quiqui Acevedo, otro legendario *scout* dominicano, quien estaba dispuesto a firmarlo con los Phillies de Filadelfia cuando Franco tenía diecisiete años. Viviría en Santo Domingo y se hospedaría en un hotel para comenzar con su entrenamiento de béisbol, pero la madre de Franco pensó que era demasiado joven para abandonar la escuela y empezar su carrera. Sí, era una oportunidad, pero no tendría una educación, y las probabilidades estaban en contra de que alguna vez llegara a las Grandes Ligas. Las familias de San Pedro comenzaban a entender que la mayoría de los jóvenes que firmaban no tenían éxito.

Pero tres meses después, su hermano mayor, Vicente, convenció a su madre para que dejara ir a Julio a Santo Domingo y tuviera una oportunidad de alcanzar el estrellato. Ella estuvo de acuerdo, con la condición de que regresara a casa todos los fines de semana. Y así, Franco firmó con los Phillies por $4.000, una suma apenas ligeramente inferior a la que su padre ganaba en un año con un buen salario.

Al igual que la mayoría de los jóvenes macorisanos que reciben por primera vez dinero de las Grandes Ligas, Franco se lo dio a su madre. Estudió en la Universidad de Santo Domingo, "la universidad más antigua de las Américas", señaló con orgullo muchos años después. George Bell, un joven delgado pero musculoso y de hombros anchos, del Ingenio Santa Fe, en San

Pedro, también estaba allí, al igual que Juan Samuel, del Barrio Restauración donde creció Tony Fernández. Acevedo los firmó a todos con los Phillies.

George Bell nació en un barrio cerca del Estadio Tetelo Vargas, pero creció en Santa Fe, donde su padre era maquinista de una locomotora que transportaba la caña desde los campos hasta el ingenio, y trabajaba en el ingenio como mecánico en la temporada muerta. Al igual que la familia de Julio Franco en Consuelo, la familia Bell tenía unos ingresos modestos aunque superiores al promedio, y eran considerados de clase media en San Pedro. El salario del padre de Bell, que era de 360 pesos al mes —el salario mínimo mensual ascendía a 90 pesos— era la envidia de la mayoría de los trabajadores de Santa Fe. Adicionalmente, el ingenio de azúcar les proporcionaba además una casa de tres dormitorios para su familia, que estaba compuesta por siete personas. La madre de Bell vendía comida a los trabajadores afuera de su casa.

George Bell era un cocolo puro. Su abuelo era de la pequeña colonia británica de Anguila, donde había vivido con una mujer de apellido Bell, quien provenía de la isla volcánica de Montserrat, que también era colonia británica. De acuerdo con la leyenda familiar, Anguila era tan pequeña y limitada que cuando el abuelo paterno de George fue a Santo Domingo a comprar un machete y vio que la isla era más grande y próspera que la suya, prefirió quedarse y consiguió trabajo cortando caña en San Pedro. Su hijo, el padre de George, tomó el apellido de su abuela paterna. La familia de la madre de George era de

Nevis, y él creció hablando ese inglés único de San Pedro con un acento antillano mezclado con español.

Bell decía de su infancia en Santa Fe: "Jugábamos con cualquier tipo de pelota". El primer amor de su padre fue el cricket. "Recuerdo que cuando yo tenía ocho años, mi papá me llevó a un campo de béisbol para ver un partido de cricket. Él y sus amigos jugaban mucho cricket y golf". Había un campo de golf en Santa Fe para los ejecutivos de la industria azucarera.

Los chicos de Santa Fe jugaban algo que llamaban cricket con una bola de calcetines, y cuatro jugadores alineados en dos equipos, cada uno de dos jugadores: uno para lanzar y otro para batear. El lanzamiento era por debajo de la mano o sin levantar el brazo por encima de hombro, mientras que una vieja placa de automóvil en el suelo servía como *home*. Si la bola golpeaba la placa, el jugador quedaba por fuera.

Había tres *outs* por equipo. Si lograbas golpearla de un lado al otro, era una carrera. Los juegos eran de doce carreras. Una variante de este juego, llamada plaquita o béisbol de dos hombres, aún es jugada por los jóvenes de San Pedro, tanto por los cocolos como por los macorisanos. Ellos elaboran sus propios bates de cricket de madera usando machetes, la herramienta multiusos en los cañaverales.

Cuando jugaba béisbol, George siempre conectaba *hits* y siempre ganaba. También boxeó un poco en su barrio. "El béisbol y el boxeo eran los únicos deportes que había", explica, y con su cuerpo excepcionalmente fuerte, sus reflejos atléticos y su personalidad agresiva, podría haberse dicho que era un boxeador natural. Pero a Bell no le gustaba el boxeo tanto como el béisbol, y desde que su padre jugó en el equipo del

Ingenio Santa Fe y posteriormente lo dirigió, George creció con el béisbol, empezando como cargabates.

En los años setenta, la televisión llegó a San Pedro, lo que significó una oportunidad para ver las transmisiones del béisbol estadounidense. El notable incremento de jugadores de primera línea de San Pedro en los años setenta y ochenta, se debe a muchos factores; uno de ellos fue el hecho de que se trataba de la primera generación que creció viendo partidos de las Grandes Ligas. Si alguien del barrio tenía un televisor, todo el mundo iba a ver el juego. En 1971 los Bell compraron un televisor.

Cuando George tenía catorce años, su familia se mudó a una casa más grande en San Pedro. Así como las calles de Santo Domingo eran un poco más duras que las de San Pedro, las calles del centro de San Pedro lo eran con respecto a las de Santa Fe, Consuelo y Angelina: si un adolescente iba a otro barrio, podía ser atacado y golpeado. No había armas de fuego ni cuchillos, y por eso Bell diría años más tarde que no era tan peligroso como un barrio pobre de Nueva York, pero desde muy temprano aprendió a no salir de su barrio, a no andar solo y a concentrarse en el béisbol.

En San Pedro, los beisbolistas jóvenes y talentosos encontraban a otros igualmente jóvenes y talentosos. Cuando Bell tenía quince años conoció a Tony Fernández, el chico de manos grandes y una pierna mala que siempre estaba dando vueltas por el Estadio Tetelo Vargas para fildear roletazos. San Pedro era un lugar donde cada vez se jugaba más al béisbol. En los cañaverales o en el centro de la ciudad, por todas partes había diamantes de béisbol. En los fines de semana, los chicos jugaban nueve horas al día. Según Bell, discutían casi dos horas sobre las jugadas. Pero eso también era el béisbol.

Durante los fines de semana, en lugar de pelear, a los chicos de San Pedro que amaban el béisbol, jugaban una serie de cinco juegos de tres entradas contra el barrio vecino. Cada equipo aportaba veinte pesos y el equipo perdedor compraba naranjas, frutas tropicales, helados en los puestos callejeros —o cualquier cosa que encontraran— y los dos equipos armaban una fiesta. A fin de tener un incentivo y no perder el tiempo discutiendo, los equipos le daban los veinte pesos al árbitro para que los guardara. Si él decidía que los chicos discutían demasiado, podría quedarse con el dinero.

El talento especial de Bell era el bateo. Cuando tenía doce años le pagaron para batear en un equipo donde los beisbolistas tenían dieciséis. Unos años después, jugó en el equipo del Ingenio Santa Fe contra Julio Franco en Consuelo. Bell jugaba en segunda y tercera base y en los jardines. Amaba la tercera base, la posición de su padre, pero le exigía más habilidades de fildeo de las que tenía. Sin embargo, también se sentía atraído por los jardines, donde había jugado su héroe Rico Carty; de hecho, Bell llegó a ser un beisbolista similar a su héroe: ante todo, un bateador. San Pedro no sólo producía campo cortos.

Pedro González vio jugar a Bell en Santa Fe, pensó que era un prospecto interesante y lo llevó a un programa en San Pedro. Pero fue Quiqui Acevedo quien lo firmó con los Phillies por un bono de $3.500.

El joven Sosa sólo medía 5 pies y 9 pulgadas, y era muy delgado; Acevedo se preguntó si alguna vez iba a desarrollar un cuerpo propio de las Grandes Ligas. Julio Franco, George Bell, Juan Samuel, José Moreno . . . para 1980, ya habían salido de su programa de capacitación en Santo Domingo y habían sido enviados a estadios de béisbol americanos, junto con docenas de otros jugadores que nunca lograron entrar a las Grandes Ligas. Juan Samuel fue otro macorisano que hizo historia en el béisbol al ser galardonado con el premio "Novato del Año"; de hecho, fue el primer jugador en la historia en obtener dos dígitos en dobles, triples, jonrones y bases robadas durante sus primeras cuatro temporadas en las Grandes Ligas y sólo le faltó un triple para hacerlo de nuevo en su quinto año.

Franco, Bell, Samuel y Moreno tuvieron carreras estelares en las Grandes Ligas, a pesar de que abandonar su isla y vivir en Estados Unidos no fue fácil para ninguno de ellos.

Fue un poco más fácil para George Bell porque hablaba bien el inglés, pero no estaba preparado para la vida en Helena, Montana, en 1978, cuando los Phillies lo enviaron allí. Cuando el suministro de energía eléctrica se interrumpía, él no se sorprendía, ya que en San Pedro la luz se iba con frecuencia; pero cuando la luz no regresó, alguien tenía que explicarle que debía pagar las facturas de la electricidad.

Si bien un hombre negro era bastante inusual en Helena en 1978, Bell ha señalado: "Yo no tuve los problemas de los afroamericanos porque yo era latino. A las chicas de Helena les gustaba la forma en que yo hablaba español. Los latinos no éramos tratados como los negros. Yo caminaba por las calles, entraba a las tiendas, la gente era agradable y el campo era hermoso".

"Estuvo bien para George Bell", dijo Julio Franco. "Él hablaba inglés y vivía en Helena. Yo estaba en Butte. Había algunos latinos en Helena, pero no en Butte. En 1978 fui al entrenamiento de primavera en Sarasota, Florida. Había varias personas que hablaban español. Había una piscina y una mesa de ping-pong y otra de billar. Fue muy agradable. Después dijeron que iríamos a Montana. Yo ni siquiera sabía dónde era Montana, pero al mirar por la ventana vi la nieve en las montañas. ¡Y ni siquiera tenía un abrigo! Hacía un frío helado allí".

En lo que se estaba convirtiendo en una especie de cliché para los peloteros dominicanos, Franco solía ir a menudo a comer pollo frito de Kentucky Fried Chicken, porque era fácil de pedir. Sin embargo, Franco también compraba alimentos y cocinaba en el dormitorio donde vivía. Había un jugador que hablaba español y también inglés, un puertorriqueño llamado Carlos Cabassa. Le enseñó inglés a Julio y luego las cosas fueron un poco más fáciles. Pero una noche uno de los beisbolistas fue a una discoteca local "y los vaqueros lo golpearon y no nos permitieron ir allí. Aprendimos a no salir nunca".

Sammy Sosa nació en Consuelo, en una choza ubicada en una calle de tierra apisonada. La pequeña choza casi venida abajo,y de color caramelo sigue en pie, ocupada por otra familia, en la esquina de la Calle F, donde nació Julio Franco en una casa casi del mismo tamaño, la número 14; y por eso Julio siempre llevaba ese número. Al igual que muchas casas de la República Dominicana, éstas sólo tenían electricidad ocasionalmente, y el agua no era potable. El padre de Sosa conducía un tractor y despejaba los cultivos de caña después de la zafra. No era un trabajo tan bueno como los que había dentro del ingenio, pero era mucho mejor que cortar caña. Al igual que la madre de George Bell, la de Sammy ganaba un poco de dinero cocinando y vendiendo comida fuera de su casa.

Cuando Sammy tenía seis años, su padre murió de una hemorragia cerebral. Su madre se esforzó para poder mantener a sus tres hijos. Se mudaron a Santo Domingo y luego regresaron al centro de San Pedro, donde Sammy recorría las calles con una caja de limpiabotas, compitiendo con otros cientos de niños pobres en busca de clientes.

Su hermano Luis Sosa era un fanático del béisbol desde la infancia, pero Sammy no. Sus héroes no eran Juan Marichal y Rico Carty, sino Sugar Ray Leonard y Marvin Hagler. Al igual que Alfredo Griffin y muchos otros niños, había peleado mucho en las calles de Consuelo. Cuando llegó al centro de San Pedro, descubrió una escuela de boxeo y comenzó a entrenar con las bolsas y con el sparring. Su madre lo convenció de que renunciara.

Cuando Sammy tenía trece años, un empresario americano que tenía una fábrica de calzado donde él trabajaba, le tomó cariño y le trajo un regalo de Estados Unidos: un guante azul de $100. En sus dieciocho temporadas en las Grandes Ligas, Sosa siempre ha jugado con un guante azul. Él se unió a un equipo juvenil que jugaba en un parque llamado Rico Carty. Gracias a su poderoso brazo, podía lanzar la pelota con precisión a los jugadores de las bases para ponchar a los corredores. También bateaba jonrones. Algunos de los expertos que lo veían jugar no creían que tuviera apenas catorce años. Sosa tenía fortaleza, pero no habilidades, y como era previsible, cada bateo se iba a la parte posterior derecha del terreno. Pero un entrenador llamado Héctor Peguero comenzó a enseñarle cómo cambiar la posición de sus piernas y abanicarse con un poco de antici-pación para golpear la pelota justo antes de que llegara para así poder enviarla al jardín izquierdo, una técnica conocida como halar la pelota.

Cuando Sosa tenía quince años, Acevedo lo firmó con los Phillies y lo escondió en Santo Domingo para que entrenara con otros cuarenta prospectos, casi todos mayores que él, algunos ya rumbo a Estados Unidos. Acevedo llevó a la madre de Sosa a Santo Domingo para negociar el bono de la firma. Según la autobiografía de Sosa, el proceso de negociación le produjo a su madre la nauseabunda sensación de que estaba vendiendo a su propio hijo; desmoralizada, aceptó la primera oferta, que fue de $2.500.

En la Universidad de Santo Domingo, Acevedo comenzó a entrenar a los chicos y a hacer que subieran de peso. Practicaban y trabajaban desde las nueve de la mañana hasta las tres o cuatro de la tarde. "Nos alimentaban, nos lavaban la ropa", comentó Julio Franco sobre el programa de formación de Acevedo. "Todos comíamos mucho. Estábamos muy flacos. Comíamos tanto como quisiéramos, cuatro veces diarias. Pero todo el día corríamos; después comíamos y luego nos íbamos a dormir".

Sosa estuvo en el último grupo de promesas que Acevedo firmó con los Phillies. Acevedo tuvo una pelea con la organización del club y estos últimos beisbolistas nunca recibieron sus bonos, ni los Phillies enviaron por ellos; simplemente fueron desechados, una amarga decepción para un pobre adolescente dominicano que había pensado que su vida estaba a punto de cambiar gracias al béisbol de las Grandes Ligas. Los Braves de Atlanta, el equipo de Rico Carty, estaba muy interesado en San Pedro por aquélla época y firmó a algunos de los mejores de este grupo. Pero Sosa todavía era joven, apenas tenía dieciséis años, y no estaba desarrollado.

Sosa volvió a su antiguo equipo y habló con todos los *scouts* y cada probador que pudo encontrar. Era la década de 1980 y San Pedro estaba llena de *scouts*, especialmente después de la ola de novatos anterior: Bell, Franco, Samuel, el campo corto Rafael Ramírez, de Angelina, a quien Pedro González había firmado con los Braves, y Pedro Guerrero, el popular primera base de los Dodgers, natural de Santa Fe. Pero nadie estaba interesado en el escuálido Sammy Sosa, quien recuerda que Pedro González le echó un vistazo y le dijo que no firmaba a "jugadores pequeños". González negó esta historia en su cocolo a veces poco musical, diciendo: "Eso es mentira". Argumentó que él nunca descartaba a un jugador por ser demasiado pequeño, señalando que había firmado a Rafael Furcal, quien a pesar de sus 5 pies y 9 pulgadas de estatura, fue uno de los beisbolistas más pequeños de las Grandes Ligas.

Durante dos meses, Sammy jugó en el campo de entrenamiento que Epy Guerrero había acondicionado en el matorral que había justo al interior de Santo Domingo. Guerrero había dicho que Sosa le gustaba; Sammy esperaba que Epy lo firmara. Él nunca lo hizo. Sosa pasó un año en un limbo desesperado mientras George Bell y Julio Franco se convertían en estrellas. Pero un nuevo *scout* en la República Dominicana, Omar Minaya, estaba buscando talento dominicano para los Rangers de Texas. Minaya le ofreció a Sosa un bono de $3.000 por firmar. Sosa pidió $4.000 y acordaron una suma de $3.500. Sosa estaba salvado. Según él —que no siempre es una fuente confiable— le dio $3.300 a su madre y compró una bicicleta usada.

Los jugadores dominicanos tenían temperamentos diferentes, pero guardaban algo en común: estaban decididos a lograrlo, porque simplemente no tenían otra opción. George Bell dijo: "Yo era un gallito, siempre supe que jugaría en las Grandes

Ligas. Sabía que podía hacerlo. Podía distinguir entre una bola quebrada y una recta. Simplemente lo sabía. Podía verlo". Julio Franco lo expresó de otra manera: "Mi sensación era que tenía que lograrlo. Era mi única opción. Es decir, sales de la escuela y es lo único que tienes. Por supuesto, esto también es cierto para todos los que no lo lograron".

SEGUNDA PARTE

DÓLARES

La esperanza es la muerte de la muerte.
La esperanza es la esperanza
de reanudar la juventud del pueblo.

—Pedro Mir, "Concierto de
esperanza para la mano izquierda"

CAPÍTULO OCHO

La cuarta encarnación de San Pedro

Punta de Pescadores, la parte más antigua y atemporal de San Pedro, nunca tuvo una sola reencarnación. Justo antes del puente que conduce a la ciudad a lo largo de la costa de manglares del río Higuamo, remontando ligeramente la corriente desde el puerto que está al lado opuesto, hay una pequeña aldea de casas de una sola planta de color pastel, con calles sin pavimentar, a la orilla del río.

En la novela de Ernest Hemingway *El viejo y el mar*, el pescador cubano Santiago se hace valientemente a la mar en su pequeño bote sin techo para pescar peces tan grandes como su barca. Esa forma de vida todavía pervive en la Punta de Pescadores del siglo XXI. Este fue uno de los pocos sectores de San Pedro que no produjeron beisbolistas para las Grandes Ligas. Producía pescadores.

Pescan en botes abiertos de 19 pies de profundidad, de madera los más antiguos, los más recientes de fibra de vidrio. Son esencialmente botes de remos, provistos de motores fuera de borda atrás. Tienen que navegar mucho para poder pescar, cada vez más lejos, pues el pescado escasea debido a la sobrepesca y a la contaminación.

La gasolina para los motores es muy costosa, y la única opción viable de pesca a corta distancia en botes de remos ha disminuido notablemente desde los años noventa. Los pescadores reman unos cientos de metros desde las orillas fangosas, y lanzan una red por la borda. Agitan el agua con los remos para asustar a los peces y conducirlos a la red. Los pequeños peces de agua dulce no se venden por un precio muy alto, pero cuando la pesca es abundante, los pescadores reciben 600 pesos por una red llena de peces, equivalente a lo que vale la red.

Este tipo de pesca está desapareciendo, pues se localiza aguas abajo del Ingenio Cristóbal Colón y de una planta propiedad de CEMEX, la cementera mexicana, que arrojan sustancias contaminantes al río. Un pescador llamado Edwin me dijo, en buen inglés de Nueva York, que CEMEX "está acabando con todo. No quedan peces". Tony Echavarría, el alcalde, reconoció el mencionado problema: "CEMEX es un problema debido a la contaminación, pero es muy importante para la economía local".

CEMEX les da empleo a 14.000 personas. El sector azucarero de San Pedro ofrece apenas 2.000 puestos de trabajo, muchos de ellos durante sólo seis meses al año. Además, CEMEX trae suministros a través del puerto, una de las pocas actividades portuarias que permanecen. Ofrecen incluso uno de los mejores programas beisbolísticos para jóvenes, que prepara a los nuevos talentos para las Grandes Ligas.

Entre tanto Edwin se lamenta, pues mientras el precio de la

gasolina sigue en aumento, los pescadores se ven obligados a navegar cada vez más lejos para encontrar los cardúmenes de peces. Sus motores son pequeños, por lo general de sólo 40 caballos de fuerza, pero consumen 25 galones de gasolina en un día de pesca, lo que significa que las primeras 140 libras de pescado capturadas sólo alcanzan para el combustible. Algunos días pescan menos de 140 libras.

Edwin creció pescando en Punta de Pescadores, pero se marchó al extranjero y se convirtió en un Dom Yor, que es como se refieren los dominicanos, en un tono no del todo amable, a los que se trasladan a Nueva York. Vivía en Queens con su padre, un ex pescador, hasta que, como él mismo señala, "hice algo malo y fui enviado de regreso a la isla".

La referencia a "algo malo" no era una expresión debida a un inglés torpemente hablado, sino un asomo de sátira que hacía reír a los dominicanos a causa de la naturaleza paternalista de la política estadounidense. El gobierno de Estados Unidos amenazaba a los dominicanos con el ultimátum por excelencia: si no te portas bien, te enviaremos de regreso a tu ciudad.

Las condenas por drogas casi siempre terminan en deportación, pero Edwin se negó a dar explicaciones o a revelar su apellido. Sin embargo, regresó con buen dinero y adquirió cinco barcos pesqueros de 19 pies.

Edwin pesca de la única forma rentable que subsiste allí, llevando sus botes 60 millas mar adentro en el Caribe. Una línea es apostada en un extremo con un ancla a 1.500 brazas de profundidad, y una boya con una palmera en el otro. La palmera, conocida como balsa, ofrece sombra, lo cual atrae a los peces pequeños que a su vez atraen a los más grandes. Los pescadores arrastran una línea gruesa con anzuelo y carnada por la superficie sombreada, para pescar una macarela, un pez de dientes afilados de 4 pies de largo, plateado y escurridizo, al que los dominicanos denominan carite. O un pez amarillo con una frente enorme, de carne tierna, que puede llegar a medir 5 metros y pesar más de 50 libras, conocido como dorado, y en Estados Unidos como pez delfín, salvo por los remilgados y políticamente correctos, que prefieren el nombre hawaiano: *mahimahi*. También pueden encontrarse atún de aleta amarilla, tiburones grandes y peces aguja de 6 ó 7 pies de largo.

Subir a estos peces en un pequeño bote en altamar con un sedal de mano requiere una fuerza y una energía considerables, y el forcejeo puede durar diez minutos o más. Algunos de estos peces son tan fuertes que pueden arrastrar a las embarcaciones, y algunos tienen más fuerza que los motores de 40 caballos.

Es una cultura que contiene historias de "alguien que logró escapar", en las que se basa la novela de Hemingway. Edwin y su amigo Ramón Fernández, conocido en Punta de Pescadores como Sanbobi, una vez engancharon a un marlín azul que, según los cálculos, pesaba 1.000 libras. Era mucho más largo que su bote. Sanbobi lo enganchó con un cable de acero y estaba tan radiante que no dejaba de reírse ni de bromear. Edwin, más circunspecto y quien manejaba el bote, repetía una y otra vez "Hay mucho dinero ahí". Pero Sanbobi tenía al enorme pez ensartado en el cable de acero, y seguía riéndose mientras trataba de sacarlo del agua, hasta que finalmente el marlín hizo lo imposible: rompió el cable y se alejó.

Tanto Sanbobi como Edwin habían dejado de pescar en alta mar debido al costo de la gasolina, y ahora lo hacían más cerca de la orilla, donde los peces son más pequeños. Pero ya quedan pocos peces en los manglares, a lo largo de las orillas del río

Higuamo donde las ostras solían crecer antes de que la contaminación las matara. Sanbobi aún cree que a él le va mejor que a su padre, quien trabajaba en el Ingenio Cristóbal Colón. Con respecto a la pesca, señala que al menos "todos los días hay dinero en efectivo", en contraste con el empleo temporal de su padre.

Los pescadores salen a pescar en las primeras horas de la mañana. En la tarde, la actividad se desplaza al otro lado del río, en el centro de San Pedro, pues el pescado es llevado al mercado y almacenado en congeladores, un negocio precario en un país conocido por los continuos cortes de energía. Los pescadores regresaban del mar y de la desembocadura del río con unos cinco peces, de 4 a 7 pies de largo, atándolos sobre una placa de concreto con techo de hojalata. El pescado es eviscerado, subido a una canasta con varillas reforzadas de concreto y de acero, y finalmente se pesa en una báscula. Los precios varían dependiendo del tipo de pescado. Un hombre que estaba jugando dominó en el muelle explica con brusquedad: "Todos los peces son diferentes. Las mujeres son todas iguales". Todos los pescadores se rieron.

Todo —los pescados eviscerados, las conchas pulverizadas y las bolsas de langostas y cangrejos tropicales sin tenazas— es llevado de inmediato a los congeladores, donde el piso está cubierto de una escarcha sanguinolenta. El pescado fresco no es un concepto comercial en el trópico.

El mejor lugar para comer pescado en San Pedro es en Robby Mar, que abrió sus puertas en 1989, al lado del río y del mercado de pescado. Tiene una agradable terraza con mesas de manteles blancos y una vista hacia el río y a sus manglares densos y enmarañados. No es un lugar pretencioso ni feo, que son las dos opciones más usuales, y podría tener más éxito entre los turistas, pero éstos no van mucho a los restaurantes porque el precio de una habitación en un resort incluye todas las comidas. A la industria del turismo no le interesa que los turistas salgan de los resorts: podría sucederles algo y eso sería malo para el turismo.

A falta de turistas, Robby Mar, localizado cerca de las oficinas de la administración de la ciudad, prepara almuerzos para los funcionarios, quienes, a excepción de los beisbolistas, tenían los mejores empleos de San Pedro. Algunos días la mitad del restaurante es ocupada por el departamento de bomberos, alrededor de veinte hombres y mujeres con uniformes blancos atestados de chapas metálicas y galones de guerra en el pecho. Después de algunos guavaberries, todos esperan que no estallen incendios a la hora del almuerzo.

El restaurante se especializa en comida de mar, con un extenso menú que incluye algunas especialidades raras y unos platos muy populares en San Pedro, como por ejemplo los cangrejos al ajillo.

> Triture el ajo en un procesador de alimentos con sal y aceite. Si es aceite de oliva, mejor. Hierva los cangrejos, retire la carne, cocínela con un poco de mantequilla y la salsa de ajo. Esta misma receta puede utilizarse para preparar el pescado.

Pero todo eso bien podría estar terminando: el San Pedro de los pescadores y su malecón, el San Pedro original y anterior al béisbol, el del azúcar y los poetas. Sanbobi le da veinte años cuando más a Punta de Pescadores. "Los niños ya no quieren ser pescadores", indica. Es un oficio que cada vez se hace más difícil. Era diferente cuando las únicas opciones eran el béisbol y el azúcar. Pero ahora las opciones se han reducido; o por lo menos todo parece indicarlo.

San Pedro de Macorís llegó al siglo XXI en la tercera reencarnación de la ciudad. Originariamente era un puerto pesquero, luego se transformó en un próspero centro azucarero, para convertirse en la pobre y fracasada ciudad azucarera de la época de Trujillo, cuando el béisbol era el único respiro de los ingenios y la única salida para unos cuantos afortunados. Luego vino la cuarta reencarnación, en la que San Pedro contó con una economía ligeramente más desarrollada y el béisbol ya no era la única alternativa al azúcar, simplemente era la única buena.

El azúcar seguía allí, pero ahora ocupaba un lugar secundario con respecto a empresas como CEMEX y César Iglesias, una antigua fábrica de San Pedro productora de jabón, harina y mantequilla, que emplea a unos 8.000 trabajadores.

El Ingenio Porvenir está localizado en una calle en el centro de San Pedro. Anteriormente había estado en una zona rural del norte, al igual que Consuelo. Pero la ciudad —que había triplicado su población en el lapso de una generación, al igual que el resto del país— se expandió alrededor de Porvenir, del mismo modo en que terminó por absorber a Consuelo. Esto era lo que sucedía en la República Dominicana: más y más zonas rurales estaban siendo absorbidas por las casuchas de la expansión urbana. Una serie de calles polvorientas con modestas casas de concreto y techos de hojalata, se habían extendido al norte de Porvenir.

Este mismo ingenio era una construcción vetusta, aunque

tenía cinco o seis pisos de altura, todos ellos cubiertos con láminas de hojalata, el omnipresente material de construcción caribeño. El interior era oscuro, pero los rayos blancos del sol se filtraban con inclemencia por la superficie metálica, invadiendo el interior del enorme espacio oscuro y describiendo ángulos dramáticos. Los trabajadores que permanecían en la cúspide del silo de dos pisos de altura que contenía el jugo de la caña podían observar con nostalgia el campo de juego donde los jóvenes talentos que habían firmado entrenaban para los Pirates de Pittsburgh.

El cobertizo alto y oscuro alberga una maquinaria monstruosa de hierro forjado del siglo XIX: ruedas dentadas de dos pisos de altura con dientes amenazantes para triturar la caña; hornos de leña para cocinar el jugo, pilas enteras de árboles talados, ascensores altos para la caña y enormes bandas transportadoras.

Todo esto para funcionar sólo cuatro meses al año. Algunos de los mejores trabajos duran seis meses. Algunos trabajadores ganan 20 pesos por hora limpiando las máquinas, y otros 800 pesos al mes como supervisores. Ciertos trabajadores no tenían que hacer absolutamente nada. Porvenir era controlado por el Partido Dominicano de Liberación (PLD), el partido gobernante, y los miembros más disciplinados reciben un sueldo por no hacer nada en absoluto; y algunos tienen "trabajo" durante todo el año. Matar el tiempo, a diferencia de triturar caña, no está sujeto a las temporadas. Y así, algunos trabajadores estaban en el ingenio durante la temporada muerta, yendo cada mañana a sentarse, llevando en señal de agradecimiento sombreros púrpura, el color del partido, con una foto de Leonel Fernández, pues tenían razones para decir: "Gracias, Presidente".

Los guardias permanecen frente a una puerta enrejada, manipulando una gruesa cadena y un candado, dejando entrar y salir a la gente como si la época de Trujillo todavía continuara vigente en el ingenio de azúcar. Una trabajadora quería salir y explicó que tenía una emergencia familiar, y el guardia le dijo que si salía, no podría regresar hasta el día siguiente, perdiendo así un día de salario.

En un buen año, cuando no llueve mucho, Porvenir produce 42 toneladas de azúcar durante sus cuatro meses de funcionamiento. En Brasil, la biomasa, el desperdicio de la caña triturada, estimuló la producción de etanol para satisfacer la demanda energética del país. Pero en la República Dominicana, que no produce etanol y donde se usa gasolina importada a un costo muy alto, sólo un pequeño porcentaje de biomasa es vendido a las fábricas de papel, y el resto es incinerado.

En el siglo XXI Consuelo aún parece una aldea: casi todas las calles están sin pavimentar y las edificaciones de dos pisos sobresalen encima de todas las demás. El Ingenio Consuelo, más espacioso que Porvenir, está situado en una zona inmensa rodeada de lotes vacíos cubiertos de maleza y, al igual que Porvenir, los techos de todas sus plantas tienen precarias láminas de zinc. El ingenio está rodeado por una carretera de tierra apisonada. A un lado de la carretera había casas caribeñas de madera, construidas originalmente para los trabajadores de mayor rango del ingenio; casas selectas pudriéndose bajo el sol tropical. Las familias de esos trabajadores aún viven en estas casas, aunque la mayoría de los residentes ya no trabajan en el ingenio.

Allí, una de las máquinas trituradoras tiene la inscripción *Farrel Foundry and Machine, Co., Conn., 1912*. Después de los años cincuenta, ya no se consiguen repuestos para estos monstruos dentados de varios metros de altura, ejes ni correas. Ahora Consuelo tiene su propia tienda de maquinaria con tornos y otras herramientas, donde también se fabrican repuestos para mantener a estas antigüedades en funcionamiento. Tampoco depende de los caprichos del suministro eléctrico dominicano: Consuelo cuenta con una planta eléctrica. Una generación atrás, fue el principal ingenio de San Pedro, y cuando comenzaba la zafra, nada se detenía, ni de día ni de noche, por espacio de ocho meses. Pero ahora la compañía se esfuerza para funcionar cuatro meses al año.

En un pequeño bar que simplemente es un cobertizo al lado de la carretera, dos hombres tomaban un café agradable y fuerte que sabía como si le hubieran echado la mitad del azúcar de Consuelo. Los habitantes de las ciudades azucareras consumen mucho azúcar. Comienzan a chupar caña durante su infancia y desarrollan un gran gusto por ésta.

El hombre sentado detrás de la barra hablaba criollo porque su padre había llegado de Haití para cortar caña en Consuelo. El otro cliente hablaba inglés porque su padre había emigrado de Saint Kitts para hacer lo mismo. Había sido un fabricante de azúcar, o "químico": el hombre que supervisaba el cocimiento y la elaboración.

"¿Este trabajo es bien remunerado?" se le preguntó.

"No; el único trabajo bien retribuido en un ingenio de azúcar es el del propietario".

A pesar de hablar diferentes idiomas, los dos hombres se entendían entre sí y se formulaban una pregunta hecha con frecuencia en San Pedro: ¿Por qué el azúcar ya no era rentable? "No sé qué sucedió", responde el que hablaba criollo.

"Yo lo sé", dijo el otro en inglés. "Anteriormente el azúcar daba dinero".

Pero ahora no hay mucho dinero producto del azúcar, ni tampoco muchos trabajos en este sector, aunque Consuelo tiene ya 45.000 habitantes, mucho más que toda la población que tuvo San Pedro durante la bonanza azucarera. Consuelo es básicamente una aldea de casas de un piso, de color pastel, rodeadas por jardines de plantas y matas tropicales. Algunas de las pocas calles pavimentadas tienen andenes. Es un pueblo organizado y bien cuidado donde la gente se enorgullece de sus casas aunque ya no haya trabajo. Pero tampoco vivían mejor cuando lo había.

Una de las principales actividades económicas de este barrio, situado a poca distancia del centro, es conducir un motoconcho y cobrarles a los pasajeros por viajar colgados precariamente mientras la moto avanza sobre la carretera surcada de baches. Los vehículos ruidosos de dos ruedas pululan alrededor de Consuelo como moscas en torno a la carne rancia.

Afortunadamente la mayoría de los habitantes tiene familiares en el extranjero que les envían dinero. Esto no es inusual; se calcula que más del 10% de la población dominicana vive en Estados Unidos. La inmigración a gran escala comenzó en 1966 cuando Balaguer, con la ayuda de las tropas norteamericanas, regresó al poder y comenzó a matar a los seguidores de Juan Bosch y a los militantes de izquierda. A partir de ese momento, unas 150.000 personas emigraron anualmente. Los dominicanos con frecuencia se refieren desdeñosamete a estos Dom Yors, y algunas veces les dicen "encadenados", por la costumbre neoyorquina de lucir cadenas de oro chabacanas. Pero las poblaciones como Consuelo no podrían sobrevivir sin ellos. En Nueva York y alrededor de todo Estados Unidos, los establecimientos cuyo negocio consiste en enviar dinero a familiares en la República Dominicana transfieren varios millones de dólares cada día.

Uno de los ingenios más importantes en la economía azucarera dominicana había sido el de Santa Fe, que ahora ha cerrado sus puertas, aunque aún viven personas en las casuchas aledañas donde anteriormente vivieron los trabajadores. Estrechos callejones de tierra apisonada separan las casuchas, y por todas partes se ven los montículos de basura, así como a los niños que juegan en ellos. Poco a poco, el ingenio ha ido desapareciendo. Los trabajadores desempleados que todavía viven en Santa Fe —el antiguo barrio de George Bell—, muchos de los cuales tienen ancestros haitianos, compensan la ocasional escasez de dinero en efectivo desvalijando el ingenio y vendiendo el metal como chatarra. "Haitianos", se queja un macorisano, mostrando que las viejas actitudes todavía prevalecen. "Los haitianos desvalijan lo que sea. Pronto empezarán a talar todos los árboles en busca de carbón. Mira a Haití: no queda un árbol en pie salvo en la frontera con República Dominicana".

Un macorisano que se hubiera ausentado de San Pedro durante una sola década notaría de inmediato la diferencia al regresar a su ciudad natal. Llegaría desde la capital por una autopista de cuatro carriles, ancha y bien pavimentada, construida en 2006 para permitir que los turistas fueran desde el aeropuerto hasta los centros vacacionales de Guayacanes y Juan Dolio, localizados en la playa. La línea costera que conduce a San Pedro ofrece una vista espléndida del Mar Caribe, azul como el ágata, circundado por arrecifes coralinos que protegen las playas de arena fina y clara. Juan Dolio, y en especial Guayacanes, eran comunidades pesqueras donde los pescadores zarpaban con sus botes desde la playa, algunos de remos y otros con motores fuera de borda.

Como es típico de la historia dominicana, hay dos versiones sobre el origen del nombre de Juan Dolio, aunque existe el consenso de que dicha persona no existió. O es una variante del término *juego de lengua* o —según lo refiere la versión más lógica y menos preferida— proviene de *juando,* o caracola, una de las muchas conchas de colores claros e intrigante variedad de formas que el mar deposita en la playa.

En los años ochenta, cuando no había muchos centros turísticos, se construyeron algunos centros recreativos para las personas adineradas de la capital. Un transbordador viajaba entre Santo Domingo, San Pedro y Puerto Rico. Sólo se necesitó una autopista cuando los centros vacacionales comenzaron a atraer turistas extranjeros que pagaban en dólares. La política dominicana consistió en construir centros turísticos en las playas de más rápido acceso al aeropuerto para que los visitantes vieran tan poco del país como fuera posible. El aeropuerto de Santo Domingo, localizado a medio camino entre la capital y San Pedro, estaba lo suficientemente cerca. Para ir a los hoteles, el visitante sólo tenía que salir de la autopista y recorrer un corto trayecto a través de una zona agradable y arborizada, por una carretera de dos carriles que los dominicanos usaban para llegar a los hoteles, y que se llenó de baches tan enormes que los resaltos que había en todos los hoteles parecían innecesarios.

Mientras que en las atestadas calles de San Pedro el tráfico se hace imposible, la nueva autopista de cuatro carriles generalmente tiene un movimiento mucho más liviano, pues fue diseñada para un tráfico superior al generado por el turismo. La mayoría de los turistas ni siquiera alquilan autos. Los que lo hacen conducen despacio, esquivando autobuses y motocicletas ruidosas, los principales medios de transporte para la mayoría de los dominicanos. Las motos tenían motores tan livianos que a menudo circulaban por las espaciosas bermas de la autopista. Sólo unos pocos dominicanos acaudalados, muchos de ellos beisbolistas, cruzan raudos en sus camionetas SUV.

La llegada de la época de la zafra se hace evidente porque los camiones de la caña circulan por la autopista expulsando humo negro, así como por las columnas de humo arrojadas por las dos chimeneas del Ingenio Cristóbal Colón, en las afueras de la ciudad. Algunas cosas no cambian nunca. Pero después de salir de la autopista y subir por la acera derruida del puente sobre el río Higuamo —aún ancho y fangoso, con espesos bancos tropicales, la torre blanca de la catedral visible en la distancia— el viajero encuentra algo sorprendente a la entrada de la ciudad.

Hay un barrio pobre y destartalado conocido como Placer Bonita, del que habían surgido varios beisbolistas de las Grandes Ligas, incluyendo al pítcher Josías Manzanillo, al jugador de cuadro Juan Castillo y al pítcher Salomón Torres. En este barrio antiguo y deteriorado se encuentra lo que parece ser un gran escenario coronado por altos arcos de acero. Es una escultura que la ciudad le encomendó al artista José Ignacio Morales, por casi 7 millones de pesos, que debido a una desfavorable tasa de cambio, eran apenas poco más de $200.000, pero que de todos modos representaban un gasto cuantioso para una ciudad dominicana.

En esta obra, erigida en 2006, el mismo año en que se construyó la autopista, el artista parece exhibir el deseo, propio de un documentalista, de reunir todas las imágenes importantes de San Pedro y exponerlas en esa plataforma espaciosa sin ningún orden en particular. Hay una pluma y un tintero en referencia a los múltiples poetas de San Pedro y, por supuesto, dos beisbolistas, un cortador de caña y la locomotora a vapor de un tren que antiguamente llevaba los vagones de caña al Ingenio Porvenir. También había una extraña figura bailando, con un tocado de plumas conocido como Guloya, un símbolo popular de la cultura cocolo.

Pero a pesar de toda la exuberancia de esta escultura, también hay una dosis de realismo: gigantescos cangrejos de tierra trepan por la plataforma y parecen estar a punto de comerse al cortador de caña y a los beisbolistas. Al atardecer, cuando las sombras se alargan, se hace evidente que San Pedro está realmente lleno de cangrejos de tierra que, por razones desconocidas, cruzan las carreteras y calles a esta hora del día, completamente listos —al igual que el moho, la humedad, los mosquitos, los huracanes y una miríada de otras amenazas tropicales— para devorar esta ciudad.

Las diferentes reencarnaciones de San Pedro se evidencian en las calles de la ciudad como anillos en el tronco de un árbol. El centro era una mezcla de diferentes arquitecturas, homogeneizadas por la misma paleta de colores: turquesa, rosado, amarillo y albaricoque. Había casas rurales caribeñas anteriores a la bonanza azucarera, con plaquetas de madera y calados en la parte superior de las entradas. El sol cuarteaba la madera de colores vivos de estas casas, algunas de las cuales estaban ligeramente cuarteadas, mientras que la oscuridad del interior hacía que parecieran abandonadas. Sin embargo, estaban diseñadas para evitar que penetrara la luz del sol, y su arquitectura simple con techos inclinados había sido concebida teniendo en cuenta el clima, razón por la cual parecían durar para siempre, sobreviviendo al sol, a la podredumbre y a los huracanes.

Las elegantes edificaciones de finales del siglo XIX y comienzos del XX, construidas en la época del boom azucarero, con altos portones arqueados, balcones agradables y cornisas ornamentadas, no habían tenido un final amable. Unas pocas estaban bien conservadas, otras se veían desvencijadas pero sobrevivían, muchas más estaban destruidas, algunas habían perdido sus techos y otras no eran más que fachadas conservadas milagrosamente, ocultando terrenos vacíos.

La catedral, de aspecto inmaculado, es fresca y está engalanada con borlas y arabescos que parece a punto de derretirse bajo el calor tropical. Era la edificación más alta y blanca que había alrededor, la torre con un aspecto casi eléctrico bajo el sol canicular o en una tarde oscura con un cielo de tormenta en el fondo. Y el Ayuntamiento de color amarillo aún se ve tan adornado como las tortas pegajosas y decoradas en las vitrinas de las pastelerías.

También hay construcciones modernas de concreto, una innovación que San Pedro se siente orgullosa de haber introducido en la República Dominicana. Desde que se levantó la primera construcción en este material, muchas otras le siguieron, incluyendo cuatro grandes cadenas de almacenes por departamentos, edificios de oficinas y apartamentos, y también, inexplicablemente, muchas tiendas de zapatos, todas con varios pisos de altura.

El puerto, donde alguna vez habían aterrizado los hidroaviones y se había embarcado el azúcar, actualmente es poco utilizado y llena una extensa franja del río con hangares y bodegas abandonadas. Por otra parte, el Parque Central todavía es el centro social y estaba destinado a serlo. Ocupado por vendedores callejeros, músicos ambulantes, personas que se sientan a tomar un descanso y otros haciendo simplemente nada, esta plaza de palmeras, árboles y plantas tropicales, nunca está vacía.

Frente al parque hay un restaurante popular, Amable, especializado en pasteles en hojas y en batidas de lechosa. Con sus sillas y mesas plásticas, parece un restaurante de comida rápida, salvo porque está decorado con pinturas y esculturas de San Pedro. Los macorisanos podrían decir que su orgullo son los pasteles, la especialidad local. Consisten en un puré de yuca o bananas, rellenas con carne, cocinadas en las hojas del plátano. En realidad son tamales, una comida inventada en el centro y el sur de México por los pueblos indígenas —los antropólogos no han llegado a un consenso sobre cuál de ellos fue—, mucho antes de la llegada de los españoles. Cuando los cubanos comenzaron a comer tamales, los llevaron a San Pedro, al igual que el azúcar y el béisbol, donde se convirtieron en parte de la vida local. Los batidos de lechosa, malteadas con papaya y leche y una gran cantidad de azúcar, quizá tampoco se originaron allí.

La expresión más clara de la cultura tan peculiar de San Pedro son los cocolos, que a veces cantan su música afrocaribeña en el Parque Central. También tienen una *troupe* de baile, homenajeada en la estatua con el tocado de plumas en el monumento infestado de cangrejos que está a la entrada de la ciudad.

La *troupe* de baile es liderada por Donald Warner Henderson, apodado Linda, un diminuto y travieso hombre de setenta años que habla inglés con acento antillano y tiene un sarcástico sentido del humor. Su padre era de Antigua y su madre de Saint Kitts. Ambos habían venido a San Pedro para trabajar en los cultivos de caña cuando tenían veinticuatro años. El padre de Linda cortaba caña en varios lugares, pero Linda comerciaba con estaño forjado por él mismo, y se sentía muy orgulloso de no haber tenido que trabajar nunca en los cultivos de caña.

Las danzas cocolo de San Pedro provienen de Antigua, Nevis y Tortola, y fueron transmitidas a través de las familias. El padre de Linda bailaba danzas tradicionales en Antigua. En las Antillas británicas se bailaba el día de Navidad. "La Navidad nos pertenece a nosotros, y la víspera de Navidad les pertenece a los dominicanos", explicó. "En la víspera de Navidad, nosotros cantamos serenatas y los dominicanos comen y beben".

Los cocolos interpretan sus danzas el 27 de febrero, el día de la independencia dominicana, que, curiosamente, no celebra la independencia de España sino de Haití, que retiró sus fuerzas invasoras el 27 de febrero de 1844.

La Guloya, la danza que tiene los vestidos más coloridos y famosos, representada en la escultura a la entrada de la ciudad, no es bien entendida por los habitantes de San Pedro que no son cocolos. Las Guloyas son danzas donde los Goliats combaten contra los David. Los bailarines con tocados de plumas representan la danza llamada "Los indios salvajes", en la que los cocolos se visten de indios y bailan en círculos agitando hachas de guerra propias de los indios norteamericanos, uno de los muchos aspectos de la cultura caribeña que los estadounidenses encuentran políticamente incorrectos. Sin embargo, los españoles no dejaron indígenas para protestar. Los indios salvajes parecen ostentar tantos colores como hayan podido encontrar, sus máscaras bordadas con cuentas llevan colas de cerdo negras y largas, lucen trajes adornados con abalorios y con capas, se coronan con altos tocados de plumas de pavo real y pintan sus hachas.

También tienen muchas otras danzas, incluida una de supuesto origen inglés, en la que un hombre sale a conseguir leña para el fuego, y cuando regresa a casa encuentra a su esposa con otro hombre, a quien persigue con un pedazo de madera. Por tradición, ninguno de los bailarines debe ser identificado hasta después del atardecer, cuando se quitan las máscaras. Pero en realidad muchos de los bailarines cocolos se sientan alrededor de sus abalorios sin las máscaras y se embriagan antes de que comience la danza —tradicionalmente con guavaberry, pero también con unos buenos tragos de ron— de modo que todos saben quiénes son antes de ponerse las máscaras.

La música cocolo es africana. Se toca con un redoblante, con otro tambor más grande, una flauta de madera y claves. Las danzas también son africanas. Los cocolos, que tienen una presencia muy marcada en la cultura de San Pedro, siempre son las estrellas de estas fiestas; pero los otros dominicanos también celebran, a menudo con máscaras de toros y persiguiendo a la gente entre las multitudes. Las mujeres hacen cosas extravagantes, como ponerse palillos de dientes en el pelo, y algunos hombres visten ropas de mujer. De hecho, si se mira atentamente en los bares que abarrotan las calles, muchas de las mujeres realmente son hombres disfrazados. Los macorisanos de origen haitiano se reúnen en la calle para bailar lentas danzas africanas. Siempre hay uno o dos personajes disfrazados de Fidel

Castro y unos cuantos Zorros montados a caballo. Los jóvenes de los bateyes también van a caballo. Es sorprendente que las motocicletas veloces y ruidosas y el merengue que retumba en los camiones no asusten a los caballos, pero al igual que las personas dominicanas, los cuadrúpedos dominicanos también están acostumbrados al ruido.

La comida cocolo proviene de las Antillas Menores, pero también tiene un origen parcialmente africano, y ha tenido una gran influencia en San Pedro. Los cocolos comen pescado salado —no el bacalao ahumado de las islas británicas, sino pescados locales curados— así como arvejas, originarias de África; *callaloo*, las hojas grandes de un tubérculo que se cocinan de un modo semejante a la sopa de espinaca; y *fungi,* el plato de maíz de las Antillas Menores. Aunque el maíz es uno de los pocos alimentos caribeños de origen precolombino, el nombre del plato es africano. En algunas islas se le llama *funchi,* y si se le añade quingombó —que también es africano— se le llama *coo-coo.* Rincón Cocolo, un restaurante con pocas mesas en un cuarto pequeño y pintado de verde en el centro de San Pedro, se especializa en estos platos, la mayoría de los cuales son desconocidos en la República Dominicana, obviamente con la excepción de San Pedro.

Gladys María José nació en San Pedro en 1923. Su padre era haitiano y su madre era de la isla Dominica. Su madre murió cuando ella era muy joven. Su padre llegó a la República Dominicana a cortar caña y permaneció como ilegal, inventándole a ella el apellido José, por temor a que su verdadero apellido extranjero fuera causal para que la deportaran. Ella es la cocinera de Rincón Cocolo, y me dio esta receta para el *fungi:*

Se echa harina de maíz en una olla con sal y se pone a cocinar a fuego lento. Luego se humedece con agua fría. Se mezcla bien la masa húmeda y se revuelve rápidamente para evitar los grumos. Se le agrega un poco de mantequilla y se sirve inmediatamente.

Cocinar comida cocolo, al igual que beber guavaberry y jugar plaquita, se ha convertido en una parte de la vida de San Pedro, adoptada por el resto de la población. Casi todas las amas de casa de San Pedro preparan pescado y *domplin*. El *domplin*, o *dumplin*, son las típicas masas del Caribe británico que se encuentran desde Jamaica hasta Saint Kitts: bolas pequeñas elaboradas con harina y agua. Si alguna ciudad tiene su propio plato, éste sería el de San Pedro. La mayoría de los macorisanos no saben que la palabra *domplin* realmente pertenece al inglés.

Linda nació en un barrio llamado Miramar, lo que es literalmente cierto. Como el malecón de San Pedro da a un río, la parte que da al Mar Caribe estaba ocupada por un barrio precario donde vivían las personas pobres, muchas de ellas trabajadores del azúcar. Miramar ha producido varios beisbolistas de las Grandes Ligas en años recientes, incluyendo al cátcher Ángel Peña, el jugador de cuadro Fernando Tatis, el pítcher Lorenzo Barceló, y el jardinero Luis Mercedes. Todos comenzaron jugando en las calles. Tatis describe cómo cortaban sábanas para hacer pelotas: "Cortábamos las sábanas en franjas y las enrollábamos bien, y luego las cosíamos. Nos gustaba tanto el béisbol que jugábamos con cualquier cosa". Miramar ya no es un barrio pobre. En los años sesenta, y en el afán por hacer de San Pedro una ciudad más atractiva para los turistas, se construyó un amplio bulevar al lado del mar, donde una costa rocosa y coralina empalma con el Mar Caribe perfecto y luminoso, infinitamente azul en los días despejados. Al igual que el bulevar que está a un lado del océano en Santo Domingo y en La Habana, recibe el nombre de Malecón.

Toda una ciudad creció alrededor del Malecón. Se construyó una escuela enorme y suntuosa donde se enseñaba administración hotelera; escuelas privadas limpias y de buen aspecto; edificios gubernamentales y departamentos bien mantenidos; y casas al estilo de los ranchos californianos, de un solo piso y con amplios jardines. Se convirtió en un barrio exclusivo y costoso. El agua y la luz costaban más, y eran pocos los que podían vivir allí. Extrañamente, gran parte de este barrio está deshabitado.

Las calles limpias y bien pavimentadas permanecen vacías. En una ciudad que en otros sectores se mantiene activa y bulliciosa, este barrio está desprovisto de autos; incluso las habituales motonetas y motocicletas que se encuentran en el resto de la ciudad y de la República Dominicana están ausentes. Ni siquiera se ven peatones.

El turismo se concentró en las playas que estaban en las afueras de la ciudad. Sólo unos pocos turistas venían para dar una vuelta por el parque y mirar la catedral. El malecón era para los habitantes locales una vía apacible al lado del mar con unos pocos vendedores de coco o caña de azúcar durante el día. Más allá de los corales y de las palmeras se contempla un Mar Caribe de color turquesa y azul cobalto como de postal, interrumpido tan sólo por unos pocos detalles locales, tales como los cascos oxidados de barcos que habían naufragado en medio de tormentas, dramáticamente suspendidos sobre una roca que sobresale del océano; también hay bares, porque en horas de la noche se consume mucha cerveza Presidente en el Malecón. No bien oscurece, el malecón se convierte en "el lugar", y el merengue truena por los parlantes increíblemente potentes que hacen vibrar las ventanas del hotel cercano, el único intento de un hotel en la ciudad para negociantes o turistas. La música sale del interior de muchos clubes —uno de los más populares, el Café Caribe, es propiedad de Alfredo Griffin. Las tristes baladas de bachata se destinan para las horas iniciales. Pero el merengue reina en la noche.

Los macorisanos acuden hasta altas horas de la noche; llegan a pie, en motos, en autos —en cualquier medio— y pasean por el malecón; las mujeres vestidas con ropas ceñidas, brillantes y estrafalarias que contrastan con el color de su piel —de todos los tonos y que dejan abundantemente al descubierto, mientras los hombres beben y las miran. Si tienes un auto, puedes hacer el "paseo por el malecón", conduciendo a cinco o a diez millas por hora, mirando a todos y a cada uno de los presentes.

Al norte de la ciudad, y durante la mayor parte del día, el tráfico circula por carriles sin demarcar, abarrotando las vías. En ellas se mezclan buses ruinosos que escupen humo negro, camiones, autos, y carretas tiradas por caballos famélicos e intrépidos.

Hay semáforos, pero no siempre funcionan. La norma es llegar hasta ellos, echar un vistazo, y los más audaces son los primeros en arrancar. Este sistema funciona tan bien que llegas a preguntarte si realmente las ciudades necesitan semáforos.

Todo aquel que conduzca un auto y se detenga en un semáforo es rápidamente abordado por tigres-niños que limpian los parabrisas a cambio de algunas monedas. Son un poco más educados que los tigres de Santo Domingo, e intentan hacer un buen trabajo antes de que cambie la luz. Son jóvenes trabajadores y emprendedores que se ganan unos centavos en las tardes calurosas, intentando sobrevivir de alguna forma distinta al crimen. Otra posibilidad es la de trabajar en el Parque Central o en el malecón lustrando zapatos, tal como lo hizo Sammy Sosa durante su infancia. Pero incluso esta es una ocupación cada vez más dura, debido a la popularidad de las zapatillas deportivas de lona. Otra posibilidad consiste en ir al campo y conseguir un poco de caña, naranjas, plátanos u otros productos para venderlos en las calles.

En la Calle 27 de San Pedro, el barrio donde Rico Carty trajo la electricidad cuando él construyó su casa, apareció una hilera de mansiones. La casa de George Bell, grande y de estilo mediterráneo, de algún modo termina pareciéndose a un local de Pizza Hut. La residencia de Alfredo Griffin también está ubicada en ese barrio. Joaquín Andújar también tiene una casa grande, pero ya sea por razones de modestia o de seguridad, está oculta detrás de un muro. El barrio es conocido como el gueto de los beisbolistas, pero tanto Bell como Andújar perdieron sus casas cuando se divorciaron de sus respectivas esposas. Sin embargo, las casas permanecen como recordatorios para los jóvenes tigres de lo que podrían lograr si entran a las Grandes Ligas.

Cerca de allí, en la Calle Duverge, hay un amplio edificio de dos pisos, con balcones, una puerta de estilo recargado y lo que parece ser la antena parabólica más grande de San Pedro: es la casa que Sammy Sosa construyó para su madre. Igualmente cerca está el Plaza 30/30, un centro comercial pequeño, de tres pisos, con forma de herradura y de color turquesa, con tiendas exclusivas, construido por Sammy Sosa en 1996. Realmente dice PLA 30/30, pues el aviso ha perdido la Z y la A. El nombre hace referencia a la temporada que tuvo Sosa en 1993, donde conectó treinta y tres jonrones y robó treinta y cuatro bases. Hasta el año 2009 sólo había cincuenta y dos beisbolistas "30/30", aquellos que habían conectado como mínimo treinta jonrones y robado al menos igual número de bases en una sola temporada, comenzando con los treinta y nueve jonrones y las treinta y siete bases robadas por Ken Williams en 1922. A pesar de la arbitrariedad de las cifras, todavía se considera un honor ser un beisbolista 30/30, porque los jonrones son la prueba beisbolística por excelencia de la fortaleza, generalmente conectados por jugadores grandes y corpulentos; mientras que robar bases es la prueba reina de la velocidad, generalmente realizada por hombres más pequeños y ágiles. Pocos beisbolistas tienen al mismo tiempo la velocidad para robar bases y la fortaleza para conectar jonrones. Pero el récord de Sosa de haberlo logrado en dos ocasiones no tuvo igual relevancia en San Pedro desde que Alfonso Soriano, nacido en el barrio Quisqueya —perteneciente a un ingenio de azúcar—, debutó con los Yankees en 2002 y lo logró en cuatro temporadas consecutivas. En 2006 Soriano conectó cuarenta y seis jonrones y robó cuarenta y una bases, convirtiéndose en uno de los cuatro beisbolistas 40/40 en la historia del deporte. De hecho, ese mismo año conectó más de cuarenta dobles, convirtiéndose en el primer beisbolista 40/40/40 en la historia de las Grandes Ligas. Esta estadística, que suele citarse con mayor frecuencia en San Pedro que en cualquier otro lugar, demuestra la sed inagotable que siente el béisbol por las estadísticas y los récords.

No obstante, Sammy Sosa fue el primer beisbolista de San Pedro en tener un centro comercial nombrado con sus estadísticas. Había pocas dudas sobre quién era el propietario, pues en el centro, donde crecen las buganvilias, hay una fuente donde se alza una estatua a todo color de Sosa al bate. La figura no se parece a Sammy, pero tiene el uniforme de los Cubs de Chicago con el número 21. El centro comercial también tiene una discoteca llamada Sammy Club Disco.

Muchas de las calles de San Pedro no están pavimentadas, o éste se encuentra tan resquebrajado que parece como si no lo tuvieran. Al igual que todas las ciudades caribeñas, San Pedro huele a frutas maduras y a brasas de carbón. Allí se escucha más inglés —la lengua de los cocolos y del béisbol— que en cualquier otra ciudad del país. Muchas de las tiendas tienen nombres ingleses, como por ejemplo la peluquería del centro llamada Hair Gallery.

Los locales comerciales de San Pedro que se encuentran diseminados por las calles pertenecen al tipo de arquitectura latinoamericana en concreto y de un solo piso, que intenta evitar el gris pintando las fachadas con la paleta de colores industriales utilizados en la elaboración de helados. Muchas de estas edificaciones recientes han terminado pareciéndose a goma de mascar sucia. Las rejas metálicas en todas las puertas y ventanas de las casas las hacen parecer como adolescentes sonrientes mostrando sus frenillos. Las rejas metálicas tienen por objeto mantener alejados a los ladrones. El delito callejero, los robos, la irrupción en la propiedad privada y los atracos se han convertido en un problema sin precedentes en la República Dominicana en el siglo XXI. La situación es más grave en Santo Domingo, pero se volvió lo suficientemente delicada en San Pedro como para que su alcalde Echavarría la considerara su mayor problema.

La juventud no encuentra la forma de ganarse la vida. El problema oscila entre el desempleo y el empleo informal. En años recientes, la inflación se disparó y la moneda dominicana se devaluó fuertemente; la mayoría de los que encontraban trabajo se veían sin el dinero suficiente para satisfacer sus necesidades. En esta región, antiguamente dedicada a la agricultura, a la ganadería, a los cultivos en pequeña escala y a la pesca, incluso las personas pobres comían lo necesario porque la comida era barata. Ahora, y por primera vez, los habitantes tienen dificultades para satisfacer sus necesidades alimentarias.

El gobierno dominicano tiene pocos programas destinados a los pobres. Juan Bosch y José Francisco Peña Gómez habían proclamado la necesidad de esos programas, pero nunca tuvieron la oportunidad de implementarlos. Cuando Leonel Fernández, el protegido de Juan Bosch, llegó al poder, se olvidó de esas ideas y decidió desarrollar la infraestructura necesaria para la inversión extranjera, declarando que estaba haciendo de la República Dominicana "el Singapur del Caribe". Obtuvo cierta popularidad al estabilizar la economía. Como Fernández tenía prohibido por ley postularse a un segundo mandato, la oposición, encabeza por Hipólito Mejía, llegó al poder bajo la promesa de implementar programas sociales, aumentando el presupuesto para la educación y los servicios sociales, así como el primer programa de jubilación financiado por el gobierno. Con el deseo de hacer más en este sentido, Mejía utilizó sus mayorías en el Senado para modificar la Constitución y poner fin a los límites en los mandatos presidenciales. Sin embargo, esto le permitió a Fernández derrotarlo y alzarse con el poder en unas nuevas elecciones, y utilizó su nuevo mandato para construir más infraestructura, como por ejemplo nuevas carreteras, pero sin incentivar los programas sociales o la estabilidad económica que había logrado en su primer mandato. Los dominicanos pobres todavía tienen que ingeniárselas para sobrevivir.

El tráfico circula lentamente entre los baches, dejando atrás a los tigres y a los semáforos inciertos, desde el monumento en la entrada de la ciudad pasando por el Estadio Tetelo Vargas, que al igual que las iglesias católicas de antaño, nunca cierra sus puertas. La calle paralizada por el tráfico describe una curva por los restaurantes de techos bajos que venden pollo, con sus pantallas grandes que transmiten los juegos de béisbol. Las sillas plásticas salpicaban las calles junto con el olor a pollo frito, plátanos, yuca y ron. La calle se ve interrumpida más adelante por unas instalaciones cercadas con una valla. Es el campus de la Universidad Central del Este, que desde su fundación en 1970 se ha convertido en una de las transformaciones más grandes de San Pedro.

Por sólo 9.000 pesos el semestre, un poco menos de $300, un estudiante puede ser un profesor. Estudiar Medicina sólo cuesta 6.500 pesos el semestre, unos $200, durante los dos primeros años, y luego 12.500 pesos por semestre durante los dos años finales. Sólo cuatro años y 1.600 pesos dominicanos para obtener un título como médico podría parecerle una verdadera ganga a un americano, y de hecho, allí había estudiantes americanos. Sin embargo, para la mayoría de los sueldos devengados en San Pedro, ésta es una suma demasiado alta como para poder ahorrarla.

Una persona puede tardar casi un año para ganar la matrícula de un semestre si trabaja en la "zona libre" cercana a la universidad. Esta zona, de 774.000 yardas cuadradas, establecida en 1971 bajo el mismo programa emprendido por Balaguer para construir la universidad, muy pronto agotó su espacio, por lo cual se construyó una segunda zona. La idea era hacer que llegaran varios fabricantes extranjeros, de confecciones en su gran mayoría, pero también de joyería, zapatos y de productos de baja tecnología, para producirlos en una zona libre de impuestos, ensamblados por mano de obra dominicana barata, y exportarlos. Los dominicanos no recibían mucho por esto, pero tampoco les representaba gastos considerables. El gobierno dominicano invirtió poco más de $50.000 para construir la zona. Las compañías han sido principalmente americanas. Quien murmurara una sola palabra sobre sindicatos o habla de organizarse para recibir mejores salarios era rápidamente expulsado, y de ese modo los fabricantes americanos contaron con una mano de obra muy barata y les ofrecieron trabajos a los macorisanos con pagos que escasamente equivalían a salarios de subsistencia. Cuando el peso dominicano se desplomó con respecto al dólar en los años noventa, la mano de obra dominicana les costaba a los americanos menos de cincuenta centavos por hora. En los primeros cuatro años del siglo XXI, el peso dominicano se devaluó de nuevo, perdiendo casi la mitad de su valor. En relación con el dólar, los trabajadores dominicanos eran una verdadera ganga, pero éstos tenían que trabajar diez u once horas diarias a fin de ganar lo suficiente para sobrevivir. Esto ni siquiera produjo el más leve aumento en el tráfico del puerto de San Pedro.

Echavarría afirma que la zona libre y el turismo son "los dos pilares principales de la economía de San Pedro". Los trabajos en el sector del turismo también implican largas jornadas y salarios bajos. Es el caso de José, quien nació en 1959 en un pequeño pueblo agrícola en el interior de la región oriental. Su padre tenía una parcela de tierra muy pequeña en la que cultivaba bananos y otros pocos productos. Trabajaban duro, pero la vida era barata y tenían suficiente para comer. En 1980, José dejó la parcela y llegó a San Pedro porque había escuchado que había trabajos disponibles en la zona libre. Consiguió un empleo con una empresa mexicana fabricante de zapatos. Después de veinte años había ascendido a supervisor y ganaba 800 pesos al mes, es decir, unos $100, un salario elevado en la zona libre. "Era un sueldo muy malo", recordó José. "Pero en esa época la vida era barata".

Sin embargo, los precios comenzaron a subir mientras el salario de José permanecía igual, y para el año 2000, él tenía muchas dificultades para vivir con sus ingresos como supervisor en una compañía de zapatos americana. Y aunque sólo tenía una educación básica, aprendió inglés por sus propios medios para obtener un trabajo en el otro pilar de la economía de San Pedro: el turismo. Consiguió un trabajo como portero en un centro turístico en la playa, y ganaba 1.400 pesos semanales. Pero esta suma le rendía menos aún que los 800 pesos que ganaba diez años atrás en la zona libre.

José se encoge de hombros. "¿Qué podía hacer?", se pregunta. "Yo venía de un pueblo muy pequeño donde no había béisbol, y nunca tuve la oportunidad de jugarlo".

Ángel Valera de los Santos, un octogenario, había trabajado en el ayuntamiento de la ciudad desde 1948, cuando era una ciudad mucho más pequeña con unos pocos miles de habitantes y un puñado de coches.

"Hace sesenta años San Pedro era mucho más próspera, pero había menos oportunidades", señala. "El azúcar era el centro de la economía. No había turismo ni zona libre. Estaba la fábrica César Iglesias. Pero ahora todas las familias adineradas se han mudado a Santo Domingo, donde tienen más oportunidades para invertir. Todos se fueron cuando el azúcar se acabó".

En San Pedro se han creado muchos empleos recientes: conducir un motoconcho, trabajar en una de las grandes tiendas, como Jumbo o Iberia, o en la zona libre o en el turismo. A los políticos les gusta vanagloriarse de los empleos que dicen haber creado y del desarrollo económico que fomentan, pero en realidad, la mayor parte del desarrollo económico de San Pedro de Macorís proviene del subempleo.

Sin embargo, todavía queda el béisbol.

CAPÍTULO NUEVE

La ciudad del béisbol

En el segundo piso del elegante ayuntamiento, funciona la oficina del Departamento de Cultura, un cuarto estrecho con paredes cubiertas de baldosines. Las dimensiones y la falta de ventanas dan la impresión de que alguna vez pudo haber sido un cuarto de ropa. Apenas tiene espacio suficiente para un escritorio, un archivador y tres sillas. Benancio Rodríguez Montaño, un anciano desdentado de 4 pies de estatura, delgado y de mejillas hundidas, dirige el departamento. En las raras ocasiones en que es solicitado, él aparta la silla, sirve una taza de café dominicano fuerte y azucarado y permanece de pie para estar al nivel ocular del visitante sentado frente a él.

Le irritan las preguntas sobre béisbol. "Todo el mundo dice que ésta es la ciudad de los beisbolistas, pero antes de eso fue la ciudad de los poetas. Estaban Gastón Fernando Deligne, Pedro Mir y yo, que estoy frente a usted", dice con orgullo. "También soy un poeta. Mire, esta mañana estaba improvisando". Saca un escrito de un sobre doblado y enumera con cadencia los últimos dieciséis renglones que versan sobre la pérdida y la desaparición de la cultura en un estilo que recuerda vagamente al de Gastón Deligne.

Es probable que tenga razón en cuanto a la pérdida de la cultura —"La rosa perdida del jardín"—, pero es evidente que para cualquier habitante de San Pedro de Macorís, la antigua ciudad de los poetas es actualmente la ciudad del béisbol.

No todos en San Pedro viven en la desesperación debido a la pobreza. La mayoría de los que no lo hacen juegan al béisbol. Son fáciles de identificar porque son un poco más altos, mejor alimentados y más musculosos. Si son un tanto desgarbados, probablemente se trate de un campo corto. Si estrechas sus manos y sientes que son largas y fuertes y con la piel tan gruesa como un guante de cuero, seguramente es un pítcher. Todos ellos hablan inglés americano y, de hecho, se parecen un poco a los americanos. Y por esto, es frecuente que en San Pedro le pregunten a cualquier americano corpulento: "¿Usted ha jugado béisbol?". Si la respuesta es afirmativa —y la mayoría de los estadounidenses han jugado al béisbol en su infancia—, invariablemente la siguiente pregunta es: "¿Firmó alguna vez?".

La idea de jugar al béisbol simplemente por el placer de hacerlo se ha convertido en una noción extraña en San Pedro. En los innumerables diamantes de béisbol de la ciudad, muchas variantes, como el softbol, la plaquita y el cricket, se juegan por diversión. Algunos juegan molinete, una variante cubana del softbol donde el lanzamiento del pítcher, por debajo de la mano, puede ir a más de 100 millas por hora. Pero incluso este juego se ha venido a menos. Anteriormente había empresas que patrocinaban el molinete en San Pedro, y a los jugadores se les pagaba como a profesionales.

Pero cuando los beisbolistas fueron fichados en Estados Unidos y regresaron con dinero para comprar mansiones y camionetas SUV, el béisbol dejó de ser una diversión: se convirtió en una tabla de salvación, en la única opción que había. Por supuesto, la mayoría de los peloteros de esta ciudad no ha estado nunca en las Grandes Ligas, pero muchos han conseguido dinero jugando en otro lugar para abrir un negocio o subir el primer escalón hacia una posición superior.

No era muy difícil identificar a los peloteros grandes y fuertes, entrenados en Estados Unidos y, más importante aún, alimentados en Estados Unidos. Ervin Alcántara, de veintisiete años de edad, trabaja en un supermercado. Estuvo entrenando en un campo de San Pedro unos años atrás, cuando un *scout* se fijó en él y lo firmó con los Astros en 2003. Alcántara jugó en las Ligas Menores hasta el año 2007 y a continuación fue dejado en libertad. Ahora juega con las Estrellas. Puesto que nunca jugó en las Grandes Ligas, su sueldo en la Liga Dominicana no es muy alto, pero sí mucho mejor que los de la zona franca. También —aunque esto rara vez lo mencionó— era mucho más divertido.

En San Pedro las conexiones del béisbol están por todas partes, sólo falta encontrarlas.

Ramón Pérez Tolentino, un repostero que tiene una pequeña tienda en Consuelo, exhibe en las vitrinas las tortas con sus remolinos blancos y esponjosos, y las gelatinas de colores brillantes. Fue entrenador de Manny Acta. Acta nunca llegó a las Grandes Ligas como jugador, sino como gerente de los Nationals de Washington, convirtiéndose en el primer macorisano en dirigir un equipo de las Grandes Ligas y en el gerente más joven de estas ligas. Ramón Pérez, propietario de una repostería en Consuelo, es el director del capítulo de la Fundación Manny Acta, que les suministra equipos de béisbol y entrenamiento a los jóvenes dominicanos.

Danilo Rogers es un cocolo que creció en el centro de San Pedro. Su abuelo era de Anguila y había llegado a San Pedro para trabajar en el Ingenio Consuelo. Se convirtió en un "mezclador", un técnico encargado de darle el color blanco al azúcar. Danilo jugaba pelota y firmó con los Braves de Atlanta, jugando como jardinero izquierdo en equipos de la Doble y Triple A. Nunca llegó a las Grandes Ligas, pero ahorró dinero para abrir un restaurante agradable de comida dominicana. Su especialidad es el mofongo, un plato típico, aunque, como sucede con otras recetas tradicionales, fueron los trabajadores puertorriqueños del azúcar quienes lo trajeron a la isla. Está hecho de puré de plátano frito en grasa y ajo. Quien objete que el mofongo es un plato demasiado pesado, cabe dentro de la definición dominicana de un gringo. Esta es la receta de Danilo:

> Freír el plátano con carne de cerdo, carne de res, pollo o con lo que quiera prepararlo. También el chicharrón (la capa de grasa que está debajo de la piel de cerdo). Triturar los chicharrones y el plátano en un mortero con mantequilla, ajo, sal y pimienta, hasta formar un puré.

En San Pedro, los jóvenes beisbolistas están actualmente en buenas condiciones físicas, y son muy disciplinados. Asumen sus juegos —que se llevan a cabo diariamente en la ciudad— con gran seriedad. Cuando un entrenador enseña un movimiento, los chicos lo imitan como bailarines de ballet aprendiendo un nuevo paso.

Son juegos divertidos porque los beisbolistas tenían una mezcla emocionante de talento, determinación y muchas habilidades. Un *fly* se eleva hasta el jardín central y el jardinero central, sin razón aparente, deja caer la pelota. Sin embargo, tiene un buen brazo y se la envía rápidamente al campo corto. El campo corto, con manos torpes pero reflejos rápidos, también deja caer la pelota, pero rápidamente la recoge y la lanza a tercera base. El bateador, que había corrido velozmente aunque se sentía un poco sorprendido, pues no creía poder llegar tan lejos con un simple *fly,* fue ponchado en tercera base. Era un *out* —el mismo resultado que habría obtenido el jardinero central si hubiera atrapado la pelota— pero mucho más emocionante.

Hay un montón de *scouts* en San Pedro, pero también una gran cantidad de juegos de béisbol para ver. Dany Santana, un macorisano que trabaja para los Rays de Tampa Bay, estima que hay entre treinta y cuarenta campos de béisbol en la ciudad a los que asiste con frecuencia. Una forma de ganar dinero para un ex jugador de béisbol consiste en comprar una pequeña parcela de tierra, construir uno o dos diamantes de béisbol y alquilarlos. Si invierte dinero en dormitorios, un gimnasio y algunas otras instalaciones, podría alquilárselo a una franquicia de las Grandes Ligas por un precio alto. Pero también hay mercado para los más pequeños.

Santana solía buscar talento en el campo de Astin, un estadio con dimensiones de las Grandes Ligas de 400 pies desde el plato hasta el muro del jardín central. Durante los juegos, o incluso en los entrenamientos, los niños se trepan en los árboles de papaya que rodeaban los muros, tal y como lo hacen en las palmeras del Estadio Tetelo Vargas, a la espera de un *foul* o de un jonrón para quedarse con la pelota. Al igual que muchos dueños de estadios, el propietario de éste, Astin Jacobo Jr., había sido beisbolista, firmado por el *scout* Rafael Vásquez.

Vásquez era una leyenda en San Pedro. Antes de ser un *scout*, había sido un pítcher de La Romana; en 1976 se lució con doce lanzamientos para un *scout* de los Pirates de Pittsburgh y lo firmó de inmediato. Su ascenso fue vertiginoso. En la Liga de Novato en Bradenton, Florida, ponchó a cinco bateadores uno tras otro y fue enviado de inmediato a un equipo de Clase A. Desde el momento en que firmó, tardó apenas dos años en jugar con un equipo de las Grandes Ligas, los Mariners de Seattle. Pero su carrera en las Grandes Ligas duró apenas una temporada, en la que sólo lanzó en nueve juegos para los Mariners, primero como titular y luego como relevista, y después fue descendido a la Triple A, de donde no volvió a salir. Lo que lo hizo famoso en San Pedro —lo que el nombre de Rafael Vásquez significa para los amantes de las estadísticas del béisbol macorisano— fue el haber sido el primer pítcher dominicano en obtener una victoria contra los Yankees de Nueva York.

Vásquez pasó a ser un *scout* de los Royals de Kansas City, para los cuales firmó a Jacobo, quien tampoco llegó a ser una estrella. Pero Astin Jacobo fue un nombre famoso —tal vez más famoso en el Bronx, donde nació, que en San Pedro. Su padre, también llamado Astin Jacobo, era de Consuelo, y al igual que muchas personas de esta población, era primo de Rico Carty, cuyo apellido paterno también era Jacobo. Astin padre trabajaba para los Astros de Houston, pero también fue uno de los hombres que intentaron sindicalizar a los trabajadores de Consuelo, y tuvo que huir del régimen de Trujillo. En la década de 1970, el peor período para el Sur del Bronx —cuando los disparos provocaban incendios en manzanas enteras y muchos edificios fueron abandonados—, se instaló en el barrio Crotona. Allí, Jacobo, conocido como Jacob, se convirtió en un activista en una comunidad empobrecida y problemática, recuperando edificios, consiguiendo que el Ayuntamiento se involucrara, convirtiendo lotes abandonados en jardines y campos de béisbol. Todavía hay una calle y un campo de béisbol que llevan su nombre.

En el diamante que su hijo tiene en San Pedro, casi todos los días hay prácticas de béisbol, y casi siempre acuden unos cuantos *scouts* para echar un vistazo. En el bloque de hormigón de los asientos que están detrás del plato, dice: "*Only Scouts*" (sólo *scouts*).

Dany Santana asiste con frecuencia al campo de Astin para ver a un magro pítcher de quince años, con una sólida bola rápida y una pelota quebrada efectiva, un tipo de pelota inusual en los jóvenes pítcher de San Pedro. En sus primeros dos años con Tampa Bay, Santana firmó a veintiocho jugadores, pero se destacó con los pítchers, incluyendo a Cristóbal Andújar, hijo de Joaquín, y Alexander Colomé, también de San Pedro—quien a los dieciséis años ya había lanzado una bola rápida de 97 millas por hora.

Cuando su joven pítcher iba al montículo, Santana se apostaba detrás del *backstop* con un cronómetro. Esto era inusual. Los *scouts* por lo general se sientan en ese lugar con una pistola de radar portátil del tamaño de un secador de pelo, para comprobar la velocidad de la recta. Pero los *scouts* de Tampa Bay fueron influenciados por Eddy Toledo, el veterano *scout* que firmó a veintisiete jugadores con las Grandes Ligas, especialmente con los Mets, antes de pasar a los Rays de Tampa Bay, en 2006. Eddy nunca utilizaba pistolas de radar, y decía con frecuencia: "Tengo dos ojos: uno para mirar el movimiento del brazo, y el otro es un radar". Muchas organizaciones ponen énfasis en la velocidad del lanzamiento; especialmente en la República Dominicana, donde muchos jóvenes talentos sólo tienen una recta y un lanzamiento con cambio de velocidad. Pero los *scouts* de Tampa Bay dirigidos por Toledo estaban más atentos a la fluidez y a la velocidad del lanzamiento con cambio de velocidad de los movimientos del pítcher que a la velocidad real de la pelota después de ser lanzada.

Un pítcher con un movimiento rápido hace que sea difícil robar bases, y ellos consideran que un buen movimiento del brazo es señal de un buen desempeño en el futuro.

Este joven tenía un movimiento muy bueno. También era evidente sin una pistola de radar, que su recta tenía una velocidad considerable. A continuación, Santana observa a un jardinero central sin que éste se percate.

"¿Cuántos años tienes?", le pregunta, y al muchacho se le ilumina el rostro; tiene quince años y ya está hablando con un *scout* de las Grandes Ligas.

"¿Eres de San Pedro?".

"Sí", dijo el joven. Eso era bueno porque Santana, que también es macorisano, cree que los jugadores de San Pedro tienen un sello único de calidad. Por otra parte, el muchacho venía de Santa Fe. A Santana le gustó oír eso porque muchos beisbolistas destacados habían salido de Santa Fe. Así que Santana le dio una palmadita en el hombro y lo envió de vuelta a los jardines;

parecía caminar de un modo diferente, y su piel negra brillaba con un matiz caoba.

Así es como le gusta trabajar a Santana: identificar el talento a los quince años, ver su evolución durante un año y medio y firmarlo a los dieciséis. Sería más seguro firmar a las jóvenes promesas a los veinte años, pero entonces su organización no estaría en condiciones de invertir en su desarrollo. Además, por ley, todos los chicos que tengan más de dieciséis años pueden firmar el 2 de julio, y ese es el día en que la mayor parte de los nuevos talentos son adquiridos por las organizaciones.

Si la joven promesa es mayor de edad y no firmó el 2 de julio, podría ser firmado en cualquier época del año, de modo que cuando un *scout* encuentra talento en un beisbolista que tenga más de dieciséis años, lo firma rápidamente. El invierno anterior, Santana había visto a un chico en Barrio México, no lejos del Estadio Tetelo Vargas. Santana señala: "Me recuerda a Tony Fernández, por la manera en que utiliza el guante". Santana le pidió que corriera y el chico se apostó y ejecutó un veloz sprint. Luego le pidió que le mostrara cómo movía el bate. El chico asumió una postura de bateo e hizo unos cuantos movimientos. Santana lo firmó inmediatamente con un bono de $26.000, la cifra promedio en la actualidad.

El límite de edad fue establecido en 1984. Antes de eso, a veces parecía que los *scouts* que estuvieran arrebatando a los niños de sus hogares. Epy Guerrero se jactaba de poder firmarlos a los trece años de edad, aunque no era lo ideal, y se requería de mucha habilidad para que un *scout* reconociera el potencial beisbolístico a una edad tan temprana. En 1986 *The Washington Post* publicó el caso de una familia aterrorizada que había reportado a su hijo como desaparecido y a quien el comisionado del béisbol dominicano encontró escondido en el campamento de entrenamiento de un equipo de Grandes Ligas, con la complicidad de un *scout*.

Hace parte de la tradición de la "cleptocracia" dominicana la idea de que las Grandes Ligas del béisbol pueden llegar al país, como lo hicieron los españoles y las empresas azucareras, haciendo lo que se les antoje. Es una imagen que ni el gobierno dominicano ni las Grandes Ligas están interesadas en fomentar.

En cuanto a los reglamentos, se establecen de manera periódica. La norma de los dieciséis y medio años de edad contribuyó a disminuir el trato injusto a los adolescentes. Dieciocho años habría sido un mínimo de edad más adecuado, de manera que los jóvenes talentos pudieran terminar la escuela secundaria antes de salir de la isla. Pero la mayoría de los jugadores de béisbol, a excepción de los grandes bateadores, tienen sus mejores años cuando tienen alrededor de veinte. Es en ese momento cuando tienen mayor velocidad para correr bases, agilidad para fildear y mejores brazos para lanzar, especialmente para pitchear. La mayoría de los beisbolistas tardan alrededor de cuatro años en prepararse para entrar a las Grandes Ligas. Pocos beisbolistas dominicanos habían terminado la escuela secundaria cuando comenzaron sus carreras profesionales de béisbol, pero lo cierto es que menos de uno de cada tres dominicanos concluyen sus estudios secundarios. Cuando un joven de dieciséis años de edad firma con un equipo de las Grandes Ligas, tiene poca educación y ninguna capacitación adicional: triunfar en el béisbol es su única oportunidad. Un Rafael Vásquez ocasional puede lograrlo en mucho menos tiempo, pero luego tiene una temporada desastrosa. Unos pocos, como José Reyes, lo logran en sólo tres años y se convierten en estrellas. Pero cuando las Grandes Ligas firman a una joven promesa, el cálculo más acertado es cuatro años de preparación antes de su debut en un juego de Grandes Ligas. Algunos beisbolistas, como Alfredo Griffin, encontraron su ritmo en el primer año. Otros tardan un año o dos o más para empezar a ser conscientes de su potencial.

Así que firmar a un jugador a los dieciséis años quiere decir que muy seguramente él estará al tope de sus capacidades atléticas alrededor de los veintidós años. Podrían estar listos para alcanzar todo su potencial físico a los veinte años si logran firmar a los catorce, aunque a los dieciséis también tienen buenas probabilidades. Otro factor en la ecuación es la creencia generalizada —y no comprobada, tanto por los dominicanos y estadounidenses que viven el mundo del béisbol— de que los jóvenes dominicanos tardan más tiempo en madurar.

Estos adolescentes, que lo dan todo para entrar a las Grandes Ligas, firman un contrato, reciben una bonificación por la firma y parecen estar en "encaminados".

Pero, estadísticamente, su éxito sigue siendo muy poco probable. Un centenar de dominicanos son firmados cada año, y probablemente sólo cerca del 3% —tal vez una docena de jugadores— llegarán a jugar en un estadio de las Grandes Ligas. Sin embargo, hay muy poco dinero entre la bonificación por firmar con un equipo y la primera temporada de un jugador en las Grandes Ligas.

En primer lugar, el beisbolista es conducido a un campo de entrenamiento del club en la República Dominicana: la academia. A partir de ahí juegan una serie de partidos de exhibición conocidos como la Liga Dominicana de Verano, donde los observan por última vez antes de enviarlos a Estados Unidos. Si les va bien y no son dejados en libertad, son enviados a Estados

Unidos, por lo general a un lugar remoto y rural, debido a que es allí donde se juega el béisbol de las Ligas Menores. A veces son llevados inicialmente a los entrenamientos de primavera, pero luego van a la Liga de Novato. Entonces, si progresan, son enviados a un equipo de Clase A. Ocasionalmente, antes de llegar allá, los beisbolistas van a una subdivisión, Clase A, Temporada Corta. Si les va bien, son ascendidos a la Clase A. De allí pasan a la Doble A, a menos que sean liberados. A partir de ahí, las cosas se ponen aún más difíciles. El último nivel, la Triple A, no está muy atrás de las Grandes Ligas, salvo por el tamaño del diamante, los sueldos y las ganancias extraordinarias. La Triple A está llena de jugadores de Grandes Ligas, que son enviados allí para solucionar sus problemas o para tener algunos juegos de práctica mientras se recuperan de sus lesiones. Sólo algunos beisbolistas regresan a las Grandes Ligas. Unos pocos reclutas nuevos son llamados de la Triple A por algún equipo de las Grandes Ligas. Algunos no resisten la presión y son descendidos de nuevo, pero por lo menos esos pocos podrán decir que estuvieron en las Grandes en Ligas. La mayoría ni siquiera llegan a la Triple A.

La labor de entregarles a las jóvenes promesas sus cheques por concepto de bonificación por fichaje está en manos de Aarón Rodríguez, un empleado dominicano de las Grandes Ligas. "¿Qué es lo que me encanta?", dice Rodríguez, "que lo primero que hacen la mayoría de los muchachos con su dinero es mejorar la casa de sus padres. Si es de madera, le ponen bloques de cemento o la pintan. Pero yo siempre les digo que guarden una parte: 'No estás en las Grandes Ligas, y esta es la única suma grande de dinero que verás hasta que llegues allá, y es probable que nunca lo hagas' ".

No ganan nada durante el tiempo de entrenamiento en la academia. La Liga Dominicana de Verano paga un estipendio de $600 al mes, que es comparativamente mejor que un salario en los ingenios, en la zona libre o en un centro turístico, pero que tampoco es una suma que le cambie la vida a nadie. Incluso si logran ir a Estados Unidos, los beisbolistas ganan poco en las Ligas Menores. Sólo en las Grandes Ligas tienen una oportunidad de ganar una suma considerable. Por lo general, los sermones no son necesarios. La mayoría de los jóvenes dominicanos compran algo para sus familias. En muchos casos, la bonificación alcanza para mejorar el futuro de toda la familia.

Alberto Medina trabaja como soldador de maquinaria en Consuelo por 16 pesos al día. Su padre, que era capataz en las plantaciones, ganaba 4 pesos diarios. Medina dice: "Si un muchacho recibe una bonificación por fichaje de veinticinco mil dólares, ¡eso es un millón de pesos! Ese muchacho ya no será pobre".

En los primeros años del siglo XXI, el promedio de la bonificación por fichaje era de $25.000, diez veces más de lo que recibieron Rico Carty, George Bell y Sammy Sosa.

En 2008, 423 jóvenes dominicanos firmaron contratos con las Grandes Ligas y recibieron un total de $41.057.000 por concepto de bonificaciones. Tanto el número de jugadores firmados, como el monto de los bonos, han aumentado considerablemente cada año. El 2 de julio de 2008, en medio de una reñida competencia, Michael Inoa, un pítcher de dieciséis años natural de Puerto Plata, recibió una bonificación por fichaje de $4,5 millones de los Athletics de Oakland. Medía 6 pies y 7 pulgadas y lanzaba a más de 90 millas por hora. La estatura es cada vez más valorada en el pitcheo, especialmente después de la impresionante carrera de Randy Johnson, quien medía 6 pies con 10 pulgadas y lanzaba a 100 millas por hora. Un pítcher alto tiene brazos largos y lanza la pelota mucho más cerca del plato, dándole al bateador una fracción de segundo menos para adivinar por dónde viene la bola. Pero al ser más alto, su lanzamiento también puede ser más fuerte, porque lanza la bola hacia abajo.

Algunos de los *scouts* comparan a Inoa con Randy Johnson. Pero Johnson es más alto, y además es zurdo. Los pítchers zurdos son mucho más valiosos porque son más escasos. Un pítcher diestro de 6 pies y 7 pulgadas natural de San Pedro entró recientemente al libro de récords del béisbol. El 22 de agosto de 2007, Daniel Cabrera, pítcher de los Orioles, permitió una ventaja de tres carreras y los Rangers de Texas ganaron 30 a 3, la peor derrota en la historia de las Grandes Ligas de béisbol desde 1897.

La bonificación de Inoa creó una nueva ilusión entre los adolescentes dominicanos. Imaginan que podrán ser ricos sin necesidad de una carrera profesional, simplemente al recibir la bonificación por fichaje. Una de las razones para esto es la reglamentación concerniente a los jóvenes de dieciséis años. Cada año sale una nueva cosecha de beisbolistas que estarán disponibles el 2 de julio. Todos los *scouts* saben quiénes son antes de esa fecha y ya han decidido hasta dónde están dispuestos a ir para fichar a un beisbolista. En 2008 Inoa fue el jugador de quien más estaban hablando. En el verano anterior, los Red Sox le habían dado una bonificación por fichaje superior a $1 millón a un pítcher, y se especulaba que el club que quisiera fichar a Inoa tendría que darle una suma superior.

Esta atmósfera ha contribuido de manera significativa a

que las bonificaciones por fichaje sean muy superiores a los $100.000, y que continúen aumentando. En los años noventa, cuando las bonificaciones estaban en alza, los *scouts* vieron que había más dinero en las bonificaciones por fichaje que en los salarios que recibían por parte de los equipos de las Grandes Ligas. Herman Martínez, un jugador de San Pedro que se había convertido en *scout*, dice con respecto a su oficio: "No te haces rico, pero te alcanza para vivir". Y entonces se vislumbró una nueva fuente de ingresos, y al igual que muchos *scouts*, Martínez llegó a este oficio con el propósito de abrir una escuela de béisbol.

Esta idea tampoco era dominicana inicialmente. Una vez se estableció el reclutamiento en Estados Unidos, los hombres conocidos como "*bird dogs*" comenzaron a ganarse la vida entrenando a jóvenes prometedores para el reclutamiento. En la República Dominicana se conocieron como buscones. Un buscón, como su nombre lo indica, se dedica a buscar jóvenes talentos, a veces de no más de doce o trece años, y trabaja con ellos todos los días durante varios años, alimentándolos, entrenándolos y enseñándoles todo lo que necesitan saber hasta que estén preparados, y luego les consiguen una prueba para las Grandes Ligas. Cuando uno de estos jóvenes es fichado, el buscón recibe un porcentaje de la bonificación. Pero dicho porcentaje es variable: generalmente es una cuarta parte, y a veces la mitad de la bonificación.

No sólo existe la posibilidad de ganar más dinero como buscón que como *scout*, sino que para algunos *scouts*, los buscones se divierten mucho más. En los días de Ávila y Guerrero, un *scout* recorría las agrestes zonas rurales dominicanas, durmiendo con frecuencia en un jeep porque no había hoteles. Ahora alguien los lleva hasta las nuevas promesas. Los buscones fueron quienes comenzaron a buscar.

Uno de los primeros buscones de San Pedro adecuó el jardín delantero de su casa como un campo de entrenamiento. Pronto comenzaron a ocupar lotes y parques cada vez más grandes, a alquilar o a comprar terrenos. Las bonificaciones por fichaje, que cada año representan millones de dólares para San Pedro, se convirtieron en el mayor negocio de la ciudad.

Al igual que muchos vecinos de Consuelo, Apollinaire Batista era el hijo de un cortador de caña haitiano. Batista es un buscón. Les suministra la dotación y entrena a los adolescentes hasta que estén listos para ser observados por los *scouts* de las Grandes Ligas, y organiza también las pruebas. Si ellos firman, asegura él, recibe el 5% de la bonificación, lo cual es un porcentaje sumamente bajo. Cuando el joven firma, Batista busca un nuevo talento, y siempre trabaja con un pequeño grupo. Le gusta que tengan doce años, de modo que él tenga cuatro años para formarlos y se presenten a las pruebas a los dieciséis.

Cuanto más joven sea un prospecto, más dinero recibirá Batista. Así que todos los buscones quieren mostrar a todos sus jugadores tan pronto como sea posible. Pero también tienen que asegurarse de que estén preparados, porque es más difícil concertar una segunda o tercera prueba. Batista tiene beisbolistas que sólo estarán listos a los veinte años, lo que significa una comisión mucho más baja. "No puedes mostrarlos hasta que no estén listos", señala, encogiéndose de hombros.

Los chicos entrenan por la mañana y asisten a la escuela por la tarde. El objetivo de Batista es lograr que todos los chicos reclutados firmen con una organización de las Grandes Ligas. En sus mejores años logró que cinco jóvenes fueran fichados.

Francisco de los Santos, un pítcher diestro de diecisiete años con un lanzamiento superior a 90 millas por hora, con bolas quebradas y cambios de velocidad efectivos, fue firmado por los Mets en 2008. Recibió una bonificación de $25.000, una suma respetable en Consuelo, aunque en ese mismo año, cuando otro pítcher había recibido $4,8 millones, $25.000 representaban muy poco entusiasmo por parte de los Mets. Bartolo Nicolas, un joven jardinero, firmó con los Blue Jays de Toronto por $20.000. Dos jóvenes suyos ya habían firmado, pero Batista ya tenía otros siete listos para mostrarles a los *scouts*.

Una de las razones por las que los *scouts* tienen tantos campos a su disposición en San Pedro es porque hay muchos buscones. Al igual que cocolo, buscón es una palabra que puede ser o no peyorativa, dependiendo del contexto. A Jacobo Astin, Jr., quien se siente orgulloso de su apellido paterno, no le gusta que le digan buscón. Afirma que esta palabra tiene la connotación de "buscapleitos", e insiste en que no es el caso. Astin recibe el 30% de las bonificaciones, que no es el porcentaje más alto, pero sí uno elevado en todo caso. Por otra parte, su programa es de los mejores.

"Treinta por ciento le parece excesivo a un americano", anota Jacobo en su inglés neoyorquino. Pero yo tengo que darles ropa, escuela, alimentación, vivienda, pagarle a una mujer que les cocine cuatro veces al día, y a ocho empleados más. Mis gastos ascienden a $7.000 mensuales, además de las pelotas y los bates. Pierdo cuatro pelotas al día: caen a la calle y los niños se las llevan.

"Un jugador me cuesta entre 350.000 y 450.000 pesos en dos años y medio hasta que sea fichado", agrega. Pero esta cantidad de dinero sólo equivale a unos $14.000, y a pesar de que un beisbolista estadounidense reclutado no requiere de la nutrición, la atención médica, educativa y de desarrollo de un dominicano debido a la diferencia en las economías de cada país, el hecho es que a las Grandes Ligas de béisbol les cuesta mucho más formar a un beisbolista en Estados Unidos.

Para Jacobo, no había mejor lugar en el mundo para desarrollar beisbolistas que la ciudad natal de su padre. "He viajado por toda América Latina. Esta es la mejor ciudad que he visto para el béisbol porque tenemos todos los tipos de beisbolistas. Además, puedes venir a un campo de juego un sábado por la mañana y ver a algunos beisbolistas de Grandes Ligas jugando con muchachos de dieciséis y diecisiete años".

Las academias fueron la consecuencia lógica de lo que hizo Rafael Ávila en el patio trasero de su casa en los años setenta. Pero en el siglo XXI se han convertido en organizaciones sofisticadas y en creciente expansión. Toda franquicia de las Grandes Ligas tiene una academia. La mayoría de ellas se encuentran en el Sureste, ya sea en San Pedro, en La Romana o unas cuantas millas más hacia al Este; en Boca Chica, al Oeste, o en dirección a la capital. Una academia es un lugar donde una organización de las Grandes Ligas puede alimentar, entrenar y educar a las jóvenes promesas dominicanas, solucionando todas sus necesidades especiales en pesos dominicanos, en lugar de lo que supondría pagar su alojamiento, alimentación y preparación en Estados Unidos. El mayor costo de operación en Estados Unidos es la razón por la cual los clubes no vacilan en renunciar a sus inversiones y en liberar a los beisbolistas que no están a la altura de sus expectativas antes de enviarlos a Estados

Unidos. La Liga Dominicana de Verano fue establecida como una especie de pre-Liga de Novato, una instancia de prueba final antes de pagar para traer a las nuevas promesas a Estados Unidos.

Una academia también le ofrece a una organización una base de *scouts* en la República Dominicana. En los años setenta y ochenta, se hizo evidente que los equipos que tenían operaciones en el país estaban adquiriendo la mayor parte de los mejores talentos dominicanos.

Pero el otro propósito de las academias es servir como casas de custodia, mientras los jugadores dominicanos esperan sus visados, un lugar seguro donde los horarios de sueño y alimentación, y otros, puedan ser regulados.

Muchos estadounidenses, especialmente los neoyorquinos, creen que los dominicanos pueden conseguir visas norteamericanas con facilidad. La República Dominicana, con una población total estimada de 10 millones de habitantes, ha enviado más inmigrantes a Estados Unidos que cualquier otro país de América Latina, excepto México, cuya población se calcula en 103 millones. Pero no es fácil obtener una visa, especialmente para los pobres. La embajada de Estados Unidos exige un pago de $100 sólo para conceder una cita para solicitar una visa de turista, una suma que no tienen la mayoría de los dominicanos.

Las Grandes Ligas de béisbol generalmente les consiguen a sus jugadores una visa especial porque han demostrado ser excepcionales en su posición. Pero los jóvenes talentos que han firmado recientemente son traídos como trabajadores temporales, al igual que los trabajadores agrícolas, cuyas visas expiran al final de la temporada. Para obtener estos visados, se tiene que establecer que esa persona no le está quitando un trabajo a un americano. El gobierno de Estados Unidos restringe el número de estos visados. Después del ataque el 11 septiembre de 2001 al World Trade Center y de la creación de un Departamento de Seguridad Nacional, estas visas son aún más difíciles de conseguir. Hasta tanto el jugador no obtenga su visa, permanece en una academia donde su vida y formación puede ser monitoreada de cerca y estar más controlado. Obviamente, ninguna organización va a liberar a un beisbolista que ha recibido una bonificación por fichaje de $4 millones o incluso a uno que haya recibido $500.000. Pero algunos que han recibido bonificaciones por fichaje de $20.000 —o incluso de $50.000— fueron descartados por problemas de visado.

Estos jóvenes, cuyo futuro parece brillante después de haber recibido sus primas pocas semanas atrás, están bajo una presión enorme en las academias. La práctica habitual cuando se liberan jugadores, ya sea en la República Dominicana o en el sistema de Ligas Menores en Estados Unidos, consiste simplemente en informarles que han sido liberados sin darles ninguna explicación. A veces ellos son puestos en libertad por "mal comportamiento". ¿Qué le pasaría hoy a un Babe Ruth dominicano, a Mickey Mantle o a Ted Williams, todos ellos famosos en su época por su mal comportamiento? Si un beisbolista dominicano es dejado en libertad en Estados Unidos, le darán también un billete aéreo de regreso a Santo Domingo. Y con la terminación del contrato, su visa de trabajo temporal expira.

Era un poco misterioso saber qué buscan exactamente los clubes de pelota. Los *scouts*, las academias, las organizaciones, buscan a alguien que sea un gran jugador de béisbol de las

Grandes Ligas. Sin embargo, al evaluar a un adolescente de dieciséis años, esto supone normalmente una dosis considerable de adivinanza.

Tradicionalmente, lo que todos esperan en el béisbol son jugadores con "cinco herramientas". El béisbol requiere una lista inusualmente variada de habilidades, y es muy raro encontrar a alguien que lo haga todo bien. Sólo un puñado de estrellas de las Grandes Ligas han sido jugadores de cinco herramientas. Estas habilidades se reducen a cinco herramientas básicas: un buen brazo para lanzar, velocidad para correr, habilidad en el fildeo, potencia para conectar jonrones y la capacidad de batear la pelota de manera consistente, algo que se mide con el promedio de bateo.

Darío Paulino, quien creció en San Pedro y en 2007 fue nombrado coordinador de la academia de los Braves de Atlanta en San Pedro, señala: "Eso es lo que buscamos en todos los jugadores: un jugador con cinco herramientas".

Pero existen un montón de cosas menos tangibles que los *scouts* y los entrenadores quieren ver. Dany Santana anota: "Lo primero que busco es . . .", y señala su cabeza. Cita una frase favorita de Eddy Toledo, quien dijo: "Si no puede pensar, no puede jugar". "Si eres joven e inteligente, podrás mejorar rápidamente", agrega Santana. Tener un hogar estable con alguna educación ha llegado a ser considerado un valor importante para los dominicanos, aunque muchos grandes peloteros dominicanos no han tenido ese tipo de hogares. Las organizaciones quieren jóvenes que aprendan inglés y se adapten a Estados Unidos.

Los dominicanos, especialmente los macorisanos, casi siempre han vivido confinados en un pequeño mundo. No han viajado y, a pesar de la gran cantidad de periódicos locales y nacionales, saben muy poco acerca de lo que sucede en el mundo exterior. Durante la Segunda Guerra Mundial se afirmó que el dominicano promedio no sabía casi nada de la guerra. La mayoría de los macorisanos de dieciséis años rara vez han salido de San Pedro. Tal vez hayan ido a La Romana, a unas pocas millas al Este, o al Hato Mayor, al Norte, que son zonas agrícolas. Si son fichados por una organización que tenga una academia en Boca Chica, a unas pocas millas al Este, o en Santo Domingo, que queda un poco más lejos, esto supone toda una aventura para ellos.

Rafael Vásquez señala: "Lo que yo busco es un buen brazo, ver cómo corre, cómo le habla a otras personas. ¿Es un buen muchacho? ¿Viene de una buena familia?".

Al preguntarle qué buscaba en un joven, Eddy Toledo responde: "Atletismo y pasión por el juego. Eso es difícil de encontrar en esta época. En el pasado, la gente amaba el juego más que ahora. Los muchachos jugaban al béisbol porque amaban este deporte. Pero ahora su prioridad es ser ricos y famosos, y no juegan porque tengan una pasión en sus corazones".

A medida que las bonificaciones aumentaron, los equipos se hicieron más prudentes. Se limitaron simplemente a pagar lo que recomendara el *scout*. Luego comenzaron a enviar a alguien para observar de cerca al joven y para que decidiera si se ameritaba hacer la inversión. Existe una sensación generalizada de que la cantidad de dinero que se paga está teniendo un impacto negativo en los jugadores.

A Toledo no le gustan las grandes bonificaciones. Hasta 2009 la bonificación más alta que había conseguido fue de $43.000. Toledo comenta: "Si le das $300.000 a un muchacho pobre, será el primer obstáculo en el camino de su desarrollo. Ya no sentirá 'hambre'. Me preocupa bastante que a los muchachos les den mucho dinero, porque dejan de esforzarse".

Pero esto se hizo inevitable a medida que el poder de las Grandes Ligas del béisbol para cambiar una vida dominicana se fue volviendo cada vez más pasmoso. Bonny Castillo, conocido como Manny en Estados Unidos, cuando jugó en las Grandes Ligas a comienzos de los años ochenta, entrenaba jóvenes promesas firmados recientemente para los Rays de Tampa Bay en la República Dominicana. "Cuando yo jugaba, el pago más grande que recibí en un año fue de $15.000. Gano más dinero ahora como entrenador de lo que gané como beisbolista. El salario mínimo era de $35.000 y ahora es de $400.000. Si ganas $400.000, regresas convertido en un hombre rico aunque sólo juegues cuatro o cinco temporadas. Si consigues entrar a las Grandes Ligas, lo habrás logrado," indica.

Un ejemplo de lo que le gusta a Toledo es el fichaje de José Reyes con los Mets. Reyes, que destila amor por el béisbol con su forma de jugar, obtuvo una prima de fichaje de $13.000. "José Reyes es un caso especial", anota Toledo. "Yo lo firmé durante un almuerzo en un restaurante de Santiago con sus familiares y amigos. Cuando se dirigió hacia el estacionamiento, le dije a alguien: "Mira eso. Tiene algo especial que puedes ver. Es como un halo".

Pero Toledo admite que ve halos frecuentemente. Así que trata de ver la facilidad con que se mueve el jugador para saber si es un deportista natural, y analiza la disposición física del muchacho e imagina el aspecto que tendría con la adición de proteínas y el entrenamiento adecuado. Si se trata de un pítcher, Toledo busca brazos largos, manos grandes y hombros anchos. Señala a un joven pítcher alto y delgado que estaba lanzando en el montículo, de brazos y piernas largas. "Tiene un cuerpo perfecto", observó. "Un montón de espacio por llenar". Y entonces grita con gran entusiasmo, "¡Ese chico puede atarse los zapatos de pie!".

Él y muchos otros también buscan agresividad: pítchers y bateadores ofensivos. Eddy Toledo recuerda el momento en que vio a Dwight Gooden, el pítcher superestrella de los Mets cuando era niño: "Me dije: 'Él es Bob Gibson. Lucha, se le nota la agresividad'. Sólo que su cuerpo no ha terminado de formarse".

José Serra, *scout* y supervisor de los Cubs para América Latina, señala: "El secreto de nuestra profesión consiste, ante todo, en formar a un muchacho que quiera ser especial". La espaciosa academia de los Cubs está localizada en un complejo situado a un lado de la carretera de tierra apisonada que hay entre San Pedro y Boca Chica. El complejo alberga academias dotadas con dormitorios, campos de entrenamiento, comedores equipados con personal e instalaciones para otros cuatro equipos de las Grandes Ligas; se está ampliando con la esperanza de atraer a una o a dos escuadras más. A medida que la búsqueda de nuevos talentos se hizo más intensa, el éxito depende menos del secreto y más de los competidores en puja, así como en adaptarse a esta nueva condición. Las organizaciones se están alojando cada vez más en estos grandes complejos para varios equipos, en lugar de ocultarse en pequeños campamentos individuales en zonas alejadas. Este complejo fue construido por ex beisbolistas, incluyendo a Junior Noboa, un dominicano de Azua en el territorio desértico del Suroeste, la zona más pobre de la República Dominicana.

Noboa bateó un solo jonrón en su discreta carrera de ocho años en varios equipos de las Grandes Ligas, y nunca recibió grandes salarios. Sin embargo, sabía que podía comprar una parcela por muy poco dinero en una zona poco desarrollada y agreste, despejarla, construir algunas edificaciones sencillas de concreto, algunos diamantes de béisbol y alquilar el sitio a precios razonables a organizaciones de las Grandes Ligas.

Otros siguieron su ejemplo. En San Pedro, la competencia cada vez se hizo más intensa entre ex jugadores, incluyendo a George Bell, quien ha comprado recientemente parcelas para alquilárselas a organizaciones de las Grandes Ligas. Salomón Torres, un macorisano, es muy recordado por su primera temporada en las Grandes Ligas en 1993, cuando en el último partido entregó tres carreras en igual número de entradas, algo que les costó a los Giants el primer lugar en la división. En San Pedro también es recordado por haber perdido el control de una recta en 2003 y haber golpeado en la cabeza a su coterráneo Sammy Sosa, rompiéndole su casco de bateo. Torres también destinó una parte de sus ingresos en las Grandes Ligas para adecuar un cultivo de caña en las afueras de San Pedro, donde construyó diamantes, dormitorios y oficinas, que alquiló a los Braves de Atlanta y a los Rangers de Texas.

Lo bautizó Baseball Towers, jugando con su apellido.

El complejo tiene un gran portón, un guardia armado, uno de esos hombres somnolientos y omnipresentes con una escopeta destartalada que se ven en tantas puertas de entrada en la República Dominicana. El interior es organizado, las paredes de concreto de color vainilla, con acabados rojos y azules, interiores impecables y pisos de azulejos resplandecientes, todo ello rodeado de jardines esmeradamente cuidados, no muy exu-

berantes, pero con plantas que crecen con facilidad en el trópico. Por supuesto, y como en casi todas las zonas rurales de la
República Dominicana, se ven pollos campesinos correteando
libremente, ya que es una de las comidas preferidas de los dominicanos. El alquiler cuesta $35.000 mensuales, incluyendo la
alimentación y el mantenimiento.

Tiene cuatro diamantes bien cuidados, dos para los Braves
y dos para los Rangers. La academia de los Braves, que se trasladó a Baseball Towers en 2006, cuenta con veinte empleados.
Darío Paulino, coordinador de la academia de los Braves, comenta: "Este es el primer paso en el sistema de los Braves". Es
utilizado como un centro de entrenamiento para América Latina: los nuevos talentos firmados en toda la región son traídos
a San Pedro. Algunas academias envían a los jugadores a una
escuela de idiomas para aprender inglés. Los Braves tienen un
profesor de inglés en la academia. También se enseñan otras
asignaturas para que los jugadores, la mayoría de los cuales han
abandonado la escuela al firmar, puedan concluir su educación
secundaria.

"Los equipos están tratando de concientizarlos de que son
personas inteligentes y capaces de aprender", anota Paulino.
Muchos jugadores no lo logran porque no hablan inglés.

"La mayoría de los jugadores aquí son analfabetos", continúa
Paulino. "Eran demasiado pobres para ir a la escuela, aunque
algunos han estudiado en la universidad.

Si nunca han ido a la escuela, es más fácil enseñarles sobre
el terreno. Están usando un guante, y les dices que en inglés se
dice *glove*".

La primera frase en inglés que aprenden muchos adolescen-

tes de San Pedro es: *"I got it!"* (¡la tengo!), expresión gramatical-
mente dudosa pero muy importante si alguna vez agarras una
pelota elevada en un juego donde se habla inglés, para evitar
chocar con otro jugador.

"Entonces, cuando sentimos que ellos están listos", comple-
menta Paulino, "los enviamos a la escuela". Muchos de los programas de San Pedro utilizan un manual publicado allí, titulado
Inglés para beisbolistas dominicanos. Este libro explica cuestiones
fonéticamente tan importantes como "Du nat drop de bol" (no
dejen caer la pelota), y también términos como el verbo *ejacu-
late,* que significa eyacular, algo que a todos los muchachos se
les recomienda evitar antes de un juego.

Los jugadores jóvenes, incluso los de San Pedro, duermen en
las literas de la academia, ocho en cada habitación. Las habitaciones se mantienen impecables, como si estuvieran listas para
una inspección militar, con los zapatos perfectamente alineados
bajo las literas.

Todas las academias tienen gimnasios con pesas para formar músculos, y entrenadores para orientar a los muchachos.
Gary Aguirre, entrenador en la academia de los Braves, señala:
"Muchos de estos dominicanos tienen una constitución pequeña, debido a los antecedentes culturales y a su nutrición.
Yo trato de que sean más grandes". Los equipos están conside-
rando una variedad de suplementos proteínicos, tales como las
barras energéticas. Aguirre añade: "Tienen dieciséis y diecisiete
años cuando firman, y su metabolismo es muy rápido. Pueden
quemar entre mil quinientas y dos mil quinientas calorías al

día, a veces más". Los muchachos son alimentados tres, cuatro o cinco veces al día, y animados a comer en abundancia. La mayor parte de las calorías ingeridas las consumen durante el ejercicio.

Por lo general, la academia de los Braves en San Pedro alberga entre cuarenta y cincuenta y cinco jóvenes prospectos que ya han firmado. Entre ellos están algunos de otros países latinoamericanos, pero tal como sucede en la mayoría de las academias, unos pocos jóvenes norteamericanos son enviados allí para obtener un poco de práctica adicional.

Todo se desarrolla de manera armónica. La firma definitiva es el 2 de julio. La Liga Dominicana de Verano va hasta mediados de septiembre, luego comienza la Liga de Instrucción en octubre y se prolongaba hasta el 12 de diciembre, cuando los jugadores son enviados a los equipos del sistema de granjas en Estados Unidos o puestos en libertad y enviados a casa. De los cuarenta y cinco o cincuenta jóvenes talentos que hay en la academia de los Braves, unos treinta y cinco son enviados a Estados Unidos.

Los jóvenes aprenden béisbol jugando. José Martínez, un cubano que jugó y fue entrenador de las Grandes Ligas, ahora trabaja como asistente especial del gerente general de los Braves. "Tienes que hacer que estos chicos jueguen hasta que los hayas descifrado", dice.

A veces una organización ficha a tantos jugadores que tiene que crear dos equipos. En 2006 los Braves tenían dos para la Liga de Verano. José Tartabull, administrador de la Liga de instrucción, aclara que es "para los muchachos que necesitan más swing o tienen problemas de desarrollo por resolver". Tartabull, un cubano que jugó en las Grandes Ligas en 1960, era famoso en Boston por haber ponchado al jardinero Ken Berry de los White Sox de Chicago, consiguiendo el banderín de la liga estadounidense para los Red Sox en 1967.

Tartabull cree que los jugadores latinos tienen unas condiciones mucho más fáciles en las Grandes Ligas de las que había en su época porque el sistema de la academia los ha integrado lentamente en el béisbol a medida que han venido ascendiendo: "Antes, todos creían que estabas tratando de quitarles su trabajo. Hoy los jugadores ayudan a los chicos nuevos. En ese entonces no querían ni hablar contigo".

Incluso ahora, a veces sigue sucediendo. Nadie que esté en los momentos finales de su distinguida carrera, se alegra al ver a un chico de otra nacionalidad que ha sido traído para ser su reemplazo. En un ejemplo clásico, la superestrella de los Orioles de Baltimore, el campo corto Cal Ripken, Jr., fue trasladado a la tercera base para que el joven Manny Alexander pudiera jugar en su posición. Alexander se quejó posteriormente de que Ripken no quería hablar con él. Ripken, que era mayor, enorme e imponente, simplemente miraba a Manny con sus glaciales ojos grises.

Pero los dominicanos son cada vez más aceptados. Las cosas han cambiado mucho en unas pocas décadas. Los dominicanos ya van a la Liga de Novato de Estados Unidos hablando algo de inglés y entrenados en los fundamentos del juego. Jugadores mayores como Rogelio Candalario, hijo de un fabricante de azúcar en Consuelo, recuerda la escasa instrucción que recibió en el béisbol: "No era como ahora. No había ninguna organización. Yo mismo me entrené. Estábamos acostumbrados a ver los juegos de las Grandes Ligas en la televisión y tratábamos de replicar lo que ellos hacían".

Los Angels también tienen su academia en San Pedro, en el lado oriental de la ciudad, en la fértil tierra ocre de los cañaverales que se extienden hasta La Romana. Arriba del camino de tierra, donde la exuberante vegetación tropical es desbrozada con machetes, se encuentra el complejo espacioso y cercado, con dos grandes diamantes y ningún guardia, algo sorprendente en un país donde en casi todas partes encuentras un guardia armado.

La instalación es propiedad de la Universidad Central del Este en San Pedro. Los Angels la habían venido utilizando esporádicamente desde 1992, pero a tiempo completo desde 1998. Es una instalación más antigua y más deteriorada que las Baseball Towers, con un comedor más pequeño, una gran dormitorio con literas, pisos de azulejos desgastados y sin jardines alrededor del diamante; simplemente ofrecen un exigente programa de béisbol. Toscamente construida, con pintura roja descascarada en los postigos, sin aire acondicionado, no da la sensación familiar de la academia de los Braves. Lo que prima aquí es un sentido casi militar del orden y el aseo. Las Grandes Ligas de béisbol, que regulan las condiciones de las academias, no exigen lujos como el aire acondicionado. Aarón Rodríguez, quien supervisa las academias de las Grandes Ligas, declara que su mayor preocupación es que no haya ningún peligro, como por ejemplo, agujeros en los jardines, y que las cocinas estén limpias y proporcionen alimentos nutritivos.

Los Angels tienen seis *scouts* en la República Dominicana.

Cuando encuentran a alguien que quieren fichar, llaman a Charlie Romero, un negro delgado y atlético de La Romana que coordina el programa de la academia de los Angels en San Pedro. Romero va donde está el muchacho y lo observa antes de echarlo. Usualmente firma entre quince y veinte jugadores por año.

En la academia de los Angels, se comienza a las ocho de la mañana organizando juegos de pelota. En la tarde se trabaja en los fundamentos, tales como el fildeo de bolas rastreras y las carreras de bases. Se sirven tres comidas al día y dos meriendas. Especialmente comida dominicana —arroz, frijoles, pollo—, pero se considera parte de su educación introducir poco a poco unos cuantos alimentos estadounidenses, tales como hamburguesas en el almuerzo y panqueques en el desayuno. Romero declara: "La mayoría de nuestros muchachos van a Estados Unidos, y cuando regresan —triunfantes— han ganado unas veinte libras de peso. Esto gracias al entrenamiento y la nutrición.

El inglés se enseña cinco días a la semana en la academia de los Angels, y dos veces a la semana los chicos tienen que jugar partidos enteros durante los cuales todos los elementos del campo tienen que ser nombrados en inglés. "Tenemos que enseñarles inglés, a abrir una cuenta bancaria y los fundamentos del béisbol", comenta Romero. Algunos son enviados rápidamente a los equipos del sistema de granjas en Estados Unidos. Los demás son entrenados pacientemente allí, a un lado de los cañaverales, a veces durante cuatro años.

"Algunos muchachos —puedes notarlo tan pronto entran al diamante— no han jugado ni veinte partidos en su vida", sentencia Julio García, el coordinador de campo en América Latina para los Cubs. Él le atribuye esto a los buscones. "Ellos encuentran un chico con buena complexión y le dicen: '¿Quieres ser un jugador de las Grandes Ligas de béisbol?' Les enseñan los fundamentos del lanzamiento y del bateo, les consiguen un contrato y reciben entre veinticinco y treinta por ciento de la bonificación por fichaje. Mi trabajo se hace más difícil porque no tienen experiencia en el juego".

Ese era precisamente el objetivo principal de la academia: que adquirieran experiencia jugando. Pero también trabajan en el desarrollo de habilidades específicas, especialmente con los pítchers. La organización de los Braves fue la primera en destacar el pitcheo, pero ahora la mayoría de las franquicias lo hacen. José Serra, de los Cubs, señala: "El béisbol consiste en el lanzamiento. Y los Braves comprendieron eso hace mucho tiempo". Pero a los jóvenes pítchers de la academia de los Cubs rara vez les permiten más de cincuenta lanzamientos.

Un pítcher joven se puede echar a perder con facilidad, por lo cual no los animan a lanzar muchas bolas quebradas, las cuales pueden lesionar un brazo joven. José Martínez, de los Braves, indica: "La mayoría de las veces, se les pide a los pítchers lanzar rectas únicamente, lo cual aumenta la fuerza sin tensionar los ligamentos, como sí lo hacen otros lanzamientos".

Un tercio o más de los jugadores firmados por los Cubs son pítchers. Julio García, cubano, fumador de puros y de carácter afable siempre y cuando no le hablen de política cubana, dice: "Nosotros firmamos pítchers porque los brazos aquí son increíbles. Mi jefe vino y, después de observar los entrenamientos, me dijo que tardaría varios meses en ver tantos brazos buenos en Estados Unidos".

Casi siempre se le enseña a lanzar rectas y bolas con cambios de velocidad; éste último es un lanzamiento difícil de dominar.

Se parece a una recta, pero la velocidad se reduce. Si la entrega es lenta, el bateador verá que es un lanzamiento lento y la enviará lejos.

El movimiento y la velocidad del brazo deben ser idénticos a los del pítcher que lanza una recta. Una bola recta debe agarrarse a través de las costuras con un espacio entre la bola y la palma de la mano, lo que hace que la muñeca la lance más rápidamente al momento de soltarla. Un cambio de velocidad es el mismo lanzamiento pero con la pelota bien ajustada a la mano, lo cual no causa movimiento de la muñeca en la liberación, pero sí un efecto de retroceso en la pelota que la hace más lenta. Anteriormente se le llamaba una bola de palma. Si una academia logra conseguir a un pítcher joven con una recta dura y le enseña un cambio de velocidad verdaderamente engañoso, puede convertirse en un pítcher temible. Pero esto no es suficiente del todo. García explica: "De vez en cuando los dejamos lanzar bolas quebradas. Son exigentes para el brazo, pero es un balance delicado, porque para dominarlas bien tienes que lanzarlas muchas veces".

A un lado de la carretera de Consuelo hay un complejo con una puerta custodiada por un guardia armado. Adentro funciona una de las mejores academias. Fundada en 1991 en San Pedro, es el único campo de japoneses en la República Dominicana, la Academia de Béisbol Hiroshima Carp.

Había varios inconvenientes para que un joven dominicano firmara con un club japonés. Al preguntarle cómo son las bonificaciones japonesas, Yasushi Kake, director general adjunto, un japonés de voz ronca y pelo encanecido, responde: "No puedo decírselo. Es un secreto". Luego se llevó la mano a la boca con malicia y fingió murmurar: "Muy barato", y se rió.

Hay algunas ventajas con el sistema japonés; y el dinero no es una de ellas. El mayor salario japonés es de $200.000 —minúsculo para el nivel de las Grandes Ligas, pero mejor que el de las Ligas Menores— y cuando un jugador firma con un equipo japonés, sus chances de llegar a la cima son mucho mejores. Sólo existe un nivel de Ligas Menores entre la firma y los equipos de las Grandes Ligas. Y los japoneses liberan a muy pocos jugadores una vez que han firmado con ellos.

Sin embargo, tienen muchas restricciones para el ingreso de jugadores extranjeros. Sólo se autorizan seis por equipo, y únicamente hay doce equipos. Usualmente hay unos veinticinco extranjeros jugando en el béisbol japonés, lo que puede llegar a ser un trampolín hacia las Grandes Ligas de Estados Unidos. Alfonso Soriano, de diecisiete años de edad, y a falta de buenas ofertas de los norteamericanos, firmó con los Hiroshima Carp y tuvo un buen desempeño. No hubiera podido llegar a las Grandes Ligas de no ser por Gordon Blakely, vicepresidente de los Yankees, quien se enteró de que el pítcher Francisco Delacruz iba a ser liberado por los japoneses. Fue a verlo jugar, pero también notó al campo corto dominicano.

Esta podría haber sido una historia tentadora para otros jóvenes macorisanos que pensaran ingresar en la academia japonesa, excepto por el hecho de que, cuando los Yankees lo descubrieron en Japón, Soriano descubrió que era extremadamente difícil rescindir su contrato japonés y tuvo que renunciar oficialmente al béisbol profesional para poder quedar a disposición de los Yankees.

Los japoneses no quieren ser un escalón hacia las Grandes

Ligas de Estados Unidos. Kake señala: "Los jugadores nos dejan para irse a las Grandes Ligas por el dinero, pero especialmente por el prestigio. Es un gran problema". Sin embargo, los japoneses en busca de talentos dominicanos firman un promedio de cinco a seis jugadores al año.

Cuando se le pregunta a Charlie Romero por qué San Pedro produce tantos beisbolistas, él sonríe y responde después de suspirar: "Todo el tiempo me hago esa pregunta. Se han realizado estudios sobre el tema. Nadie puede llegar a una verdadera conclusión. Es como Brasil, donde siempre ves a los niños pateando un balón. Aquí los niños siempre están lanzando, atrapando o bateando".

Pero la respuesta la puede ofrecer la propia historia de Romero. Se crió en un batey no muy lejos de la academia de los Angels, una aldea de trabajadores del azúcar empleados en una fábrica de propiedad del gigante estadounidense Gulf &Western. Su padre era un cortero oriundo de Antigua. "Yo era pobre", recalca Romero, "pero realmente disfruté mi infancia. Tuve un padre responsable que se aseguraba de que todos los días tuviéramos comida en la mesa. La mayoría de los niños que crecen en un batey comienzan a trabajar a una edad muy temprana. Desde los diez años, después de la escuela y durante los descansos escolares, los niños trabajan en los campos para ganar un poco de dinero. Cortan y siembran caña. Hay que sembrar cada planta individualmente; una hilera va desde aquí hasta la pared (dijo esto señalando a unos 350 pies de distancia, hasta el final del jardín del diamante). A comienzos de los años ochenta pagaban veinticinco centavos por hilera. El trabajo en los cañaverales es uno de los peores que existen. Sólo ganas dinero suficiente para sobrevivir; no puedes ahorrar dinero para irte de vacaciones a Hawai. Pero nosotros sólo conocíamos eso".

Dos cosas lo condujeron a una vida mejor. Su padre insistió en que sus cuatro hijos terminaran la escuela secundaria. Romero lo hizo bien, se adelantó un año y se graduó a los dieciséis. Comenzó a correr. Era rápido; corría la línea de 100 yardas y el cuarto de milla.

Cuando Romero tenía diecisiete años, Epy Guerrero lo vio correr y le preguntó si quería jugar al béisbol. Al septiembre siguiente fue firmado por los Blue Jays. Recibió entrenamiento en los fundamentos del juego, aunque básicamente siguió siendo un jugador de una sola herramienta: un gran corredor de bases. Cuando estaba en las Ligas Menores se rompió un ligamento de la rodilla y nunca pudo llegar a las Grandes Ligas.

"La mayoría de los muchachos dominicanos que han llegado a las Grandes Ligas vienen de los bateyes. Ellos trabajan muy duro. No quieres regresar al lugar de donde veniste, así que te esfuerzas un poco más", subrayó Romero.

CAPÍTULO DIEZ

Tres familias de tres hermanos

Las dificultades de un pítcher

Al igual que la mayoría de los dominicanos, los policías de este país reciben bajos salarios y padecen hambre. Complementan sus escasos ingresos deteniendo autos de vez en cuando, para solicitar una propina con voz suave y dulce, o imponiendo una multa, dependiendo del método que consideren más conveniente para persuadir al conductor. ¿Quién puede negar que los policías dominicanos sean corruptos? Sin embargo, casi siempre quedan satisfechos con unos cuantos pesos.

Una tarde, la policía de San Pedro detuvo un Montero Mitsubishi negro y reluciente. Fue una equivocación. Debían ser policías de otra ciudad, pues aunque los vidrios eran ahumados y no se podía ver quién estaba adentro, todos en San Pedro saben que estos vehículos son los preferidos de los peloteros, especialmente de los que han jugado en las Grandes

Ligas. El conductor bajó la ventanilla, un policía comenzó a hablarle y uno de los pasajeros le preguntó: "¿No sabes quién es?".

El policía se detuvo confundido, y el conductor, un hombre grande y musculoso con una voz profunda, dijo: "Soy José Canó".

Los policías seguían confundidos, y el pasajero les aclaró: "Es el padre de Robinson Canó".

"¡Robinson Canó!". Los dos policías lo saludaron con cortesía y como sucede con frecuencia en este país, cambiaron rápidamente de tema y empezaron a hablar de béisbol.

Para ser alguien en la República Dominicana, realmente no hay que ser importante, simplemente hay que tener a alguien en la familia que lo sea. Una de las ventajas de ser una persona reconocida es que la policía te deja tranquilo.

José Canó, hombre de gran talento y mucha determinación, había luchado con tenacidad y había recorrido un camino muy largo. Pero en realidad fue su hijo Robinson quien lo convirtió en alguien. Sin embargo, esta era una condición que él se había ganado por sus propios medios.

Canó era de Boca del Soco, en la desembocadura de ese río. Entre los numerosos ríos de San Pedro, el Soco es uno de los pocos que no son afluentes del Higuamo y su desembocadura está al otro extremo de San Pedro. Es un ancho y hermoso río tropical de aguas de color pardo con tintes oscuros, que va dibujando graciosas curvas en las orillas cubiertas de espesa vegetación. A diferencia del Higuamo, se ven muy pocas construcciones en las márgenes selváticas: observar los alrededores del estuario evoca el viaje de Conrad en *El corazón de las tinieblas*. Pero en realidad, el Soco desciende desde el corazón del azúcar, de los cultivos de caña y las haciendas ganaderas situadas en el centro de la isla.

Para cruzar el Soco y llegar hasta la pequeña localidad de pescadores que está en la orilla opuesta, los macorisanos tienen que cruzar uno de esos estrechos puentes metálicos de dos carriles que el Cuerpo de Ingenieros del Ejército de Estados Unidos ensambla de la noche a la mañana.

Los vendedores se alinean al borde de la carretera ofreciendo pequeños pescados de piel negra y carne blanca, capturados en las aguas salobres de los canales. Pero más que eso, ofrecen cangrejos de tierra muy feos, de ojos saltones y caparazón negra en forma de caja. Los venden por docenas.

Al otro lado del río hay una serie de cobertizos y casas destartaladas en torno a un campo de cricket grande y cuadrado. Es un barrio cocolo donde también residen un buen número de haitianos. Había sido un barrio de pescadores y cazadores de cangrejos incluso antes de que llegaran los cocolos y los haitianos.

Andrés Paredes, de veintiséis años, ha estado dedicado a la pesca desde el año 2000, aunque pertenece a la tercera generación de una familia dedicada a capturar cangrejos en la Boca del Soco. Cada año aumentaba la demanda de cangrejos, y creyó que esto incrementaría sus ingresos. Pero lo que sucedió fue que cada vez un mayor número de personas necesitadas llegaban al Soco para capturar cangrejos y venderlos en la carretera. Ahora había más demanda, pero menos cangrejos. Lo mismo aplica para los peces del Soco: como más clientes querían comprarlos, los precios se elevaron de tal modo que hubo más personas dedicadas a pescarlos, agotando así los bancos de peces.

Los cangrejos excavan la tierra en línea recta a casi un pie de profundidad y luego giran en ángulo recto. Los cazadores de cangrejos buscan los agujeros y cavan uno al lado con la ayuda de un machete. Si lo hacen bien, el cangrejo se encontrará en un túnel con dos salidas. A veces, el cazador simplemente se agacha y agarra al cangrejo. O puede punzarlo con un gancho para atraparlo. Si el cangrejo huye, saldrá por el otro agujero y de todos modos el cazador podrá atraparlo. Durante la temporada seca hay un cangrejo por cada agujero, pero en la lluviosa se encuentran tres o cuatro en un mismo hoyo. Hay varias teorías al respecto. Una teoría popular e inverosímil de los dominicanos —que por lo general prefieren lo inverosímil— es que los cangrejos se apiñan durante la temporada de lluvias por miedo a las tormentas eléctricas.

Un buen cazador de cangrejos suele atrapar cinco o seis docenas en un día en la aldea de Soco. Pero luego vinieron muchos otros cazadores de cangrejos y entonces tuvieron que recorrer grandes distancias a través del terreno agreste y montañoso para encontrarlos.

Los habitantes de Soco comen cangrejos, a menudo con coco. Cocinar con coco es otra variante cocolo que se ha vuelto típica de San Pedro. Exprimir la leche del coco todavía es una práctica común en San Pedro; pocos estadounidenses tendrían la paciencia para hacerlo. Esta es la receta de Raquel Esteban Bastardo, quien estuvo casada con un primo de José Canó:

Ralle el coco y exprima la leche hasta que extraiga todo el líquido.

Agregue ajo, ajíes grandes y pequeños (pimientos largos tipo chartreuse que no son muy picantes) y orégano molido. Mezcle la leche de coco con los ingredientes y un poco de aceite y vinagre. Lave el cangrejo en agua limpia y retírele la carne. Agréguelo a la mezcla de leche de coco, añada 3 cucharadas de salsa de chile Maggi, y deje hervir 15 ó 20 minutos, cuidando que la carne no se deshaga. (Nestlé elabora una serie de salsas Maggi que son muy populares en América Latina, incluyendo la salsa de chile de esta receta).

Los Canó eran pescadores, la única alternativa posible a la caza de cangrejos que había en Soco. Los pescadores viven en la Boca del Soco, en la margen oriental del río. El padre de José lo levantaba todos los días a las dos de la mañana, y remaban en su canoa de madera hasta el río. Cada uno permanecía de pie en un extremo del bote, sosteniendo una red. La arrastraban mientras remaban, lo cual requiere una tremenda habilidad, pues los remeros deben conservar una velocidad constante mientras mantienen la red extendida detrás del bote. A mediodía regresaban y vendían todo lo que habían pescado. En ciertos días no pescaban ni un solo pez tras diez horas de pesca.

Un día excepcional en un bote similar podía arrojar una pesca de unas 100 libras de pescado, que hoy equivaldrían a unos $125, un lucrativo cheque de pago en San Pedro. Pero eso rara vez ocurría. Lo más probable era ganar la mitad de esto. Cada vez hay menos peces cerca de la costa. La mayoría de los lugareños lo atribuyen al exceso de pescadores. Los estudios sobre el cambio climático en Norteamérica han demostrado que las especies del norte se están desplazando hacia el Ártico, las especies subtropicales hacia las zonas templadas, y las especies tropicales hacia las zonas subtropicales.

¿Qué quedará entonces en las aguas tropicales? Hoy en día, para obtener una buena pesca, los pescadores tienen que montar motores de 15 caballos de fuerza en sus botes y navegar siete horas mar adentro. Se quedan cinco días allí, en la calma del Mar Caribe, a fin de pescar lo suficiente para compensar el costo de la gasolina y el hielo.

Cuando hace buen tiempo, Soco parece desierta, una localidad apacible de mujeres y niños, porque todos los hombres están pescando. Es un poblado de calles sin pavimentar y pequeñas casas de madera, algunas de las cuales parecen estar hechas de retazos. Otras casas, como una vivienda pequeña y bonita ubicada en una esquina, recién pintada de un azul brillante, son más sólidas. Esa fue la casa de la madre de Canó, y como saben todos en el pueblo, los Canó tienen dinero. Pero no siempre fue así.

José recuerda a su padre como un buen receptor que, sin embargo, nunca jugó en el béisbol profesional. Su vida habría sido diferente si lo hubiera hecho, pues tuvo que luchar mucho para sostener a sus catorce hijos con el producto de la pesca.

De los catorce, tres intentaron entrar al béisbol. Charlie Canó fue un campo corto que firmó con los Dodgers, pero nunca pasó de las Ligas Menores. Otro hermano, David, nunca firmó. Luego siguió José.

Comenzó a jugar en las calles de tierra de Soco a los cinco años. La suya es una típica historia macorisana. Él y sus compañeros de equipo hacían pelotas con calcetines, palos para espantar los murciélagos a modo de bates y no usaban guantes en absoluto, pero los calcetines no protegen mucho las manos.

Tampoco tenían diamante. Cuando un coche se acercaba tenían que parar el juego, pero en Soco esto no sucede con frecuencia.

Eso ocurría en San Pedro, donde había *scouts* por todas partes, y fue así como un buen día, un *scout* de la Florida vio jugar a José como campo corto y le dijo: "¿Te gustaría ser un pelotero de las Grandes Ligas?" En ese momento su vida cambió, aunque no todo salió como él lo había imaginado.

Firmó un contrato con los Yankees un poco tarde, a los dieciocho años, con una bonificación de $2.000. Dos años antes le habrían dado el doble. Pero esta bonificación estaba bien para él, porque corría el año 1980 y en ese entonces los peloteros no esperaban grandes bonificaciones; lo importante era que él había salvado el primer obstáculo en su carrera hacia las Grandes Ligas. Aún no había recibido alimentación y entrenamiento en Estados Unidos, y a pesar de que era alto, sólo pesaba 145 libras.

El *scout* quedó impresionado con la potencia de su lanzamiento y lo firmó como pítcher, calculando que en Estados Unidos podría aumentar su talla y la fuerza de su brazo.

Pronto, José llegó a Bradenton, Florida, con $2.000 en el bolsillo, más rico y más lejos de casa de lo que había estado nunca. Se fue a un centro comercial y compró pequeños regalos para sus padres y sus trece hermanos, hasta gastar todo el dinero de la bonificación.

Podía decir tres cosas en inglés: "Sí", "Gracias", y "Lo logré", recuerda José. "Íbamos al restaurante y señalábamos algo en el menú, no sabíamos cómo se decía y tampoco si nos gustaría cuando lo probáramos. Nos encantaron las Big Macs y sobre todo las Whoppers con queso. Amábamos las Whoppers. Sólo sabíamos ordenar Whoppers en McDonald's y Big Macs en Burger King: siempre nos equivocábamos. Luego aprendimos cómo llamar a Domino's y pedir una pizza, pero sólo sabíamos pedir de un solo tipo, 'Pepperoni con doble queso.' Así que siempre comíamos lo mismo".

José no se llevaba bien con el director de su equipo en la granja, un cubano de corta estatura que, según José, "Trataba a los dominicanos como si fuéramos mierda. Me agarraba del cuello cuando hacía algo mal y me gritaba: '¿Sabes lo que estás haciendo?'. Tuve que quejarme con el *scout* que me firmó".

Después de un mes José fue liberado. Y ese fue el final. Su carrera terminó a los dieciocho años, apenas unas semanas después de haber comenzado. "Nunca se me dio una oportunidad", señala. "Yo no sabía que podías ser liberado tan rápidamente. Me puse a llorar. Lo único que me dijeron fue 'Vamos a dejarte libre'. Sin explicaciones. Solamente me dieron un boleto para volver a mi país".

El día en que fue puesto en libertad, su equipo iba a jugar en otro lugar, de modo que todos sus compañeros estaban en el autobús. Tuvo que ir hasta el autobús y decirle adiós a sus compañeros de equipo. Algunos de ellos le dijeron que ese no era el final de su carrera, porque era joven y tenía un buen brazo de lanzamiento. Sin embargo, José sabía que las organizaciones se mostraban cautelosas con los jugadores que habían sido puestos en libertad.

De vuelta en Soco, su padre le dijo: "No te preocupes. Vamos a trabajar". Su padre era pescador y sabía lo que era trabajar duro. A la mañana siguiente despertó a José a las cinco, que no era precisamente temprano para un pescador. Subieron a su motoneta y recorrieron unas pocas millas. Y ahí le dijo a

José que se bajara y empezara a correr hacia la casa. Su padre lo siguió en la moto. De esta manera, todos los días antes del desayuno, José corría dos millas o más en la oscuridad, cuando el clima todavía estaba fresco como para correr.

Su padre, que había sido receptor, podía trabajar con él en sus lanzamientos, cosa que hacían tres días a la semana. Cuatro meses más tarde fue firmado por los Braves de Atlanta, y a los diecinueve años fue pítcher para un equipo de Clase A en Anderson, Carolina del Sur.

Ahora era un jugador de béisbol alimentado como un estadounidense, ya no era un muchacho delgado de 145 libras, sino un hombre corpulento de 6 pies y 3 pulgadas de alto y un lanzamiento tremendo, con una buena bola quebrada y un buen cambio de velocidad. Durante los dos años siguientes que lanzó en el sistema de la granja, todo el tiempo resistió un constante dolor en su brazo derecho. Nadie sabría el dolor que sentía. Canó simplemente lo soportaba en silencio: no se quejaría, arriesgándose a ser liberado de nuevo. No podía contar con ser elegido una tercera vez.

Finalmente, cuando no pudo soportar más el dolor, habló con la dirección y lo enviaron a un médico. Pero el médico no encontró ningún problema y le recomendó un descanso de tres semanas. Fue liberado y regresó a la República Dominicana.

Pero él no dejaría que su historia terminara allí. Jugó en 1985 en la Liga Dominicana Invernal con los Azucareros de La Romana y no sintió molestias en el brazo. Empezó a preguntarse por qué se resintió en Estados Unidos, si lanzaba tan bien cuando estaba en su país. Pitcheó de tal forma que los Astros de Houston le ofrecieron un contrato, pero sin bonificación por firmar: estaba claro que era una propiedad riesgosa. Canó no tenía nada que objetar; sólo quería jugar y conseguir su oportunidad en las Grandes Ligas. Se estaba haciendo mayor y la cuestión ya no era de dinero. Tenía que ser capaz de llegar a ser un miembro del club, un jugador de béisbol de las Grandes Ligas.

Lanzó bien en la temporada de 1987, pero no le contó a nadie sobre la incomodidad que sentía en su brazo. Fue enviado a la liga estatal de Florida, donde ganó veinticinco juegos y perdió tres, un récord fenomenal. Lanzaba rectas de 97 millas por hora. Allí se habló de la posibilidad de llevarlo a las Grandes Ligas. Lo logró en 1988, con los Astros de Houston; por fin era un jugador de las Mayores. Pero se descubrió que necesitaba una cirugía de hombro, y no lanzó esa temporada.

Por fin, el 28 de agosto de 1989, a la edad de veintisiete años, José Canó lanzó en su primer juego de las Grandes Ligas. Este era el momento de mostrarle al mundo todo su talento. Lanzó tan bien frente a los Cubs de Chicago que fue titular durante todo el juego, el cual ganó. Los juegos completos se habían convertido en una rareza. Los equipos de las Grandes Ligas tienen en sus plantillas baterías de relevistas intermedios, taponeros y cerradores. Un pítcher que llega a la séptima entrada puede darse por bien servido. Nueve entradas son demasiado duras para el brazo de un pítcher, y especialmente de un pítcher tan potente como Canó. Pero él lo logró. Si hubiera tenido veintiún años y no veintisiete, podría haber sido el comienzo de una carrera prometedora.

Abrió el siguiente partido y lo perdió. Fue utilizado algunas veces como relevista. Jugó seis partidos más con un récord de victoria/derrota de 1 y 1. Y entonces, su carrera terminó. Al año siguiente se lesionó la espalda; la dirección lo observó en los entrenamientos de primavera y decidió liberarlo.

Canó empezó a jugar para los Azucareros en la Liga Invernal y con la Liga Mexicana en el otoño. Jugó durante unos años en Taiwan, pero nunca volvió a Estados Unidos. Fue prudente con el dinero que ganó en el béisbol. Se compró una casa y un edificio para asegurar sus ingresos.

Tuvo cuatro hijos, dos hijos y dos hijas. Sus hijas estudiaron en la universidad, pero él tenía otros planes para los chicos. Bautizó a sus dos varones con nombres de beisbolistas de las Grandes Ligas: su primer hijo en honor a Jackie Robinson y el segundo en honor a sí mismo. Desde temprana edad les enseñó a jugar al béisbol. José piensa que se comporta como cualquier padre de familia macorisano. "Todo padre mira las Grandes Ligas y dice: 'Mi hijo podría ser uno de ellos' ", señala. "Los niños juegan veinticuatro horas al día. Los niños de aquí se levantan por la mañana y trabajan, y si tienen tiempo libre juegan al béisbol, y en la televisión no ven dibujos animados, sino partidos de béisbol".

Cuando Robinson era niño, José lo llevaba al parque a jugar al béisbol y los transeúntes decían: "¡Mira a ese niño! Llegará a las Grandes Ligas". Pero los macorisanos siempre están al acecho de los próximos beisbolistas que lleguen a estas ligas.

José quería que su hijo mayor fuera un pítcher, pero después de haber sido testigo de cómo había luchado su padre —del dolor constante, su brazo y hombro vendados o metidos en hielo—, Robinson no quería intentarlo. Cuando tenía dieciséis años, José se dio cuenta que era un bateador zurdo natural, demasiado buen bateador para ser un pítcher. En la Liga Americana, los pítchers ni siquiera batean, e incluso en la Liga Nacional sólo juegan cada cuatro o cinco partidos; los pítchers de relevo sólo juegan unas pocas entradas.

Robinson terminó la escuela secundaria y, al igual que su padre, firmó con los Yankees cuando tenía dieciocho años. Pero veintiún años más tarde el juego ya no era el mismo. En lugar de $2.000 para gastar en un centro comercial, Robinson firmó por $150.000, una suma que para ese entonces, aunque ligeramente mejor que el promedio, no se consideraba como una gran bonificación. La puja no fue competitiva. No había mucho interés en él porque no corría bien.

Llamó a su padre a las once de la noche para contarle que estaba firmando y cuál era el monto de la bonificación. Robinson le dijo: "No te preocupes por el dinero. Voy a ganar mucho. Voy a ser un grandeliga".

La familia ya tenía una casa, por lo que Robinson se compró un coche y guardó el resto del dinero. No tan alto como su padre, también era un muchacho flaco hasta que fue a Estados Unidos, donde pudo moldear su cuerpo, y su bateo suave adquirió más potencia. Jugó su primer partido en el Yankee Stadium en 2005 y de inmediato se convirtió en una estrella del bateo, bateando más de .300. No era un campo corto que bateara jonrones constantemente; sin embargo, en sus tres primeros años conectó más de sesenta (en su única temporada, su padre conectó dos, algo respetable para un pítcher). Robinson era un bateador consistente que llegaba a las bases e impulsaba carreras. En 2008 impulsó la carrera del último tanto que se anotó en el histórico Yankee Stadium antes de ser demolido. Su predicción sobre el dinero se hizo realidad: sólo en 2008 obtuvo $3 millones, una suma mucho menor a la que ganaron algunos de sus compañeros de equipo, pero toda una montaña de dinero en San Pedro. Es probable que amase toda una fortuna cuando termine su carrera en las Grandes Ligas. Pero en cierto modo, Robinson continúa siendo un niño de San Pedro, llevando una vida apacible en Fort Lee, Nueva Jersey, alejado de la vida de celebridades de Manhattan que llevaban algunos de sus compañeros de equipo.

Robinson es un jugador emocional, propenso a tener recaídas en el bateo y a comenzar las temporadas con lentitud. Seguramente se habría sentido muy aislado una generación atrás. Charlie Romero recuerda: "El correo no funciona aquí. Cuando yo jugaba béisbol, mis padres no sabían cómo iba la temporada hasta que yo regresaba a casa en el otoño. Sientes nostalgia durante el primer año o algo así. Cuando tienes un mal día o un mal partido, quieres escuchar a tu madre diciéndote que todo está bien. Ahora todos tienen teléfonos celulares".

No es la voz de su madre lo que Robinson Canó oye después de un mal juego, y no siempre le dice que todo está bien. Después de un juego, Robinson llama al teléfono celular de su padre.

"¿Cómo te fue?", le preguntó José.

"Uno de cada cuatro", respondió Robinson; es decir, un *hit* en cuatro turnos al bate.

"Eso no es lo suficientemente bueno", replicó José. "Si puedes pegarle una vez, deberías poder hacerlo al menos dos; no cuatro veces, pero al menos dos. El pítcher va a pensar que tú no esperas el mismo lanzamiento, porque ya lo bateaste. Así que lo hará de nuevo para engañarte". Es una ventaja que un bateador tenga un padre que haya sido pítcher.

Joselito, el segundo hijo de José, es otro dominicano delgado *ad portas* de ser alimentado en Estados Unidos. Esta vez José está decidido a producir un pítcher.

Joselito dio muestras tempranas de potencia en su brazo, dominando bolas quebradas desde muy joven. Y era zurdo. Pero, al igual que su hermano, Joselito había visto sufrir a su padre y no quería ser un pítcher. No había cumplido quince años de edad cuando este muchacho larguirucho mostró talento para fildear, un brazo poderoso para lanzar y esa clase de bateo fluido que no se puede enseñar. Además, podía batear desde cualquier lado del plato: era un bateador ambidiestro natural.

José tiene varios negocios en San Pedro, incluyendo un pequeño club, el Club Las Caobas, llamado así por una calle sin pavimentar que había al lado del campo donde jugaba el equipo de softbol Porvenir. Las Caobas es un espacio grande, sin cercas, al aire libre, con un bar y una pista de baile, un lugar animado para ir en las noches, jugar dominó, beber y bailar. En la pared del fondo, presidiendo el club, hay un mural de Robinson Canó al bate —donde se ve más grande que en la realidad— durante unos entrenamientos de primavera en Tampa.

José también es un buscón. Dirige la Academia de Béisbol José Canó, que abre sus puertas cada mañana antes de la escuela. Desde su fundación en 1999 hasta el año 2008, veinte jugadores de la academia han sido firmados. Canó invierte $1.500 mensuales en el mantenimiento de su academia situada en un viejo campo de pelota de Barrio México, cerca del Estadio Tetelo Vargas. A lo largo de la pared de los jardines, pueden verse las dos chimeneas del ingenio Cristóbal Colón en la distancia.

José va con frecuencia a Nueva York a visitar a su hijo y a recoger pelotas y equipos desechados por los Yankees. No sólo entrena personalmente a sus jugadores, sino que también los alecciona. Una de las cosas que les dice es: "Si tienes cinco pesos para comprar algo, asegúrate de que sea comida".

"Salami", sugiere uno de los jugadores jóvenes.

"El salami no es comida. Y tampoco los pasteles", responde.

Entre los talentos más prometedores de esta academia figura Joselito Canó, por su capacidad de juego, así como por sus inmejorables antecedentes familiares. A las Grandes Ligas del béisbol les atrae la idea de las familias beisbolísticas dominicanas, algo que comenzó muy temprano y de la mejor forma con los hermanos Alou. Los Canó se han convertido en una familia de San Pedro que finalmente lo ha conseguido.

Tres oportunidades como campo corto

A un lado del Ingenio Porvenir hay un barrio con casas de una sola planta y calles sin pavimentar. El lugar remite a los bateyes, y a lo que fue anteriormente, aunque ya no está rodeado de cañaverales y sólo tiene viviendas. Sin embargo, era allí donde vivían los trabajadores del azúcar que laboraban durante largas horas en el interior del ingenio, para estar cerca de su lugar de trabajo. La mayoría de los residentes son cocolos y todavía hablan la mezcla de español e inglés de las Antillas.

El barrio se encuentra a poca distancia del mar, aunque hay que caminar mucho para llegar hasta allí. Los lugareños instalan redes fijas, llamadas bolsas de pescado. Las dejan unos pocos días, y luego salan el pescado capturado para hacer "pescado a la sal", un alimento básico de las Antillas. En el otoño, los cocolos crían cerdos en el barrio para comerlos en la Navidad. Elaboran un licor destilado de maíz, fuerte y suave a la vez, que añejan enterrándolo en el suelo, y preparan un guavaberry fuerte para la Navidad.

"Todo el mundo se emborracha en Navidad", comenta un hombre conocido en el barrio como Ñato. Su receta favorita es un plato que denomina "pescado inglés al vapor". (Cuando los cocolos utilizan la palabra inglés, se refieren al inglés caribeño.) Esta es su receta, según sus propias palabras:

> Tomas un pescado, puede ser cualquiera, y cubres su interior con sal y ajo durante dos horas. Machacas cebollas y papas y las colocas en una olla con esta cantidad de agua [un cuarto de pulgada de agua], la tapas, dejas que hierva, echas el pescado, veinte segundos por un lado, veinte segundos por el otro. ¡Ay! ¡Bueno, muy bueno!

La casa más conocida del batey es una cabaña color turquesa construida con una mezcla de madera y de concreto, y con techo de hojalata, propiedad del Ñato, cuyo verdadero nombre es Felito James Guerrero. Su madre era de San Pedro y su padre de Antigua. Su padre había llegado a San Pedro a cortar caña a los diecisiete años, pero logró conseguir un mejor trabajo como mecánico en el ingenio, y cuando murió —ya anciano— en San Pedro, sólo había regresado una vez a Antigua para visitar a su familia. Es una historia típica de los cocolos de San Pedro.

La cabaña de tres habitaciones oscuras donde vive Ñato huele a linimento. Hay un flujo constante de beisbolistas adolescentes, uno con el muslo lesionado, otro golpeado por una bola en el codo, que hacen fila allí. Este es el lugar donde los entrenadores y administradores envían a los jugadores lesionados. Sammy Sosa acudió a allí cuando estaba empezando. En 2008, mientras jugaba para las Estrellas Orientales, Robinson Canó fue a visitarlo debido a una lesión. La mayoría de la gente del barrio trabaja la mitad del año en Porvenir, y vende frutas en la calle o hace cualquier otra cosa para ganar dinero durante la temporada muerta. Ñato vio en el béisbol su oportunidad y luchó por ser segunda base y receptor. Pero nadie lo contrató. Durante su infancia, un boxeador le enseñó a curar lesiones y hacer masajes, y empezó a trabajar en esto con los boxeadores durante la temporada baja. Luego comenzó a tratar las lesiones de los cocolos del barrio que jugaban cricket e incluso de algunos basquetbolistas. Pero era inevitable que el negocio del Ñato, localizado en San Pedro, girara mayoritariamente en torno a los beisbolistas. En el año 2000 dejó de trabajar para Porvenir a fin de dedicarse de tiempo completo a la terapia. Cobraba unos $10 por un tratamiento de dos consultas.

En la esquina de la casa de Ñato, en una calle cuyo pavimento está tan resquebrajado que el poco que aún queda no tardará en desaparecer, hay una pequeña casa amarilla de concreto, con puertas blancas de hierro forjado. Está a la sombra de las altas chimeneas de Porvenir, y frente a un aviso de agradecimiento al presidente por la nueva zafra. Los Corporán viven allí. Alcadio no necesita darle las gracias al presidente, porque después de haber trabajado la mayor parte de su vida en Porvenir y alcanzado el nivel de supervisor, ya no le quedan fuerzas para una nueva zafra ni para nada más. Es un hombre enérgico pero frágil, que rara vez habla, y que se mueve con dificultad por los estrechos cuartos de su casa. Tiene problemas cardíacos; un hombre cálido, amistoso, pero agotado, que trabajó casi hasta la muerte en el ingenio de azúcar.

La casa es un pequeño rectángulo con un techo de hojalata, agradable a la vista desde el exterior con su color amarillo limón. El piso es una losa de concreto pintada con tanta habilidad que parece mármol verde. Está dividida con paneles de yeso y, como tantos hogares de San Pedro, tiene cortinas a manera de puertas. Una televisión empolvada permanece encendida casi todo el tiempo. Arcadio le echa un vistazo sin ningún interés. Tiene una estufa, un refrigerador, un equipo de música y, a veces, agua corriente.

En una cocina pequeña, su esposa Isabel de los Santos prepara los alimentos para una enorme familia de ocho hijos, con sus respectivos cónyuges e hijos. Al igual que en la mayoría de las casas macorisanas, una de las recetas favoritas es pescado y domplin.

Esta es la receta de Isabel para el pescado y las empanadillas:

> Ralle el coco y exprímale la leche. Viértalo en una olla y sazónelo con ajo, ajíes, cebollas y apio. Llévelo al fuego y agréguele el pescado cuando hierva. Retírelo quince minutos después.
>
> Para las empanadillas o *dumplin*, prepare la cantidad de harina que vaya a utilizar. Agréguele mantequilla y sal. Añada el agua poco a poco hasta obtener una masa compacta. Ponga a hervir una olla con agua. Forme la masa en pequeños rollos y échelos al agua hirviendo. Deje hervir durante veinte minutos.

Tres de sus cuatro hijos eran campo cortos con buenos brazos y manos, con un talento considerable: tres posibilidades de salvación para la familia. El primer hermano firmó con los Athletics de Oakland y avanzó a su equipo Clase A en Canadá, que lo dejó en libertad. El segundo firmó con los Diamonds y también fue liberado por su equipo de Clase A.

Ninguno de los dos regresó a casa. Como observó José Canó: "Sólo te dan un billete de avión de regreso a casa y eso es todo. Algunos dominicanos van al aeropuerto y cambian su billete para Nueva York. Todo dominicano tiene a alguien en Nueva York".

Isabel habla de sus hijos con ojos secos y angustiados: "A uno de mis hijos no lo he visto en seis años. Al otro en cinco meses. Ellos no pueden trabajar. Son ilegales, pero se quedan allá. Dicen que aquí no hay oportunidades".

"No hay oportunidades", confirma Alcadio enfáticamente.

Es una realidad dolorosa para las familias beisboleras dominicanas. Fernando Tatis, beisbolista de las Grandes Ligas, se crió en Miramar sin su padre, que tenía su mismo nombre y había firmado con Houston cuando su hijo era demasiado pequeño para recordarlo. Fue liberado de la Triple A, pero nunca regresó a casa. El hijo vio por primera vez a su padre en 1997, cuando firmó con los Rangers de Texas y viajó a Estados Unidos. Su padre fue a verlo jugar y se presentó ante él.

A la familia Corporán le queda un campo corto para salvarlos: Manuel. En 1989 los Orioles de Baltimore lo ficharon, junto con Manny Alexander. Cada uno de ellos recibió una bonificación de $2.500 por firmar, pero mientras Alexander se compró una cama, Manuel compró los costosos medicamentos que su padre necesitaba, y gastó el excedente en comida para la familia. "Quiero a mis padres", dice. "Me dieron lo mejor que podían".

Durante dos años, Manuel jugó como campo corto de los Orioles en la República Dominicana, y luego, sin previo aviso, fue puesto en libertad. "No sé qué pasó", dice, con sus ojos casi llorosos, quince años después. Todo había terminado. Él nunca salió de la isla. "Tuve un sueño", agrega. "Jugaría béisbol en las Grandes Ligas y ganaría dinero para mi familia. Ellos son personas pobres. Mi padre no puede trabajar. Mi madre no tiene trabajo y yo les iba a comprar la medicina y todo lo que necesitaran".

Manny Alexander ascendió y tuvo una carrera en las Grandes Ligas. Nunca se convirtió en una superestrella, pero podía regresar a San Pedro en calidad de ex jugador de las Grandes Ligas y con dinero. Manuel, en cambio, limpiaba máquinas en Porvenir por 20 pesos la hora, que era menos de $1. Al ver la falta de progreso, trabajó durante cinco años en la zona franca como inspector de control de calidad en una fábrica de vaqueros. Se había casado y tenía dos hijos que mantener, por lo que trabajaba horas extras, pero sólo alcanzaba a ganar unos 900 pesos y, como el peso se había devaluado con respecto al dólar, no equivalían más que a $30 mensuales. "Desperdicié cinco años de mi vida en ese lugar", señala.

Comenzó a trabajar como entrenador para José Canó, formando adolescentes a cambio de una parte de las bonificaciones del fichaje. Trabaja con ellos todas las mañanas y parece disfrutar de su trabajo. Pero el hermano que no había jugado béisbol y quien trabaja como mecánico, parece estar en una mejor situación que los campo cortos. Una de sus hermanas logró que su hijo estudiara medicina en la universidad local. Así que hay esperanza.

"Todavía estoy aquí", dice Manuel, que sigue siendo un hombre delgado, pues nunca tuvo la oportunidad de ser alimentado en Estados Unidos, pero que, sin embargo, es alto y está en forma. "Todavía estoy vivo. Tengo una vida. Y dos hijos que van a ser grandes". Su hijo Alexis, con apenas trece años, que aún no se pegó el estirón de altura, tiene un buen bateo y está desarrollando sus manos en la vocación familiar: jugar como campo corto.

"¿Vas a ser un profesional?", le preguntan.

"Sí", responde con toda naturalidad. Manuel y toda su familia albergan esa esperanza, pero saben que se trata de un sueño que podría desvanecerse en un instante y sin previo aviso. Manuel ve la vida de un modo diferente. "Ellos dicen que un hombre que no tiene dinero no es nada, pero yo no creo eso. Si eres una buena persona y trabajas duro, serás alguien".

La educación de un jardinero central

La carretera al este de Porvenir, que conduce a los cañaverales de La Romana, está atravesada por caminos de tierra, lo cual se debe a la expansión suburbana al estilo dominicano: un laberinto de caminos —que no figuran en ningún mapa— sin asfaltar, donde se han levantado casas nuevas y pequeñas de bloques de hormigón con techos de hojalata, pintadas de color turquesa o de azul celeste, con arbustos y jardines a su alrededor. Un americano podría ver un barrio como ese, con bloques de concreto pequeños y techos de zinc, con calles de tierra que se convierten en lodo cuando llueve, y pensaría que se trata de un barrio marginal. Pero en la República Dominicana, un país que carece de clase media, es considerado un barrio de clase media.

En un barrio como ese, el Buenos Aires, hay una casa típica, un poco mejor cuidada que algunas de las adyacentes, con una motoneta y una reluciente camioneta SUV estacionada detrás de una puerta de acero, donde el logotipo de los Indians de Cleveland luce cuidadosamente pintado a mano. Tanto la camioneta como el logotipo anuncian que las Grandes Ligas del béisbol han llegado a esa casa. Es el hogar de los Abreu.

Enrique era un trabajador de la construcción. Tan pronto terminaba de trabajar en un proyecto inmobiliario tenía que buscar otro, y con frecuencia pasaba varias semanas desempleado. Senovia es directora de un colegio, una institución privada que ofrece desde la escuela primaria hasta la secundaria. A pesar de la camioneta SUV último modelo y del voluminoso equipo de sonido, su casa es modesta, con habitaciones pequeñas y un techo de hojalata.

En 2007 su hijo mayor Abner, un campo corto, firmó con los Indians de Cleveland por $350.000, una bonificación superior al promedio. El monto de la bonificación era importante no sólo por el dinero, sino porque reflejaba el compromiso por parte del equipo. Una bonificación de $350.000 indicaba que los Indians estaban bastante entusiasmados con este joven campo corto.

Pero el hogar Abreu, a excepción de la insignia en la puerta y las cosas que habían comprado, no gira alrededor del béisbol, sino de la educación. Su pequeña sala sin ventanas, refrescada por ventiladores empotrados en las paredes cuando hay electricidad, exhibe orgullosamente las fotos de sus hijos con togas y birretes en sus respectivas ceremonias de graduación, antes que vestidos con los uniformes de un equipo de béisbol. Un lugar de honor está reservado para una placa concedida a Abner por su alto rendimiento. *En reconocimiento a méritos académicos,* dice. Abner estudiaba en la Universidad Central del Este, pero abandonó sus estudios para firmar un contrato de béisbol.

Las Grandes Ligas estaban descubriendo que los padres dominicanos no se sentían contentos cuando sus hijos abandonaban sus estudios para firmar contratos de béisbol. Esto se debía en parte a que las familias habían comprendido que aunque sus hijos hubieran firmado, era probable que no llegaran a jugar en las Grandes Ligas. Charlie Romero dijo: "El béisbol es algo muy grande aquí. Muchos niños no se preocupan por la escuela si pueden firmar. Sin embargo, sus padres vienen aquí y se quejan: 'Ya no quiere seguir estudiando. Sólo quiere jugar al béisbol' ".

Los Rays de Tampa Bay incluyeron una cláusula en su contrato estableciendo que si un jugador dominicano era puesto en libertad, estarían dispuestos a pagar por su educación universitaria. No podían permitirse las bonificaciones por fichaje de los Red Sox ni de los Yankees, así que esta era una forma relativamente económica de asegurar que firmar con ellos pareciera más atractivo.

El padre de Enrique era un criador de pollos que ofrecía atención médica en las zonas rurales. El padre de Senovia trabajaba en los cañaverales. Enrique y Senovia habían logrado unas mejores condiciones de vida y esperaban que sus tres hijos hicieran lo mismo.

Pero a sus hijos les encantaba el béisbol.

Enrique sostiene que fue un buen beisbolista, aunque nunca firmó con ningún equipo. Jugó en todas las posiciones. "En mi época se jugaba en todas partes", aclara.

Los hijos se contagiaron del béisbol por su padre. Empezaron a jugar a los seis años. Enrique dice: "Para ellos, el béisbol es como un alimento. Lo viven. Nos encanta el béisbol. Sabemos que puede permitirte una vida mejor, pero también nos apasiona. Es nuestra vida".

Pero ese no era su plan inicial. "Pensamos que nuestros niños serían médicos o ingenieros", explica Enrique. "Pero ellos siempre quisieron ser beisbolistas".

Sonríe con resignación, pero Senovia parece preocupada; lamenta que Abner hubiera abandonado la escuela, pero se encoge de hombros y comenta: "Es su gran sueño". Dijo que esperaba que todavía pudiera estudiar. Enrique se apresura a agregar que, si bien Abner está en la Liga de Verano en Boca Chica, todas las tardes va a Santo Domingo para estudiar inglés. Pero este curso es un requisito en el programa de la academia de los Indians.

Mientras tanto, estaban pendientes del lanzamiento de su otro hijo, Esdra, también un estudiante destacado. Comenzó a jugar a los cinco años en la Escuela de Béisbol Menor de Santa Fe. Allí no había calcetines enrollados en forma de pelotas ni palos para batear. Entrenaban a los pequeños con pelotas, bates y guantes de verdad, e incluso con uniformes. Preparaban a los chicos hasta los dieciocho años. A pesar de lo que Enrique y Senovia dicen acerca de la educación, no habrían matriculado a Esdra en esta escuela si no quisieran que fuera beisbolista. La escuela la dirige Herman Martínez, quien creció en un barrio ubicado detrás de la pared del jardín central del Estadio Tetelo Vargas y jugó en las Ligas Menores con la organización de Baltimore. Al preguntarle cuál es el objetivo de la escuela, Martínez responde sin vacilar: "Hacer que los muchachos firmen con equipos de la Doble A".

"Tan pronto como sus padres le dijeron que jugara, lo único que quería hacer era jugar béisbol", comenta Martínez con respecto a Esdra. Martínez, quien fue un *scout* en varias ocasiones para los Mets, los Tigers de Detroit, los Indians de Cleveland, los Expos de Montreal y los Braves de Atlanta, cree que Esdra es su mejor prospecto. "Viene de una familia buena y bien educada", dijo. Y luego menciona la potencia del brazo de Esdra.

Esdra es delgado pero mide más de 6 pies, tiene brazos largos para lanzar y piernas largas para correr. Juega como jardinero central, su brazo derecho es fuerte y es un buen bateador, aunque, al igual que muchos otros jóvenes de quince años, se deja ponchar debido a su impaciencia.

Cuando cumplió quince años, fue trasladado a un programa más avanzado donde jugó contra muchachos de dieciséis y diecisiete años. El programa se llama RBI —Reviviendo el Béisbol en el Interior de las Ciudades—, un programa diseñado en South Central en la ciudad de los Angeles en 1989, pero patrocinado en San Pedro por la compañía CEMEX. Tiene un promedio de dos beisbolistas firmados anualmente desde 2005 y es considerado uno de los mejores programas. Entrenan en el Estadio Tetelo Vargas.

El entrenador principal es Rogelio Candalario, un hombre duro y atlético cuya carrera como pítcher terminó al fracturarse el brazo en la Doble A. Su entrenador de pitcheo también había entrenado a Pedro Martínez cuando lanzó para los Dodgers.

De manera creciente, en este y en otros programas, cuando los equipos clasifican a los jugadores, lo hacen en términos de dinero: antes que hablar de un gran brazo, de la rapidez e inteligencia con que corren las bases, del bateo natural y hermoso del bate, hablan de la bonificación por fichaje. Que un beisbolista reciba $300.000 es una forma de decir que es un buen jugador. Cada vez con más frecuencia en San Pedro, se considera que un gran pelotero es alguien que firma por mucho dinero. Por extensión, algunos afirman de Esdra: "Su hermano firmó por trescientos cincuenta mil dólares", como si dijeran "él tiene una buena bonificación en sus genes".

En la primavera de 2008, varios *scouts* observaban a Esdra. Iba a calificar para la puja del 2 de julio, y parecía seguro que los oferentes serían varios. Basta con mencionar esta fecha para que el tímido y joven Esdra se sonroje. Danny Santana estaba interesado en él, pero trabajaba para Tampa Bay, un club célebre por el cuidado que tenían al momento de gastar su dinero. Ese año iban a jugar la Serie Mundial con un equipo de bajo presupuesto. Santana se refirió a Esdra: "Es rápido pero no tan bueno como su hermano Abner. No practica lo suficiente. Apenas lo hace tres días a la semana porque siempre está en la escuela. Tal vez firme este 2 de julio pero, probablemente, no con nosotros, porque me temo que puede costar más de lo que vale".

Santana tenía razón. El sistema altamente organizado está dirigiendo los precios. El 2 julio, los Rangers de Texas firmaron a Esdra por $550.000. Los Abreu, que habían recibido un total de $900.000 por concepto de bonificaciones por fichaje, estaban bien encaminados. Pero aún tenían una carta por jugar: Gabriel, su hijo menor. Gabriel es un poco más corpulento que sus hermanos y que la mayoría de los dominicanos. Aprendió inglés antes de llegar a la adolescencia, preparándose para jugar en Estados Unidos. Los jóvenes macorisanos conocen muchos de los requisitos que necesitan para encarar las Grandes Ligas. El mundo era muy diferente sólo unas pocas décadas atrás, cuando Rogelio Candalario firmó con los Astros en 1986 sin saber una sola palabra de inglés. "Cuando el mánager hablaba, yo miraba a la primera persona que hiciera algo e intentaba adivinar lo que había dicho". Pero en esos días, además, los jugadores tampoco recibían bonificaciones por fichaje de medio millón de dólares.

CAPÍTULO ONCE

La maldición de las Estrellas Orientales

Corría el mes de enero de 2008. En la recta final de la temporada, las Estrellas habían ganado siete de sus últimos nueve partidos y estaban posicionados en el primer lugar. Pero los otros equipos no estaban preocupados ni los seguidores de las Estrellas estaban entusiasmados. Eran las Estrellas Orientales de San Pedro, los Elefantes, un equipo que sólo había ganado tres campeonatos en casi 100 años, el último en 1968, cuando derrotó a Leones del Escogido, de Santo Domingo.

Necesitaban sólo tres victorias más para llegar a los *playoffs*. Pero, cosa que no sorprendió a nadie, perdieron seis juegos consecutivos. Ahora estaban en el juego de la eliminación definitiva, como anfitriones en el Estadio Tetelo Vargas. Tenían que ganar ahora o su temporada habría terminado.

José Mercedes, un pítcher abridor de Licey, dijo: "No lo siento por ellos. Todos los años hacen lo mismo".

Y, de hecho, nadie les daba ninguna señal de aliento. El Estadio Tetelo Vargas estaba medio vacío, y la mayoría de los que estaban allí respaldaban a las Águilas Cibaeñas de Santiago. Alfredo Griffin había sido gerente general de las Estrellas durante los últimos tres años. Era todavía un campo corto en forma, tranquilo, de voz suave, con pocas pretensiones, tratándose de un multimillonario que vivía en una pequeña ciudad. Su única indulgencia consistía en un brazalete de oro y diamantes muy brillantes en su muñeca. Durante su carrera en las Grandes Ligas había regresado cada invierno para jugar con las Estrellas, y ahora, como entrenador de las Grandes Ligas, regresó a su tierra para dirigir. "Yo quería dirigirlo porque es mi equipo", afirma. "Quiero que gane".

No todos los macorisanos tienen esta misma lealtad con su equipo. Ellos saben de béisbol y les gustan los equipos ganadores, así que muchos son seguidores de Licey o las Águilas.

Por lo general, Licey o las Águilas son los que siempre ganan. De lo contrario, es Escogido. El equipo de La Romana, los Azucareros del Este, sólo ha ganado una vez: en 1995, cuando fue dirigido por Art Howe, un beisbolista que se había desempeñado como jugador de cuadro y había dirigido tres equipos de las Grandes Ligas.

Los macorisanos creen en el triunfo, y si las Estrellas no lo obtienen, es por su propia culpa. Julio García, el coach de lanzamiento de la academia de los Cubs, se queja: "Aquí todo el mundo es mánager. Todos se consideran expertos en béisbol". No es que la situación sea diferente en su Cuba natal, donde hay un lugar reservado en el Parque Central de La Habana para renegar airadamente de los errores tácticos cometidos en el juego anterior. El lugar se llama la esquina caliente. No hay un lugar semejante en el Parque Central de San Pedro, pero esto no impide que los macorisanos expresen sus múltiples quejas e inquietudes.

Los dominicanos son muy fatalistas, y creen que el futuro está determinado sobrenaturalmente, más allá del control de cualquier persona. Hablan mucho sobre el papel de las maldiciones, lo que en República Dominicana se llama un *fukú*. Los estadounidenses son diferentes, sin embargo, los fans del béisbol estadounidense entienden bastante de maldiciones. Todos los habitantes del norte de Chicago saben que los Cubs están malditos. Esa maldición particular, la maldición de la cabra, se deriva de la expulsión de una cabra maloliente del Wrigley Field durante la Serie Mundial de 1945; algo que suena como un *fukú* dominicano. Los habitantes de Nueva Inglaterra conocían bien la maldición del Bambino, que durante ochenta y seis años les impidió a los Red Sox ganar una Serie Mundial.

Y cuando se reveló que la camiseta del campo corto dominicano David Ortiz, de los Red Sox —tenía que ser un jugador dominicano para que fuera una maldición poderosa— fue enterrada en el cemento del nuevo Estadio de los Yankees para maldecirlos, la dirección del equipo se lo tomó tan en serio que les pagó miles de dólares a varias personas para que trabajaran horas extras los fines de semana hasta encontrarla y desenterrarla.

Los dominicanos ven maldiciones en todas partes. Trujillo utilizó maldiciones. Todos los isleños están inmersos en lo sobrenatural. Excepto cuando se trata del béisbol. Los dominicanos, al contrario de los americanos, ven fuerzas fatalistas y sobrenaturales en la vida, pero creen que el béisbol está regido sólo por la ciencia. Si las Estrellas van perdiendo es porque algo anda mal con la dirección. Los dominicanos no se aferran a los Indians, Red Sox o Cubs, ni se quejan de los Bambinos o las cabras. Simplemente transfieren sus simpatías a un equipo que sepa ganar.

Bonny Castillo jugó doce años con las Estrellas. "Buscamos todas las formas posibles para perder", señaló. "En 1985 estábamos en la final y le ganamos a Leones del Escogido 3 a 1. Perdimos los tres juegos siguientes. En 1982 estábamos liderando la Liga en carreras anotadas y en bateo. El promedio de bateo del equipo era de .305. Les ganamos a las Águilas y llegamos a la final". Luego se fueron a celebrar a San Pedro. Los dos mejores pítchers abridores del equipo viajaban juntos, y en el puente sobre el río Higuamo, entrando a San Pedro, se adelantaron para sobrepasar un autobús y chocaron contra un auto que venía en la dirección contraria. Ambos pítchers quedaron fuera de la temporada.

Se esperaba que Griffin —quien estaba teniendo un éxito notable con los Angels de California— cambiara las cosas en San Pedro. Pero no lo hizo. Griffin sabía que él era una decepción. "Los aficionados piensan que vamos a ganar con seguridad porque yo estoy participando", afirma.

El problema con la Liga Dominicana moderna no es muy diferente del problema central en el gran show de 1937. En ese momento la cuestión era quién tenía el dinero suficiente para traer a los mejores peloteros cubanos y a los de las Ligas Negras. En la Liga Dominicana moderna el asunto es quién tiene el dinero para traer a jugadores de las Grandes Ligas. Y la respuesta obvia es Licey, un equipo que ha tratado de tener quince o más jugadores de las Grandes Ligas en su alineación.

José Mercedes, con raíces en San Pedro, explicó por qué le gusta lanzar para Licey. "Licey paga mejor y trata bien a los jugadores", señala. "Te tratan como familia. Siempre había oído eso, pero era mi primera temporada vi que era verdad. Ellos aseguraron los *playoffs* y me regalaron una botella de champán".

Las Grandes Ligas no son ajenas a esta desigualdad. Hay enormes diferencias respecto a lo que se pueden permitir las organizaciones. En 2008 el jugador mejor pagado fue Alex Rodríguez, de los Yankees de Nueva York. Su salario, de $28 millones, era superior al de toda la plantilla —incluyendo a los jugadores lesionados— del equipo de su ciudad natal, los Marlins de Florida, que habían ganado dos Series Mundiales, al igual que otros equipos de bajo presupuesto. La frecuencia con la que equipos adinerados como Licey y Águilas ganaban el campeonato era difícil de ignorar.

Al comienzo del nuevo siglo, la Liga Dominicana comenzó a tratar de controlar esta desigualdad. El reclutamiento, similar al de las Grandes Ligas, se hizo de modo que el equipo perdedor fuera el primero en elegir a los jugadores disponibles. Griffin fue uno de los muchos en pensar que esto contribuiría a nivelar los resultados. Pero en los seis primeros años del proyecto, los únicos equipos ganadores fueron las Águilas y Licey.

Se estaba haciendo más difícil conseguir jugadores de las Grandes Ligas. A sus clubes no les gustaba que sus beisbolistas, que valían $8 millones, pudieran lesionarse jugando en la República Dominicana durante la baja temporada. Esto ya había ocurrido muchísimas veces. Todos recordaban que en 1971, Rico Carty estuvo fuera del campo durante un año completo tras lesionarse jugando para Escogido. Los clubes comenzaron a limitar la participación de sus jugadores. "Cuando yo estaba en las Grandes Ligas", refiere Bonny Castillo, "nos dejaban jugar. Ahora seguramente están cuidando su dinero". Las actitudes cambian cuando se han invertido algunos millones de dólares en un beisbolista. Griffin arguyó que las Estrellas tuvieron una racha perdedora al final de la temporada porque habían perdido a sus mejores jugadores, incluyendo a dos macorisanos, Daniel Cabrera y Robinson Canó. Griffin tuvo que utilizar con prudencia a Cabrera debido a que los Orioles sólo le permitían que lanzara en cinco partidos para las Estrellas. Y ahora, al final de la temporada, había agotado sus cinco juegos. Canó, uno de los bateadores más confiables de las Estrellas, no podía jugar más porque los Yankees sólo le habían permitido jugar diez partidos.

Para los macorisanos, esta no era una explicación aceptable para su mala racha de seis juegos justo al final de la temporada. "Es sólo una excusa", dice José Canó. "Un jugador no define un equipo". Y es cierto que había muchos otros jugadores de las Grandes Ligas en las Estrellas, incluyendo a Fernando Tatis. Se creía que Griffin no había hecho lo que tenía que hacer para ganar, aunque en la ciudad hubo un cierto desacuerdo sobre qué era lo que se tenía que hacer exactamente. La sensación general era que no había logrado armar un equipo lo suficientemente bueno.

Los equipos de la Liga Dominicana querían beisbolistas de las Grandes Ligas, no sólo porque querían ganar partidos, sino también porque querían ganar dinero, y esos beisbolistas atraían multitudes, especialmente cuando jugaban en sus ciudades natales. Otra razón por la cual las multitudes no asistieron al Estadio Tetelo Vargas para ver el juego decisivo era que ni Cabrera ni Canó iban a jugar.

Si bien los salarios eran bajos para los parámetros de las Grandes Ligas, la condición de estrella es importante. Cuando Griffin era beisbolista, las Estrellas no lo utilizaron con regularidad hasta que ganó el premio al Novato del Año. Julio Guerrero, el pítcher alto, delgado y de hombros anchos procedente de Porvenir, apenas logró jugar durante tres semanas con el equipo de los Pirates en la Triple A en su mejor año. Eso fue suficiente para que las Estrellas le pagaran un salario de 40.000 pesos al mes a partir del invierno siguiente. Pero cuando descendió de la Triple A, las Estrellas le rebajaron el sueldo. Un sueldo alto para un jugador de las Grandes Ligas era apenas de unos de 300.000 pesos, alrededor de $10.000.

Mercedes dice: "Cuando yo jugaba en las Grandes Ligas, ni siquiera pensaba en el dinero de aquí. Sin embargo, en cualquier lugar donde juegues béisbol, tienes que amarlo para poderlo jugar".

"Pero te diré algo", me dijo Bonny Castillo en la primavera de 2008. "Los beisbolistas jóvenes mejoran cuando juegan la temporada de invierno. Ervin Santana está teniendo una mejor temporada con los Angels porque el invierno pasado lanzó para Licey. Lanzó treinta entradas. Los jugadores jóvenes necesitan más experiencia". Los beisbolistas jóvenes de las Grandes Ligas, que no son todos dominicanos, vienen a este país a fin de jugar béisbol invernal y mejorar su juego.

En la República Dominicana el tiempo es flexible. Aunque los juegos de béisbol comienzan tarde, muchos aficionados no llegan antes de la segunda entrada. Los pobres son más puntuales. Los asientos más baratos, a lo largo del jardín izquierdo y derecho, se llenan desde el inicio del juego, pero los asientos del centro, que pueden valer $6 ó $7, sólo se llenan gradualmente durante las primeras entradas.

Los peores asientos del Estadio Tetelo Vargas pertenecen a la tribuna de la prensa. Es un recinto cerrado, con una ventana alargada y un ruidoso aire acondicionado. Tener aire acondicionado le da a la prensa un sentimiento de superioridad, y los periodistas se sientan a beber ron y cerveza, y a discutir sobre el terrorismo en el Medio Oriente. Resulta difícil concentrarse en el juego en el salón de prensa, porque, como no pueden escuchar el sonido seco del bate, la pelota golpeando el guante o los gritos de la multitud, quienes se sientan en el palco de la prensa no logran involucrarse en el partido.

El ruido es parte del béisbol dominicano, tal y como sucede con casi todo lo dominicano. Los seguidores de las Estrellas tienen unas matracas verdes increíblemente ruidosas. Los vendedores las ofrecen por todo el estadio. Los seguidores de las Estrellas se visten de verde. Las mujeres llevan sus ropas tan ceñidas que parecen tener la piel verde. Se ponen sus vestimentas más espectaculares y reveladoras, porque los juegos son transmitidos por televisión, y a los camarógrafos les gusta enfocar, entre jugada y jugada, a las mujeres que les llaman la atención. Si estás bien vestido, puedes salir en la televisión. Así son los deportes dominicanos. En las páginas deportivas de los periódicos siempre aparecen fotos de mujeres atractivas sin ninguna explicación.

Cuando las Estrellas anotan una carrera, en los altoparlantes resuena un barrito de elefantes en la selva. Un personaje con un uniforme de las Estrellas y una cabeza de elefante baila merengue en el diamante de cuando en cuando. Los vendedores ofrecen dulces caseros. Entre las entradas hay porristas vestidas con ceñidos trajes blancos y verdes, haciendo sugerentes movimientos de cadera y exhibiendo con generosidad su piel, cada una de un tono diferente.

Las Estrellas tendrían que ganar este juego para que no ser eliminados. Tenían que ganar también el próximo para llegar a un empate y forzar otro juego, que también debían ganar para estar en la postemporada. Ya no había lugar para los errores. Cualquier pérdida en los próximos tres partidos y las Estrellas quedarían eliminadas una vez más.

Cuando las Águilas entraron al diamante, había viejos amigos de Griffin que fueron a saludarlo y abrazarlo. Dada la situación, Griffin parecía notablemente tranquilo. Explicó: "Hay tanta presión en el séptimo juego de la Serie Mundial que, cuando has pasado por eso, nunca más vuelves a sentirte presionado por nada". Griffin jugó en tres equipos que ganaron la Serie Mundial.

Griffin comenzó con el pítcher derecho Kenny Ray, básicamente un pítcher de relevo que había jugado en Kansas City, pero que en los últimos años había tenido problemas en su brazo. Las Águilas abrieron con Bartolo Colón, un héroe de la región del Cibao, quien también había jugado para Griffin con los Angels, y había ganado el honor más alto en el lanzamiento, el Premio Cy Young, en 2005. A pesar de este juego aparentemente desigual, Ray lanzó bien y, gracias a sus buenos bateos, las Estrellas obtuvieron una ventaja de 4 a 3 promediando el juego. Se escuchaban sonidos de elefante. A continuación, las Águilas anotaron cuatro carreras. Sin embargo, al ritmo de las trompetas y barritos de elefantes, los altoparlantes anunciaban que las Estrellas habían anotado dos carreras adicionales. Las Estrellas tuvieron su última oportunidad en la octava entrada, cuando perdían por una sola carrera, 7 a 6. Tenían las bases llenas y un sólo *out*. Entonces hicieron una típica maniobra de las Estrellas: batearon y todo terminó con un doble play. Otro año decepcionante para las Estrellas Orientales.

CAPÍTULO DOCE

El ojo negro de San Pedro

Cuando George Bell era un adolescente y jugaba en Santa Fe, se cayó tras esquivar un bate lanzado y se golpeó el ojo derecho contra la esquina de un banco. El moretón en su ojo derecho nunca desapareció, y Bell siempre daba la impresión de que hubiera acabado de estar en una pelea. Cuando era jugador profesional, la prensa le preguntaba constantemente sobre su ojo negro. En parte, esa era la imagen de un beisbolista dominicano —un pendenciero—, pero también explicaba cómo era él. Una vez, cuando estaba jugando en el Sky Dome con los Blue Jays de Toronto, le hizo un gesto inconfundible con su dedo medio a los casi 50.000 aficionados que lo abuchearon. Esto era algo que le sucedía con frecuencia, y él siempre decía que se trataba de racismo por ser dominicano. Pero algunos de los aficionados decían que se debía a que él era un mal jardinero. A menudo fallaba en jugadas críticas y era abucheado por eso.

Finalmente, y debido a sus airadas protestas, fue sacado del campo y nombrado como bateador designado, que ingresa al campo de juego únicamente para reemplazar al pítcher en el turno al bate. Él era valioso por su bateo.

Dan Shaughnessy, un columnista del *Boston Globe*, escribió una vez: "Los fanáticos del béisbol oyen el nombre George Bell y piensan en rabietas, golpes a los árbitros, enfrentamientos con los pítchers e insultos al público". El columnista añadió que Bell nunca "obtendría el reconocimiento que merecía mientras tuviera encima la etiqueta del latino loco". Esa etiqueta ha impedido que muchos dominicanos reciban lo que merecen, pero Bell era particularmente indiferente a este problema. Él jugaba al béisbol como si fuera un deporte de contacto. No sólo era conocido por chocar contra los receptores y los *basemen* —una práctica aceptada para hacer que soltaran la pelota—, sino que también era conocido por "arremeter contra el montículo". Si era golpeado por un lanzamiento, corría hasta el montículo de lanzamiento y le lanzaba un puñetazo al pítcher. Al menos una vez intentó una patada de karate que había aprendido en la escuela de karate de San Pedro. En su autobiografía, *Hard Ball*, publicada en 1990 cuando todavía era beisbolista, trató de explicar este comportamiento:

> Los aficionados se enojan en algunos juegos porque no entienden mi manera de actuar, pero una parte de mi juego, además de conectar jonrones e impulsar carreras, consiste en pelear. Si conecto un jonrón con dos hombres en bases y la próxima vez el mismo pítcher me golpea con

la pelota, yo voy a confrontarlo al montículo. No me importa si se trata de un juego como locales y el estadio está lleno, si estamos en Cleveland y nadie está viendo el juego o si se trata del Juego de TV de la Semana. Si un pítcher trata de intimidarme, lo patearé en el trasero. Fue así como aprendí a jugar béisbol.

Dieciocho años después, en una entrevista de 2008 en La Romana, Bell —que ya era un hombre maduro— no se había suavizado en lo más mínimo. "Cada vez que me golpeaban los pateaba en el trasero", afirmó.

"¿Quieres decir literalmente?".

"Claro que sí. Te están intimidando". Bell se justificaba porque creía, al igual que Pedro González antes que él, que los pítchers lo golpeaban intencionalmente porque era dominicano.

Él oía a los aficionados profiriendo comentarios peyorativos sobre los dominicanos. Nunca olvidaba que en un restaurante de Milwaukee se negaron a servirle a él y a otros dos jugadores dominicanos en 1989.

"Yo entiendo", dijo Bell. "A nadie le gusta ser golpeado por un extranjero, y yo soy negro y era buen bateador. Todo es parte de la mezcla". Pero lo que les molestaba a otros beisbolistas macorisanos era que Bell afirmara que atacar el montículo era algo que había aprendido en San Pedro, y que era así como se jugaba al béisbol en esta ciudad. Los beisbolistas de la generación posterior asumían el béisbol como algo valioso que debían manejar con sumo cuidado.

Cuando le preguntaron a Fernando Tatis sobre la afirmación de Bell en el sentido de que su agresividad era usual en San Pedro, comentó: "Algunas personas pueden jugar así y otras no.

Yo no lo hago. Creo que hay que respetar el juego. Es lo que me va a dar a mí y a mi familia una vida mejor".

Los mejores programas de los buscones destacaban que ese tipo de comportamientos eran poco profesionales y no eran buenos para ellos ni para el béisbol.

George Bell no era el único jugador de San Pedro con fama de latino exaltado. El pítcher Balvino Gálvez, nacido en un batey, habría tenido muy mala reputación si su carrera hubiera durado más. Lanzaba rectas rápidas y potentes, a menudo sacando la lengua. Su control del lanzamiento era impecable, pero comenzaba a fallar cuando había corredores en las bases. Lanzó una sola temporada en las Grandes Ligas, para los Dodgers en 1986. Luego jugó en Japón, donde fue conocido por sus rabietas, y en más de una ocasión expresó su enojo ante la decisión de un árbitro lanzándole la pelota. Gálvez por poco regresa a las Grandes Ligas en 2001, cuando estaba programado para unirse a la rotación de abridores de los Pirates. Pero en los entrenamientos de primavera tuvo una discusión con Spin Williams, el entrenador de lanzamiento. Gálvez arrojó su guante, entró alterado a la sede del club, y sin mediar palabra, empacó maletas y regresó a la República Dominicana. Fue dejado en libertad de inmediato y nunca más volvió a jugar.

Por su parte, Joaquín Andújar era tristemente célebre por su comportamiento errático. Una vez se retiró del montículo, quejándose de que le picaba la entrepierna, y en otra ocasión, después de un mal juego, demolió un inodoro con un bate de béisbol. En 1985 persiguió a un árbitro en una Serie Mundial teniendo que ser contenido por sus compañeros, y comenzó el año siguiente con una suspensión de diez días. Luego estalló un escándalo de drogas que podrían ser la causa de su comportamiento errático. Entre el escándalo en torno a la Serie Mundial de Chicago en 1919 y el escándalo de los esteroides del siglo XXI, el mayor escándalo que ha sacudido al mundo del béisbol fue la investigación adelantada en 1986 por el uso difundido de anfetaminas y de cocaína por parte de destacados beisbolistas de las Grandes Ligas. Durante la investigación, Andújar confesó haber consumido cocaína.

Incluso después de haberse retirado en San Pedro, Andújar conservaba su mala reputación. Alfredo Griffin dijo con mucha cortesía que simplemente "Joaquín tenía mucha sangre". Cuando Griffin estaba construyendo su nueva casa junto a la de Andújar en 1986, el pítcher lo visitó, lanzó una diatriba porque la alfombra era demasiado oscura, les estrechó la mano a todos y se fue. Incluso la gente en San Pedro cree que es un poco loco. Bell dijo una vez: "Una gran cantidad de norteamericanos, y algunos dominicanos, dicen que Joaquín es muy malo, una mala persona. Pero yo sé que es honrado". Andújar se describió en repetidas ocasiones ante la prensa norteamericana como "un dominicano duro" y le gustaba decir que había "Nacido para ser machista", lo cual les parecía a los lectores norteamericanos más cierto que interesante.

Juan Marichal sigue siendo el único dominicano exaltado al Salón de la Fama, a pesar de que varios candidatos destacados esperaban en la antesala. Para ser elegido, un jugador debe haberse retirado como mínimo cinco años atrás. Su ingreso es aprobado únicamente por los miembros de la Asociación de Cronistas de Béisbol de Estados Unidos que continúen ejerciendo su profesión y hayan sido escritores activos durante diez años. Por lo menos el 75% de los miembros tienen que votar para que un beisbolista sea admitido en el Salón de la Fama. El número de votantes varía, pero en 2009, por ejemplo, se requería un mínimo de 405 votos. Pocos jugadores tienen la entrada asegurada. Babe Ruth y Ty Cobb lograron entrar fácilmente el primer año de su postulación pues alcanzaron una votación superior al 95%. Pero Cy Young apenas sí pasó con el 75% de los votos. Lou Gehrig, Joe DiMaggio y Hank Greenberg fueron rechazados durante el primer año de votación. Es un proceso difícil de predecir, pero el jugador de San Pedro con mayores probabilidades de figurar en el Salón de la Fama sería Sammy Sosa, gracias a sus récords.

Y sin embargo, si a los macorisanos les preguntaran quién es el mejor pelotero hasta la fecha, es poco probable que muchos dijeran que Sosa. Seguramente escogerían a Tetelo Vargas. Sosa no era un jugador de cinco herramientas. Al principio de su carrera, incluso cuando robaba veinticinco bases cada temporada, era un jugador de tres herramientas, pero ante todo, era un bateador extraordinario que en 2007 se convirtió en el quinto beisbolista de la historia en haber conectado más de 600 jonrones. También impulsó más de 140 carreras por temporada. Era el beisbolista que había conectado más jonrones en toda la historia, y el único bateador en haber conectado sesenta o más jonrones en tres temporadas consecutivas, y fue famoso por su temporada de 1998, cuando superó el récord de sesenta y un jonrones que ostentaba Roger Maris, el más celebrado en el béisbol, al conectar sesenta y seis, y sólo ha sido superado por Mark McGwire, con setenta jonrones.

Sin embargo, en la inauguración de la Liga de Invernal de San Pedro en 1999 —cuando estaba en la cúspide de su carrera—, los asistentes abuchearon a Sosa cuando lanzó la primera bola. Otros aplaudieron, pero era evidente que había sido abucheado. La razón era que San Pedro había sido devastado por un huracán y Sosa había hecho un gran espectáculo en la prensa americana en el sentido de ayudar a las víctimas, pero los macorisanos creían que se trataba de una impostura. El alcalde de aquel entonces, Sergio Cedeño, señalo: "Él pidió dinero para ayudar a la gente de San Pedro de Macorís. Eso es lo que estamos preguntando: ¿Dónde está el dinero?". Otras supuestas obras de caridad de Sosa también fueron puestas en duda en Estados Unidos. Pero los aficionados del béisbol se planteaban otros interrogantes. En 2004 la otrora superestrella de Chicago era abucheada habitualmente en el Wrigley Field, y su camiseta era tan impopular en la tienda de deportes Wrigleyville que tuvieron que hacerle un descuento del 30%.

En 2002 el escándalo de los esteroides comenzaba a envolver al béisbol. Estas sustancias fueron encontradas en el casillero de Mark McGwire, el más cercano rival de jonrones de Sosa. El otro rey de los jonrones, Barry Bonds, negó haber usado esteroides, pero resultó positivo en varias ocasiones. Esto dejaba a un solo campeón de jonrones, Sosa, para quien las tribunas no eran más que el lugar adonde enviaba la pelota. Con su bravuconería habitual, comenzó a decir que si se requerían pruebas de esteroides, él quería ser el primero en la fila. En una entrevista, Rick Reilly, el columnista de *Sports Illustrated*, le preguntó si hablaba en serio, y Sosa le respondió enfáticamente que sí.

Luego Reilly le preguntó: "¿Y qué esperas?".

"¿Qué?", dijo Sosa.

Reilly, pensando que Sosa podría aclarar las cosas y darle un parte de tranquilidad al mundo del béisbol demostrando que al menos había conectado sus jonrones con honestidad, escribió el número telefónico y la dirección de un laboratorio de diagnóstico que podía hacerle la prueba, y que estaba localizado a sólo treinta minutos del Wrigley Field, donde Sosa jugaba para los Cubs.

Sosa se enfureció, acusó a Reilly de tratar de "meterme en problemas" y suspendió la entrevista, llamando a Reilly "hijo de puta". Reilly concluyó que la lección para los periodistas deportivos era dejar la pregunta de los esteroides para el final de la entrevista.

Los cronistas deportivos y muchos aficionados comenzaron a sospechar que Sosa utilizaba esteroides. Los esteroides anabólicos son fármacos relacionados con la testosterona, una hormona masculina. La palabra anabólico proviene de una palabra griega que significa construir. Esta droga fue desarrollada inicialmente en los años treinta y actualmente se utiliza para tratar a los pacientes que sufren de pérdida ósea y contrarrestar el deterioro en los pacientes con cáncer y sida. Sin embargo, los esteroides también pueden utilizarse para formar músculos, y para darles mayor fortaleza a los deportistas. Los riesgos son muchos, incluyendo aumento del colesterol, hipertensión arterial, infertilidad, daño al hígado y enfermedades del corazón. Algunos estudios registran una alteración física de la estructura del corazón y cambios de personalidad, incluyendo la agresión extrema. Desde los años ochenta, la posesión de esteroides anabólicos sin receta médica es considerada un delito en Estados Unidos. Los jugadores de béisbol que las utilizaban no sólo estaban cometiendo un delito, sino también violando las normas de las Grandes Ligas. Al igual que el comité de los Juegos Olímpicos, la Asociación Nacional de Fútbol, de Baloncesto y de Hockey, y todas las demás organizaciones deportivas, en las Grandes Ligas de Béisbol se considera el uso de esteroides como un recurso ilegal para mejorar el rendimiento y por lo tanto ha prohibido su uso. Un beisbolista que consuma esteroides es considerado un tramposo.

Sosa, que una vez fue el favorito de los aficionados por su sonrisa fácil y su forma sensiblera de hablar sobre los pobres, tenía otros problemas. En 2003 estaba bateando para los Cubs de Chicago en la primera entrada contra Tampa Bay, equipo que en ese año tuvo unos pítchers bastante discretos. Pero Sosa, el rey de los jonrones, estaba teniendo un mal año. Era junio y sólo había conectado seis, y ninguno en los últimos treinta y tres días. Sosa bateó; el bate se rompió y lanzó un roletazo a segunda base. El receptor de alerta, Toby Hall, recogió los pedazos y se los mostró al árbitro, quien inmediatamente expulsó a Sosa del juego. Los pedazos demostraron que el bate tenía corcho en su interior.

No está claro si los bates de corcho son una ventaja. Hacen que el bate sea más liviano para un bateo más rápido, pero Robert K. Adair, un profesor de Yale que escribió el libro *The Physics of Baseball* (*La física del Béisbol*), señaló que como el corcho es una sustancia blanda, puede frenar la pelota. Sin embargo, diversos bateadores utilizaban bates con corcho porque creían que enviarían la bola más lejos, y en las Grandes Ligas de Béisbol se había prohibido su uso. Los jugadores que los utilizaran estarían haciendo trampa. Las reglas del béisbol estipulan que un bate debe ser una pieza sólida de madera.

Al día siguiente, setenta y seis bates le fueron confiscados a Sosa en el camerino de los Cubs cuando el juego aún no había terminado; fueron sometidos a rayos X y se comprobó que estaban "limpios". Sosa afirmó que haber utilizado un bate con corcho el día anterior sólo había sido una equivocación, pues había sacado accidentalmente el bate que utilizaba para las exhibiciones de jonrones. Los funcionarios de las Grandes Ligas creyeron en su versión y redujeron su suspensión de ocho a siete días. Pero los aficionados y la prensa concluyeron que Sammy Sosa había sido sorprendido haciendo trampas. Jon Saraceno, columnista deportivo del periódico *USA Today*, dijo que la explicación de Sosa era una defensa "altamente inverosímil". Este periódico realizó una encuesta en la que el 60% de los encuestados dijeron que no le creían a Sosa, y pensaban que había utilizado intencionalmente el bate con corcho. La prensa escribió variaciones sobre el "Di que no es así, Joe", posterior al incidente de Shoeless Joe Jackson, cuando se descubrió que la Serie Mundial de 1919 había sido arreglada. El *New York Post*, con su inclinación por los titulares sensacionalistas, publicó un artículo titulado "Digan que no es Sosa", una frase que estaba haciendo carrera entre los aficionados de Chicago. Jackson, por cierto, sólo obtuvo dos votos cuando su nombre fue postulado al Salón de la Fama en 1936. Roger Kahn, el escritor de béisbol del *Los Angeles Times* comparó a Sosa con Pete Rose, un beisbolista que no ha sido elegido para el Salón de la Fama porque fue sorprendido haciendo apuestas ilegales de béisbol.

Las cosas empeoraron para Sosa. En 2004 se hizo evidente que la organización de los Cubs quería vender a su antigua estrella, y los aficionados también. La relación llegó a su punto más bajo cuando el equipo multó a Sosa con $87.400 por llegar tarde y marcharse prematuramente en el último juego de la temporada. Llegar tarde es una de esas cosas que se supone que nunca suceden en el béisbol, y escabullirse precipitadamente también es inaceptable. Sosa sostuvo que se había marchado en la séptima entrada, pero la cinta de video de seguridad del estacionamiento donde tenía su auto demostró que lo había hecho en la primera. Sus compañeros de equipo se pusieron furiosos.

Justa o injustamente, tanto en Estados Unidos como en San Pedro, durante los últimos años de la carrera de Sosa, un manto de sospecha se cernía sobre el que una vez fuera el héroe sonriente de Consuelo, algo que persistió incluso después de su retiro en 2007. En el año 2009, los abogados filtraron a la prensa que Sosa había arrojado resultados positivos de esteroides en una prueba realizada en 2003, y que las Grandes Ligas revelaron con la condición de que los resultados fueran mantenidos en secreto. Esta mancha puede hacerle mucho daño a la reputación de un beisbolista, ya que puede impedir que un número significativo de periodistas deportivos den su voto para su ingreso al Salón de la Fama.

Ya existe un creciente sentimiento entre algunos periodistas deportivos, antiguos beisbolistas y aficionados, en el sentido de que no es justo comparar las marcas de los beisbolistas modernos con las de los jugadores antiguos, incluso sin drogas, para mejorar el rendimiento; el uso de esteroides complica aún más el asunto. ¿Cómo puede un Roger Clemens ser comparado con Bob Feller, Juan Marichal o Sandy Koufax, cuando Clemens sólo lanza en juegos de seis o siete entradas cada cuatro o cinco días mientras que los pítchers de aquél entonces tenían que mantener los brazos en forma para lanzar durante juegos completos cada tres días? En 1965 Sandy Koufax lanzó un juego completo de siete entradas en la Serie Mundial con dos días de descanso, una hazaña que no sería concebible para los pítchers de hoy en día.

¿Cómo se comparan los jonrones conectados en una temporada por McGwire o Sosa con los conectados por Ruth o Greenberg, cuando los bateadores de antes jugaban 154 juegos durante la temporada y los bateadores modernos tienen 162 juegos, es decir ocho más?

Entonces, cuando se agrega a la mezcla que Clemens, Sosa, y/o McGwire también podrían haber usado esteroides, los jugadores de antaño, los aficionados y, lo más importante, los cronistas deportivos, comienzan a enojarse.

El béisbol ha tenido su cuota de escándalos en Estados Unidos, pero en la República Dominicana —donde se exhiben millones de dólares frente a adolescentes desnutridos y pobres, y frente a sus desesperadas familias que muchas veces carecen de educación— los incidentes ocasionales de corrupción no pueden ser sorprendentes.

En 1999 se produjo el escándalo de los matrimonios. Las promesas dominicanas que habían firmado con las Grandes Ligas estaban recibiendo dinero de mujeres dominicanas por matrimonios ficticios para que ellas obtuvieran visas de residencia norteamericana. El único problema era que el consulado norteamericano comenzó a notar que de un momento a otro, un montón de jugadores jóvenes, especialmente de San Pedro, se casaron. El ilícito fue descubierto y les negaron las visas a los beisbolistas que fueron sorprendidos. Uno de los jugadores que perdieron su visa de esta manera fue Manny Alexander, quien declaró que sólo estaba tratando de ayudar a su prima, y el Departamento de Estado le devolvió su visa. Alexander tenía otros problemas. En el año 2000, mientras jugaba con los Red

Sox, se encontraron jeringas y esteroides en su auto. Cuando jugaba con los Yankees, fue acusado de robar artículos del casillero de Derek Jeter y venderlos a los coleccionistas de objetos memorables.

Los jóvenes talentos, adolescentes sin educación oriundos de pueblos pequeños, tenían·a muchas personas esperando una porción de sus jugosos cheques. Sus agentes los firmaban a pesar de que no necesitarían agentes en varios años. Los *scouts* y los buscones tenían muchas estrategias.

En mayo de 2008, los White Sox despidieron a su director de personal de jugadores David Wilder y a dos *scouts* dominicanos, Víctor Mateo y Domingo Toribio, alegando que habían conspirado con algunos buscones para presionar a las futuras promesas para que les dieran una parte de las bonificaciones por fichaje. Los White Sox enviaron el caso a las Grandes Ligas de Béisbol, que rápidamente lo remitió al FBI. Antes de que los resultados de la investigación se hicieran públicos, se hizo evidente que este tipo de corrupción no era exclusiva de los White Sox. No estaba exactamente claro cómo se las arreglaron para obtener el dinero de los jóvenes talentos, pero era claro que la estafa estaba directamente relacionada con la facilidad con la que intimidaban a los chicos desesperadamente pobres. Las jóvenes promesas y sus familias podrían haber acabado con esto simplemente denunciando el hecho, pero no querían causar problemas, ya que los equipos podían dejarlos en libertad. No se podía hacer sin el consentimiento del jugador, quien recibe su prima directamente de las Grandes Ligas. Sin embargo, los beisbolistas no se atrevían a entablar denuncias.

Un *scout* podría acercarse a un buscón, decirle la cantidad que podía recibir y sugerirle que le dijera a la familia del jugador que aceptara una cantidad menor para que ambos pudieran quedarse con el resto. El buscón, que muchas veces contaba con la confianza y la simpatía del joven, iba donde la familia y les decía que él podría conseguir una mayor bonificación si éste le daba una comisión. O bien podría decirles que tenían que pagarle un dinero o que, de lo contrario, no habría ningún trato. La familia, desesperada para lograr un acuerdo, solía hacer lo que le dijeran. No importa cuánto dinero perdieran, lo cierto es que estarían recibiendo más dinero de lo que nunca habían visto, con la posibilidad de recibir cheques cuantiosos en unos pocos años.

Astin Jacobo, quien era un buscón, señala: "Toda mi vida he estado en este deporte. Sí, hay algunos tipos malos en el béisbol, pero hay muchos más arriba que abajo. Es cierto que a veces un *scout* me propone un negocio, pero yo tengo que respetar el nombre de mi padre y el de mi hijo, que está tratando de ser un jugador de pelota. Pero esta no es la primera vez que he visto mierda en el béisbol. Los *scouts* veteranos te decían: 'Oye, me gusta el muchacho, pero lo necesito de diecisiete años, no de veinte. Toma estos quinientos pesos'. Ellos hacían eso muchas veces, no todo el tiempo, pero sí en muchas ocasiones".

Debido al aumento del valor de los jugadores jóvenes, las partidas de nacimiento falsas son una estratagia común. En 2003, el dominicano Alfonso Soriano le dijo a Brian Cashman, gerente general de los Yankees, que había nacido 1976, y no el 7 de enero de 1978, tal como se dijo cuando lo firmaron. A menudo, en los documentos de identidad falsos ni siquiera figuraba el nombre correcto. Adriano Rosario, un potente pítcher diestro de San Pedro de diecinueve años, firmó con los Diamonds de Arizona en 2002 y recibió una prima de $400.000, pero en realidad se llamaba Ramón Antonio Peña Paulino y tenía veintidós años. Rafael Pérez, gerente de la oficina para Latinoamérica de las Grandes Ligas en Santo Domingo, fue citado aduciendo que debería haber sospechado algo puesto que todo el mundo llamaba a Adriano "Tony". Posteriormente, Rosario afirmó haber ejecutado el fraude bajo la presión de Rafael Mena, un conocido *scout* de San Pedro. Como señaló Astin, muchas veces era el *scout* quien presionaba para cambiar la edad del beisbolista. Así, el *scout* a veces le exigía una parte de la bonificación al beisbolista para no revelar el fraude. No era difícil manejar a un adolescente asustado que trataba de negociar un acuerdo que podría cambiarle la vida.

Los documentos falsos no sólo reducían las edades para hacer que los beisbolistas parecieran más valiosos, sino que también aumentaban las edades para que los jugadores fueran elegibles. Un chico de Santo Domingo llamado Adrián Beltré trabajaba en la academia de los Dodgers, donde el *scout* Ralph Avila y otros vieron su gran velocidad y su potente brazo. En 1994, los Dodgers lo firmaron con un bono de $23.000, una cifra alta si se tiene en cuenta que nadie se lo estaba disputando a los Dodgers. En 1999, cuando Beltré jugaba como tercera base con los Dodgers, en las Grandes Ligas —donde se estaban investigando fichajes ilegales en la República Dominicana— se descubrió que Beltré tenía apenas quince años cuando lo habían firmado. Los Dodgers fueron multados con $50.000 y se les prohibió tener *scouts*, firmar y dirigir una academia en la República Dominicana durante un año, aunque el equipo encontró la forma de mantener abierta su academia.

Dos meses después, en febrero de 2000, los Braves fueron multados con $100.000 y expulsados de la República Dominicana durante seis meses por haber firmado al torpedero Wilson Betemit cuando aún no había cumplido los quince años. El pítcher Ricardo Aramboles firmó ilegalmente con los Marlins de la Florida cuando tenía catorce años. Después del ataque de 2001 al World Trade Center de Nueva York, los visados fueron objeto de un examen más riguroso y se detectaron más de 300 casos fraudulentos.

Uno de los mayores escándalos beisbolísticos de San Pedro tuvo lugar en 1997, cuando un *scout*, Luis Rosa, quien trabajaba en San Pedro, fue detenido, no sólo por recibir porcentajes ilegales de las primas de los jugadores, sino también por acosar sexualmente a quince jóvenes talentos en el campamento de los Giants en San Pedro. La primera denuncia fue presentada por Yan Carlos Ravelo, un pítcher diestro de veinte años, quien dijo: "Luis Rosa se aprovechó de nuestra pobreza y de nuestra desesperación por una visa americana, convirtiéndonos en sus esclavos".

Luis Rosa no era un *scout* de poca monta. Había firmado a Ozzie Guillén, Roberto y Sandy Alomar, Juan González, Iván Rodríguez y a muchos otros jugadores de las Gran Liga Dominicana. En un país donde la homosexualidad es un tabú del que no se habla, éste fue un caso complejo denunciado por el *New York Times* y otros periódicos extranjeros. Aunque Rosa sostuvo que era inocente, el caso fue una vergüenza en la que se vieron involucrados algunos de los nombres más grandes del béisbol dominicano. Rosa había estado trabajando para los Giants de San Francisco, un equipo pionero en la introducción de jugadores dominicanos en las Grandes Ligas: Juan Marichal y los hermanos Alou habían sido estrellas de ese equipo. Juan Marichal tuvo que lidiar con el caso porque era el secretario de deportes y recreación del gobierno dominicano. Joaquín Andújar testificó a favor de los chicos.

Para 2008 el escándalo de los esteroides estalló de lleno y tal parecía que no había escapatoria, no por lo menos en la República Dominicana, ni siquiera en San Pedro de Macorís. Lo más extraño para el béisbol de San Pedro, y de la República Dominicana en general, era el argumento de que una de las principales razones por las cuales Sammy Sosa utilizaba esteroides se debía a que su constitución era muy pequeña cuando había firmado, y que pronto se convirtió en un hombre grande y corpulento. Este había sido el caso de muchos beisbolistas dominicanos. ¿Era realmente una señal de uso de esteroides?

"Todos los que vienen a Estados Unidos a jugar pelota en las Ligas Menores siempre son flacos", argumentó Sosa. "Cuando llegan a las Grandes Ligas empiezan a comer bien y a hacer las cosas mejor. Si comes bien y entrenas mejor, ganarás un poco de peso". Él dijo que se había llenado cuando llegó a Texas porque comía mucho mejor. "¿Qué fue lo que se comió?", bromeó Rick Reilly, "¿El Fuerte Worth?"

Esta era una historia inquietantemente familiar en San Pedro, y llegó a ser incluso más vergonzosa cuando se reveló que Sosa realmente había adquirido su constitución gracias al uso de esteroides.

En la República Dominicana, los esteroides se venden de forma barata y sin receta médica en la mayoría de las farmacias. Además, en la República Dominicana hay muchos beisbolistas talentosos y jóvenes cuyas posibilidades de entrar al millonario club de las Grandes Ligas se ven obstaculizadas porque su constitución es pequeña. Si a esto se le añade el hecho de que la mayoría de estos jóvenes tiene una familia entera que depende de ellos, las condiciones están dadas para el abuso de esteroides. En el año 2000, un periodista del *New York Times* fue a una docena de farmacias —algunas en San Pedro y otras en Santo Domingo— y sólo encontró dos que no estaban dispuestas a venderle una versión de testosterona sin receta médica. Esto no es sorprendente, ya que en la República Dominicana se hace un esfuerzo mínimo para controlar la venta de productos farmacéuticos. De hecho, las investigaciones sobre el abuso de esteroides en las Grandes Ligas de béisbol han encontrado que estas drogas se obtienen fácilmente en la República Dominicana. Los jugadores de las Grandes Ligas comentan con frecuencia que quienes van a jugar béisbol de invierno a la isla tienen acceso a los esteroides. En 2009, cuando Alex Rodríguez, natural de Nueva York, confesó que había consumido esteroides, dijo que los consiguió a través de su primo en la República Dominicana. En San Pedro los esteroides que se consiguen con mayor facilidad son los que los veterinarios les aplican a los animales, generalmente a los caballos.

Las Grandes Ligas del béisbol reaccionaron en 2004 y comenzaron a realizar pruebas en las academias. Ese año, el 11% de los beisbolistas fichados dio resultados positivos. Era evidente que la práctica era generalizada. Las conversaciones sobre los graves riesgos para la salud derivados del uso de estas sustancias se convirtieron en un tema obligado dentro del programa de estudios de las academias. Además, los jóvenes talentos comprendieron que serían examinados cuando ingresaran en las academias y que el uso de esteroides sería detectado, lo cual pondría en riesgo sus carreras. Los resultados de las pruebas obtenidas después de 2004 mostraron una disminución drástica del uso de estas sustancias, y en los años 2007 y 2008, poco más del 3% de los jugadores inscritos dieron positivo por el uso de esteroides.

Los macorisanos y los dominicanos tienen motivos para preocuparse. La prensa americana recoge con entusiasmo cualquier soplo de estos escándalos, porque en Estados Unidos se tiene la percepción de que estos latinos extranjeros y salvajes que vienen a jugar béisbol tienen algo inapropiado, y esas noticias encuentran amplia resonancia. La palabra *foreign* (extranjero, extraño) no es por lo general un adjetivo positivo en Estados Unidos. En 1987 el pítcher Kevin Gross fue sorprendido cuando recurrió a la práctica ilegal de darle un movimiento extraño a su lanzamiento por medio de una sustancia pegajosa que ocultaba en su guante. Acusado de utilizar una sustancia "extraña" (en inglés *foreign*) en la pelota, negó la acusación y sostuvo: "Todo lo que utilicé es tradicionalmente norteamericano".

El hecho de que más y más jugadores no sean de la Norteamérica tradicional no es popular en Estados Unidos. Este autor escribió un artículo de portada en la revista *Parade* en julio de 2007 sobre el béisbol en San Pedro de Macorís y la revista recibió más de 100 cartas de los lectores. La mayoría se quejaba de que había demasiados extranjeros, latinos o dominicanos en el béisbol. Después de todo, el béisbol es un deporte americano y se supone que los mejores beisbolistas deberían ser americanos. En el siglo XIX, el gran poeta norteamericano Walt Whitman, definidor de lo americano, llamó al béisbol "el juego de América"; dijo que tenía "la energía, el dinamismo y la velocidad de la atmósfera americana", e incluso lo comparó en importancia con la Constitución. Si bien las Grandes Ligas están tratando de internacionalizar el juego, muchos estadounidenses quieren que sea exclusivamente americano.

Gran parte de las críticas provienen de los afroamericanos. Es innegable que el número de beisbolistas negros ha disminuido notablemente a medida que ha aumentado el de los latinos, en su gran mayoría dominicanos. Después de Jackie Robinson, la cuota de jugadores afroamericanos aumentó constantemente hasta 1975, cuando alcanzó el 25%: uno de cada cuatro beisbolistas de las Grandes Ligas. En 2005 los afroamericanos representaban sólo un 9,5% de todos los beisbolistas de las Grandes Ligas. Al mismo tiempo, aproximadamente uno de cada tres jugadores de las Grandes Ligas ha nacido en el extranjero. Y este porcentaje parece que seguirá aumentando. Sólo los dominicanos representan casi una cuarta parte de los jugadores de las Ligas Menores.

No sólo los aficionados, sino algunos jugadores afroamericanos han discutido este tema, sobre todo el gran bateador Gary Sheffield, quien afirma que las Grandes Ligas de béisbol favorecen a los jugadores latinos porque pueden ser adquiridos por un precio inferior y son más fáciles de controlar. "He nacido aquí, y no me pueden controlar", señaló. "Tú puedes encontrar una persona que lo tolere durante cierto tiempo porque quiere obtener un beneficio, pero al final, volverá a ser quien es. Y esa es una persona a la que le vas a hablar con respeto, como a un hombre".

Que los latinos son fáciles de controlar sería toda una revelación para alguien que hubiera trabajado con George Bell o Joaquín Andújar. Pero es cierto que los peloteros dominicanos llegan a Estados Unidos temerosos de ser liberados y enviados de vuelta a los cañaverales. Irónicamente, esta es exactamente la misma lógica que había hecho que las compañías azucareras estadounidenses prefirieran importar cocolos, pensando que el miedo de ser devueltos a sus países de origen haría que fueran más fáciles de controlar que los trabajadores dominicanos. En cuanto a conseguir beisbolistas latinos a un precio inferior, incluso los dominicanos, incluyendo a Sammy Sosa y a Manny Alexander, reconocían públicamente —y se habían quejado— de que los novatos americanos reclutados recibían más dinero que sus homólogos dominicanos. Esto sin duda era cierto en el caso de Sosa y de Alexander. Pero, también, los mejores talentos dominicanos del siglo XXI están recibiendo bonificaciones por fichaje que sugieren notoriamente que el interés por los jugadores dominicanos no tiene por objetivo el contratarlos a bajo precio.

Un estudio más atento del asunto sugiere que las Grandes Ligas del béisbol buscan talento en el extranjero a consecuencia de la disminución del interés en Estados Unidos. Cuando se pregunta qué ha pasado con los beisbolistas afroamericanos, no debería olvidarse que casi el 80% de los jugadores de la Asociación Nacional de Básquetbol son negros, así como lo son las tres cuartas partes de los jugadores de la Liga Nacional de Fútbol Americano. Las Grandes Ligas de béisbol han hecho un esfuerzo considerable para atraer a los afroamericanos, pero sin mucho éxito. En los barrios negros de Estados Unidos, los programas de béisbol están cerrando por falta de participación.

Nadie sabe a ciencia cierta a qué se debe esto. A veces se sugiere que es porque el camino para recibir una alta remuneración es considerablemente más rápido para un jugador de la

NBA o de la NFL que para un jugador de béisbol profesional. El fútbol americano y el baloncesto no tienen Ligas Menores. Traen a sus jugadores a través de programas de la universidad, y si logran destacarse allí, muy pronto se convierten en profesionales muy bien remunerados, sin tener que pasar varios años con malos sueldos y en las condiciones de humildad de las menores.

Pero hay un problema más amplio. Los estadounidenses en general están perdiendo interés en el béisbol. Los aficionados se van haciendo cada vez más mayores y el desinterés de la gente joven es alarmante. Cientos de programas de la liga infantil han sido cerrados.

Fred Cambria, un ex pítcher de los Pirates de Pittsburgh que ha entrenado a beisbolistas de las Grandes Ligas y universitarios, y que realiza con frecuencia seminarios para chicos de las zonas urbanas que quieren desarrollar habilidades beisbolísticas, declaró: "Veo que los jugadores latinos serán predominantes en los próximos años. Son grandes atletas y trabajan duro desde una edad temprana". Él no está sugiriendo que los afroamericanos no trabajen duro, sino que son personas pobres que encuentran mejores incentivos económicos en otros deportes. "No hay becas para los beisbolistas en las universidades, así que ellos se dedican a deportes lucrativos: al fútbol americano y al baloncesto", explicó. "Recibes una pequeña suma de dinero del fondo de becas y tienes que repartirla, pero un niño negro necesita un 'boleto' completo. Así que actualmente no hay héroes suficientes para ellos en el béisbol".

Cambria es consciente de las dificultades de los programas urbanos. Revitalizando el Béisbol en las Zonas Urbanas Deprimidas (RBI, por sus siglas en inglés) tenía por objeto desarrollar beisbolistas en las ciudades. "La RBI está tratando de que los afroamericanos jueguen, pero esto es algo sumamente difícil. Los programas de las zonas urbanas deprimidas están cerrando", dijo. Pero no es un problema exclusivo de los afroamericanos: todos los americanos en general parecen estar perdiendo el interés en el béisbol. Cambria vive en Northport, una ciudad predominantemente blanca y de clase media de Long Island, donde, dice que "el noventa por ciento de los chicos juegan fútbol o *lacrosse*, y los diamantes de béisbol están vacíos".

Las Grandes Ligas de béisbol tienen en este momento treinta equipos adscritos y requieren 750 jugadores activos. También necesitan más aficionados y más contratos de televisión en todo el mundo a fin de recaudar dinero para pagar los grandes salarios. Las Grandes Ligas se han convertido en una corporación internacional enorme. Existe incluso una división llamada Grandes Ligas del Béisbol Internacional enfocada en la expansión beisbolística en el mundo.

Esta no es una buena noticia para los dominicanos. Cuando unos cuantos innovadores como los Dodgers, los Giants y los Blue Jays de Toronto fueron a buscar nuevos talentos en el extranjero, la República Dominicana llamó fácilmente su atención. Todavía lo sigue haciendo, pero ya hay programas de desarrollo de beisbolistas en todo el mundo, no sólo en América Latina y en Asia, sino en Australia—donde el primer juego tuvo lugar en Melbourne en 1857—, en Alemania, en los Países Bajos y en Sudáfrica, donde se ha jugado desde los años treinta, e incluso en Gran Bretaña, aunque los británicos no sienten una gran atracción por este deporte.

Hasta dentro de América Latina el ambiente es cada vez más competitivo. Las Grandes Ligas de Béisbol se han interesado particularmente en Nicaragua, un país que en los últimos años ha superado a la República Dominicana en la distinción de ser la segunda nación más pobre del continente americano. Haití, inalcanzable en el primer lugar del país más pobre, parece demasiado inmerso en su propia tragedia como para abrirse al béisbol. E inevitablemente, llegará el día en que el gobierno de Estados Unidos haga la paz con Cuba y deje de exigirles a los cubanos que se conviertan en desertores de su país si quieren trabajar en Estados Unidos. Cuando Estados Unidos les permita a los cubanos jugar béisbol en Estados Unidos durante el verano, así como lo hace con los dominicanos y otros latinoamericanos, las Grandes Ligas estarán inundadas de un talento que es probablemente la veta más rica de beisbolistas en el mundo.

Incluso dentro de la República Dominicana, en San Pedro hay ya una mayor competencia. En el año 2008, sólo Santo Domingo, una ciudad tres veces más grande que San Pedro, ha producido más jugadores de las Grandes Ligas, aunque por muy poco: 103 frente a 79. San Pedro ha proporcionado 1 de cada 6 de los 471 beisbolistas dominicanos de las Grandes Ligas. Y, a pesar de que la cantera —las academias y el sistema de Ligas Menores— ha estado llena de macorisanos, la cuota de San Pedro va en declive. Cada vez más, los jugadores provienen de la región más pobre del país, del suroeste, que no tiene el rico suelo de la empobrecida San Pedro, sino únicamente un desierto árido donde la gente vive en chozas de madera resecas por el sol y luchan para conseguir alimentos y agua. Los jugadores de Grandes Ligas empezaron a salir de Bani, Azua e, incluso —como el campo corto dominicano Julio Lugo—, de Barahona, una de las ciudades más pobres de este país naturalmente pobre. Los habitantes de Barahona necesitaban una salida con mayor urgencia incluso que los macorisanos.

Sin embargo, sería difícil para una ciudad batir el récord de la pequeña San Pedro de Macorís, de donde salieron setenta y nueve jugadores de Grandes Ligas entre 1962 y 2008. San Pedro ha dado al deporte del béisbol más jugadores que cualquier pequeño pueblo en el mundo. Durante esos mismos años, Nueva York, con una de las tradiciones más antiguas y fuertes en la historia del béisbol, produjo 129 jugadores de Grandes Ligas —ni siquiera el doble— teniendo en cuenta que su población es veintisiete veces más grande que la de San Pedro. Y, por supuesto, entre ellos estaban muchos Dom Yors como Alex Rodríguez.

CAPÍTULO TRECE

El caprichoso juicio de la hinchada

En la calle principal de Consuelo, en medio de las tiendas y edificios comerciales de uno y dos pisos, se encuentra una gran casa de dos plantas atiborrada de ornamentos y arabescos blancos de hierro forjado en sus numerosas puertas, en las rejas de las ventanas y en las barandillas de los balcones. En el segundo piso una anciana observa desde su silla mecedora a los transeúntes. Es Felicia Franco, de ochenta y siete años, la madre de Julio Franco, quien decidió adoptar el apellido materno y no el de su padre. Ella tuvo tres hijos. Julio fue el único que ingresó a las Grandes Ligas. Se decía que Vicente, su hermano mayor, era un buen pítcher de Consuelo en los años sesenta, pero desaprovechó su brazo. Vivía con su madre. Su tercer hijo nunca jugó, y está radicado en la ciudad de Nueva York.

Cuando Julio sintonizaba un juego en la televisión, sus amigos y vecinos acudían a su espaciosa casa. En 1985, cuando apenas habían transcurrido tres años de la que sería una larga carrera, Julio construyó esta casa para su madre. Su padre, que ya había muerto, nunca habría podido construir una casa como ésta. Había sido un todero en el ingenio —lo que en los ingenios se llama un utilero, expresión tomada del béisbol.

Haciendo gala de la deslealtad característica de la hinchada de San Pedro, Felicia es partidaria acérrima de Licey. Su razón era sencilla: "Son los mejores. Van a ganar de nuevo este año", predice acertadamente, a pesar de que en ese momento las Estrellas ocupaban el primer lugar.

Aunque Julio no vive allí, todo gira en torno a él. Hay una foto suya, de gran tamaño, con el uniforme de los Rangers de Texas y acompañado del dueño del equipo titular en aquel entonces, George W. Bush, un joven de mirada incómoda (como siempre), quien escribió en la foto: *Vamos a ganar juntos*. En otra foto aún más grande, Julio posa con el Presidente, Bush padre, quien, como siempre, exhibe una especie de gesto de dolor. Aparecen delante de una lavadora como si estuvieran lavando la ropa juntos, algo verdaderamente difícil de creer.

Julio Franco tuvo una de las carreras más largas en la historia de las Grandes Ligas, la cual se prolongó durante veinticinco años, desde abril de 1982 hasta septiembre de 2007, cuando se retiró a los cuarenta y nueve años de edad. Mantuvo un impresionante promedio de bateo de .298, conectando un *hit* en uno de cada tres turnos al bate durante veinticinco años. Su total de 2.586 *hits* fue el máximo alcanzado por un dominicano en las Grandes Ligas. Es el jugador de posición regular —un jugador para todos los días— más viejo en la historia de las Grandes Ligas, superando por tres años el récord del racista Cap Anson. Desde 2004 hasta su retiro, fue el último beisbolista

activo de la generación nacida en los años cincuenta. Tiene a
su haber un formidable número de récords gerontológicos. El
26 de abril de 2006, mientras era bateador emergente de los
Mets, conectó un jonrón contra los Padres, convirtiéndose en el
jugador más viejo en la historia de las Grandes Ligas en conectar un jonrón. Conectó otro el 30 de septiembre y uno más el
4 de mayo del año siguiente. También fue el jugador más viejo
en conectar un *grand slam* —un jonrón con bases llenas— y
en conectar dos jonrones en un mismo juego, o en robar dos
bases en un mismo partido. Habría sido el jugador más veterano
en robar una base, pero en 1909, Arlie Latham, de cuarenta
y nueve años, salió de su retiro para jugar un partido con los
Giants y robó una. Franco lo intentó de nuevo el 20 de junio
de 2007, a los cuarenta y ocho años, cuando jugaba con los
Mets contra los Yankees en el Yankee Stadium. Llegó a la base,
superando al pítcher Roger Clemens, de cuarenta y cuatro años,
pero fue interceptado cuando trató de robar la segunda base.
Aún así, entró en los registros como el duelo entre un pítcher
y un bateador de más edad en correr bases en la historia de las
Grandes Ligas.

Después de su retiro, regresó a San Pedro, no a vivir, sino
a jugar dominó con sus viejos amigos y su hermano Vicente.
Tiene su propia casa en un barrio de viviendas nuevas y calles
sin pavimentar, en un barrio diferente al de su madre, pero
nada en Consuelo está muy lejos. Cualquier persona sabe en
Consuelo dónde está la casa de Julio Franco. Es una casa rosada
de estuco y piedra de dos pisos, detrás de un muro alto con
una sólida puerta de acero cerrada con candado, incluso en las
raras ocasiones en que Franco se encuentra allí. Es una casa más
lujosa que la mayoría de las que hay en Consuelo; pocos beis-

bolistas tienen sus casas allí. Sin embargo, no es una mansión ostentosa, porque esa no es una costumbre en Consuelo, así la gente tenga mucho dinero. Si alguien quiere una mansión, tiene que construirla en otro lugar, como lo hicieron Sammy Sosa y Alfredo Griffin.

Cuando está en Consuelo, Franco se sienta a menudo en el patio de baldosas rojas en la parte posterior de su casa, donde tiene un ventilador suspendido del techo por columnas griegas. Julio está sentado allí, con camiseta y jeans, juvenil y atlético, el rostro de edad mediana en un cuerpo de veinticinco años, relajado, jugando dominó con dos de sus mejores amigos, Vicente y Guillermo.

Golpean las fichas con fuerza sobre la mesa, como de costumbre, y llevan las cuentas con tiza en el borde de la mesa.

"Vengo una o dos veces al año, algunas veces en Navidad", dice Franco. "Me gusta estar en Consuelo. Voy al estadio y al gimnasio. Me gusta estar aquí, rodeado de la gente que conozco". Deja caer con fuerza una ficha de dominó sin previo aviso, le sonríe a su hermano y empieza a gritar, "¡Gané! ¡Gané!". A Julio le gusta competir. Realmente le encanta ganar.

Ya no es beisbolista; su nueva ambición es ser un gerente. Su familia vive en Fort Lauderdale, y regresar a San Pedro es algo que no está en sus planes.

"Pude haber seguido jugando", señala, "pero nadie cree que alguien de cincuenta años pueda serle útil a un club de béisbol. Prefieren darle una oportunidad a un talento joven. Yo entiendo eso".

Una de las razones por las que no vive en San Pedro es que ganó millones de dólares durante sus veinticinco años en las Grandes Ligas, y todos en San Pedro lo saben.

"Jamás le doy dinero a una persona de la calle. Le doy dinero a alguien para que compre medicamentos, a una madre para comprar leche. Le doy un guante a un niño y podría llevarlo a un juego de pelota, pero de ahí no paso".

Dice que muchas veces le piden dinero "personas que dicen ser amigas mías. Mis amigos de verdad nunca tienen que pedirme. Saben que yo les ayudaría si necesitaran. Si tuvieras $1 millón y le dieras $1 a un millón de personas, la siguiente persona se quejaría. No puedes hacer que todos queden satisfechos".

El caso de Sammy Sosa es un ejemplo de este dilema. Le pagaban $10 millones al año cuando estaba en la cima de su carrera, y después de su duelo de jonrones con Mark McGwire empezó a ganar millones de dólares adicionales en publicidad y apariciones como celebridad apoyando a determinados productos. Se convirtió en toda una industria asediada de ofertas. Posiblemente la más extraña fue la de un hombre que quería que Sosa le enviara sus camisetas sucias después de cada juego, para enmarcarlas en Lucite —el plástico transparente que reemplaza al vidrio— y venderlas como objetos de colección. Otras ideas eran fabricar un refresco y una salsa Sammy Sosa.

En San Pedro, donde la riqueza de Sosa es muy conocida —y no importa cuán rico seas, lo eres aún más en la mente de los pobres—, él es criticado con frecuencia por no dar lo suficiente. Esto obedece en parte a que él habla demasiado, especialmente a la prensa de Estados Unidos, sobre lo mucho que supuestamente da. El motivo por el cual fue cuestionado por su contribución a las víctimas del huracán de 1999 fue el espectáculo que armó para entregarla, y sin embargo la gente sentía que él nunca lo hizo. El alcalde Cedeño afirmó que Sosa había recaudado dinero en Japón para reconstruir mil casas destruidas por el huracán George, pero que la ayuda nunca llegó a San Pedro. Sosa dijo que Japón finalmente no ayudó porque surgió una disputa sobre quién construiría las casas. Luego respondió a la acusación del alcalde Cedeño diciendo: "Nunca es suficiente. Quiero que la gente de Estados Unidos sepa que he hecho lo mejor que he podido para ayudar a mi gente. Sólo puedo hacer eso. No puedo hacerlo todo".

Sosa siempre hizo las cosas con mucho ruido y propaganda. En su gira "Viva la Gente" de 1998 fue a San Pedro con un gran despliegue de prensa y repartió regalos en la calle. En 1999 Sosa, el ex lustrador de zapatos, invitó a almorzar a doscientos niños limpiabotas de Santo Domingo, pero los macorisanos comentaron que realmente él no había hecho nada por ellos.

Tal parece que todo lo que hace Sammy se convierte en escándalo. En 1998 le dio a Rudolph Giuliani, el alcalde de Nueva York, el bate con el que supuestamente había conectado su jonrón número sesenta y seis de esa temporada. A su vez, el gobernador George Pataki recibió el bate del jonrón número cincuenta y nueve. Pero el Salón de la Fama del Béisbol reveló que tenía ambos bates, y Sosa admitió haberse dejado llevar por la emoción del momento. "El alcalde fue muy amable conmigo", explicó. "Y no quería defraudarlo".

En 2000 la revista *Fortune* informó que el centro comercial Plaza 30/30 de Sosa estaba valuado en $2,7 millones y que había sido donado a su fundación para obtener un ahorro fiscal de al menos $1 millón. Aparte de una clínica, la cual siempre estaba llena de gente pobre y donde, según Sosa, 150 niños eran vacunados cada día y se les proporcionaba higiene dental, la principal inquilina de su centro comercial era su hermana, que tenía una tienda, un salón de belleza y una discoteca allí, pero no pagaba alquiler. La revista informó que Sosa había dejado de darle dinero a la fundación, la cual estaba próxima a la bancarrota a pesar de que su amigo y otrora rival Mark McGwire había donado $100.000 a la misma. En 2001 Art Sandoval, el administrador de la fundación benéfica de Sosa, afirmó que toda la fundación, incluyendo el Plaza 30/30 y su clínica, se había establecido como un régimen fiscal que le ahorró millones a Sosa. Si bien nunca se detectaron infracciones legales en ese sentido, incluso tras una investigación realizada por el IRS, el daño a la imagen de Sosa permanece en la mente de muchos macorisanos.

En 1999 el Congreso de Igualdad Racial (CORE, por sus siglas en inglés), pensaba otorgarle a Sosa el Premio Internacional de la Hermandad, pero luego objetaron que él había exigido que un jet privado lo recogiera en Santo Domingo, lo llevara a recibir el premio en Nueva York y luego lo dejara en Las Vegas para ver una pelea de Mike Tyson.

Además, según el CORE, Sosa quería que esta organización le ofreciera una lujosa suite de hotel y otras dos habitaciones contiguas, que le comprara cinco asientos en primera fila para la mencionada velada boxística, que organizara una cena para recaudar fondos con los contribuyentes del CORE y garantizara al menos $60.000 en contribuciones para las víctimas dominicanas del huracán. También quería llevar objetos coleccionables para vender en la entrega del premio.

No pudieron llegar a un acuerdo y Sosa no asistió. Roy Innis, Presidente nacional del CORE, dijo que Sosa "tiene que aprender a lidiar con sus quince minutos de fama". Y ese es exactamente el problema: las estrellas del béisbol son famosas y ganan millones, pero sólo por un gran momento.

Para los macorisanos, Sosa se había convertido en el símbolo de la decepción. Al igual que los griegos, los héroes de San Pedro tienen defectos. Si visitan la ciudad, como Rico Carty, los macorisanos los perdonan. Pero si rara vez se los ve en la ciudad, es una señal de que les han dado la espalda y no se los perdonan.

Sosa no vive en San Pedro. Prefirió construir una mansión de $5 millones en Santo Domingo. Solía decirles a los periodistas estadounidenses lo mucho que amaba a su ciudad natal y que su mansión tenía vitrales con escenas de San Pedro. Pero eso no se veía por ninguna parte.

Alejandro, un joven de Consuelo, señala: "Conozco a Sammy Sosa, y a algunos miembros de su familia. En 1998 edificó una gran mansión en Santo Domingo. Primero construyó una casa normal en San Pedro, pero cuando terminó la mansión en Santo Domingo, nunca más volvimos a verlo".

Rosa Julia Sosa, la abuela de Sammy, aún vive en una casa de tres habitaciones de bloques de cemento en Consuelo. Cuando el periódico neoyorkino *Daily News* la entrevistó en 1999, ella se quejó de que llevaba dos años sin verlo y le pidió dinero a la periodista.

Después de su retiro en 2007, Sosa abandonó su mansión de la capital y se radicó en La Romana, donde también vive George Bell —que igualmente dejó su mansión de San Pedro luego de divorciarse. Joaquín Andújar, que también hizo lo mismo a causa de un divorcio, se marchó definitivamente de la ciudad en 2008 para radicarse en Santo Domingo. San Pedro tiene dificultades para atraer a sus acaudalados ex peloteros. Aunque La Romana y San Pedro son dos ciudades azucareras del oriente del país, son muy diferentes entre sí. A pesar de que ambas tienen una pobreza considerable, el río de La Romana no está lleno de barcos de pesca de 19 pies, sino de yates con 50 de eslora. Bell construyó una nueva vivienda en Casa de Campo, un balneario de 7.000 acres de terreno proyectado por el diseñador dominicano Oscar de la Renta, con elegantes viviendas de estuco blanco, y protegido con portones y guardias armados. Ni los visitantes casuales ni los dominicanos de los barrios pueden entrar a este complejo privado, básicamente habitado por extranjeros, siendo un caso único en materia de exclusión. Tal vez lo que más le interesaba a Bell era que allí había dos campos de golf, diseñados por Pete Dye, famoso en ese oficio.

Bell juega golf todos los sábados y domingos. No es sorprendente que un hombre que se convirtió en una estrella gracias a la coordinación entre su mano y su ojo, y la suavidad de su bateo, sea también un buen jugador de golf. Lo mismo sucedió con Babe Ruth. Bell tiene un hándicap de cuatro.

"Me podría ir mejor", dice. "Pero cuando eres bueno, nadie juega contigo, y no es divertido".

Bell es un hombre de edad mediana y aspecto duro, ancho de hombros y todavía imponente y musculoso. La empuñadura de una pistola sobresale detrás de sus jeans. Explica que lleva un arma porque, "No quiero que nadie se meta conmigo". Es difícil creer que alguien lo haga, pero él es un hombre muy rico, en un lugar donde abundan el delito y la pobreza.

Bell, quien llegó a ganar casi $2 millones anuales como jugador, ha invertido bien su dinero. Es dueño de una empresa que ha construido varios condominios y de una granja dedicada a la producción de leche, que posteriormente terminó siendo una plantación de limones.

Durante un tiempo se la alquiló como academia a su antiguo equipo los Blue Jays, pero éstos se trasladaron y Bell tuvo problemas para encontrar otro equipo que estuviera interesado. Ese negocio ya se estaba haciendo demasiado competitivo. Así que llevaba una vida tranquila jugando golf, pescando peces agujas y administrando sus negocios.

"Realmente no paso mi tiempo libre con otros beisbolistas", explica. "Me gusta estar solo. Y también era así cuando jugaba béisbol. No me agrada acostarme tarde ni beber porque me siento muy mal al día siguiente. Fui a la inauguración de la discoteca de Alfredo y nunca más volví. No disfruto yendo al Malecón. Me gusta estar en casa a las nueve. No me gusta que la gente me moleste".

Alfredo Griffin, el amigo propietario de la discoteca en el Malecón, es muy diferente a él; no obstante, es uno de las pocos beisbolistas con los que Bell guarda una amistad, y los dos organizan un torneo anual de golf con fines benéficos.

El alcalde Tony Echavarría cuenta sobre las estrellas locales de béisbol: "Algunos hacen las cosas con mucho ruido; otros son más discretos".

Tengan dinero o no, la mayoría de los ex jugadores ha creado fundaciones benéficas. Apoyar los programas juveniles es una de sus actividades favoritas. Rico Carty jugó al béisbol mucho antes de que los peloteros fueran fabulosamente ricos y, sin embargo, tiene una casa grande, un buen coche y vive mejor que la mayoría de los macorisanos.

Además, dirige la Fundación Rico Carty, ubicada en un destartalado edificio del centro. En las oficinas húmedas y oscuras no repica ningún teléfono ni trabaja nadie. En lugar de eso, un grupo de hombres de aspecto curtido juega al dominó. Los muebles están deteriorados y las puertas ennegrecidas por las huellas dactilares. El lugar hace pensar en las oficinas del partido político local durante el gobierno de Balaguer, cuando el favor les era dispensado a los partidarios y el castigo a los opositores. Uno de los jugadores, un negro corpulento y gordo con la cabeza afeitada y unas manos enormes, era Rico Carty.

Carty explica que la Fundación Rico Carty necesita dinero.

"¿Qué hace la fundación? Ayuda a las personas pobres", señala. "Les da medicinas, cosas así". Quería que le pagara $500 por la entrevista. "No son para mí", aclaró. "Sino para la fundación".

Se le ofrecieron más de $500 en medicamentos, pero él insistió en recibirlos en efectivo, y parecía triste y decepcionado cuando se dio cuenta de que no iba a recibir el dinero. "He dado un centenar de entrevistas", dice en un tono irritado, "y ¿qué tengo para mostrar a cambio?" La mayoría de los ex jugadores tiene sus propias ideas sobre cómo ayudar a su pueblo. Tony Fernández posee una granja de 600 hectáreas en las afueras de San Pedro, que acondicionó como albergue para huérfanos, con dormitorios, capillas, salas de reuniones y un diamante de béisbol. También construyó un orfanato, que son su mayor preocupación. Hace hincapié en la importancia de la educación. Pero la mayoría de los huérfanos a quienes les habla sobre la necesidad de la educación esperan impresionarlo con su talento beisbolístico, esperando que algún día puedan ser fichados.

Mientras que Fernández se enfoca en los orfanatos, Soriano

construyó un diamante de béisbol en su antiguo barrio, en el Ingenio Quisqueya. Y así sucede en toda la República Dominicana. Pedro Martínez, quien creció cerca de Santo Domingo, construyó dos iglesias en la capital, una católica y otra bautista.

Al público le gusta convertir a los deportistas en héroes, y en San Pedro esos héroes harán que su pueblo empobrecido prospere finalmente. Pero eso es esperar demasiado heroísmo por parte de una persona sin educación que ha sido alejada de su tierra a los dieciséis años, recibiendo a cambio fama y riqueza a una velocidad vertiginosa, mientras vive en un mundo rodeado de hombres dedicados a perfeccionar el juego de un muchacho. Como el público tiene unas expectativas demasiado elevadas con respecto a estos jugadores, ellos sobreestiman su propia importancia, que encuentran muy difícil de acomodar a la realidad cuando dejan de jugar. Doug Glanville, un ex beisbolista de las Grandes Ligas, escribió en el *New York Times* en abril de 2008: "La mayoría de los beisbolistas fabrican una especie de caparazón alrededor de ellos mientras desarrollan sus carreras. Probablemente no difiera mucho de una cáscara de huevo. Es frágil, pero a nadie se le permite entrar en ella hasta que el jugador está listo para compartir sus secretos, o hasta que sucede algo terrible y la caparazón se resquebraja. En su interior, el beisbolista justifica su necesidad de estar aislado. Percibe que el tribunal de la opinión pública lo pondrá en un pedestal o lo derribará . . . y entonces utiliza esta barrera para protegerse de los juicios caprichosos de la hinchada, y para poder lograr algo en su propio mundo".

A pesar de todo su dinero, su mayor ambición es convertirse en lo que se conoce en la República Dominicana como gente de segundo, la más alta clase social que el dinero puede comprar. Un dominicano tarda varias generaciones en pertenecer a esta clase. Gran parte del dinero de San Pedro aún proviene de las viejas familias azucareras como los Vicini Cabral, posiblemente la familia más rica y poderosa del país. Esta dinastía fue fundada por un inmigrante italiano, Juan Bautista Vicini, quien llegó a San Pedro en la década de 1870 y fue uno de los primeros artífices del auge azucarero dominicano. Uno de sus ingenios era el Cristóbal Colón. La familia Hazín, por su parte, emigró del Líbano en el siglo XIX, y también incursionó en la industria del azúcar, consolidando su posición gracias a sus estrechos vínculos con Balaguer, y es una de las familias más ricas y poderosas del Oriente de la República Dominicana; los Hazín viven en San Pedro. La familia Barceló se remonta a Julián Barceló, quien emigró de España en 1905 y amasó una fortuna gracias a la agroindustria. Han hecho cuantiosas inversiones en hoteles en la playa de Juan Dolio. Casi todas las grandes empresas en la República Dominicana están en poder de dos docenas de familias aproximadamente. Éstas son apenas tres de ellas. Como grupo, son incluso menos conocidas por su civismo que los beisbolistas.

En cuanto al béisbol, las Grandes Ligas afirman que anualmente generan $76 millones producto de sus negocios en la República Dominicana, lo que hace de ellas una industria líder en la isla, comparable al turismo en la generación de empleo e ingresos. Las Grandes Ligas aseveran que sólo en el año 2003, los jugadores dominicanos enviaron $210 millones a la isla y que los diferentes equipos gastaron $14,7 millones en treinta academias que ofrecen empleo, directa o indirectamente, a 2.100 personas, en su gran mayoría de San Pedro.

El alcalde Echavarría ve las cosas de un modo diferente.

Aunque los beisbolistas gasten su dinero únicamente en ellos mismos y en sus familias, argumenta Echavarría, también invierten en la ciudad. "Sammy Sosa hace muchas cosas por San Pedro", afirma el alcalde. "Cuando firmó su primer contrato, construyó una mansión para su madre, y esa es una inversión en San Pedro. Y edificó el 30/30. Eso también es una inversión. Alfredo Griffin construyó el Café Caribe, su discoteca del Malecón. La mayoría de los jugadores invierten en bienes raíces. Son para sus familias, pero de todos modos es una inversión. Ellos invierten especialmente en bienes muebles e inmuebles". Para el alcalde, hasta una compra compulsiva es una inversión bienvenida.

Pero él cree que la contribución más importante del béisbol a San Pedro es que "el béisbol les da una actividad a los niños más pobres y cambia su vida y las de sus familias".

George Bell no está muy seguro sobre el impacto del béisbol. Sentado en el escritorio de su pequeño despacho atestado de aparejos de pesca, un gran pez aguja disecado y varios trofeos de golf, declara: "El béisbol da demasiado dinero, y eso terminará ocasionando problemas: mucho dinero y nada de educación". Pero cuando a él, que abandonó la escuela a los diecisiete años para firmar, se le pregunta si se arrepiente de no haber terminado sus estudios, vuelve a sentarse en su silla, con los brazos detrás de la cabeza, y responde: "Realmente no. Estoy muy satisfecho con lo que hice y con lo que estoy haciendo".

En la entrada del Estadio Tetelo Vargas, los baches entre la calle y el estacionamiento son tan profundos que se requiere mucho cuidado para conducir un vehículo sin rayarlo. Pero el estadio es una de las propiedades mejor cuidadas de San Pedro, y parece aún más reciente de lo que es.

Casi todos los días del año hay algún tipo de juego o de entrenamiento, con buenas posibilidades de que algún muchacho en ese campo sea un futuro jugador de las Grandes Ligas. Es por eso que, aunque el estadio pueda parecer vacío, siempre hay un grupo de personas mayores de gesto adusto en los asientos, algunos de ellos con carpetas o documentos, a veces detrás del *home*, con un radar de velocidad para medir los lanzamientos: son *scouts* de las Grandes Ligas.

Si tienes una buena coordinación entre la mano y el ojo, si puedes correr rápido o lanzar una bola con fuerza, si eres alto o zurdo o, mejor aún, si eres ambas cosas, tienes la oportunidad de rescatar a toda tu familia y ser millonario. ¿Por qué no intentarlo?

Cuando se acerca el 2 de julio, cualquier persona que tenga a un muchacho de dieciséis años y medio en su familia tiene la esperanza de una vida mejor.

San Pedro no es sólo béisbol para todos. Para algunos sigue siendo la ciudad de Gastón Deligne y de Pedro Mir. Cuando la estrella del merengue Juan Luis Guerra escribió su popular canción sobre San Pedro, "guavaberry", ni siquiera mencionó el béisbol. Le cantó al Malecón, a sus fabulosos atardeceres, a la compañía femenina y a beber guavaberry. Y es cierto que el Malecón es muy agradable al final del día, cuando se mira más allá de las rocas y las palmeras, divisando los últimos rayos de un sol cálido resplandeciendo sobre el mar turquesa, contra el telón de fondo de un cielo azul oscuro. Es incluso mejor mientras se toma un guavaberry.

Los macorisanos lo saben bien, y lo aprecian. Pero la mayoría de ellos necesitan ser redimidos. Y sólo hay una manera de que esto suceda.

Cuando se le plantea la pregunta obligada sobre San Pedro, ¿Por qué este pueblo produce tantos beisbolistas?, José Canó responde: "Porque aquí no hay nada más, y no somos lo suficientemente altos para el baloncesto".

Los primeros setenta y nueve:
Jugadores de las Grandes Ligas
de béisbol de San Pedro de Macorís

Desde 1962 los macorisanos han ingresado a las filas de las Grandes Ligas de béisbol con una frecuencia tal que entre 1980 y 2008 sólo en dos años no debutó ningún macorisano. Las fechas de nacimiento y los nombres presentados a continuación corresponden a los datos oficiales, y es probable que en algunos casos no reflejen las verdaderas edades y nombres de los beisbolistas.

1962

Amado Samuel

Ruperto Amado Samuel debutó el 10 de abril de 1962 con los Braves de Milwaukee, y su último juego fue el 11 de julio de 1964 con los Mets de Nueva York, para un total de tres temporadas en las Grandes Ligas. Nació el 6 de diciembre de 1938, en Santa Fe, y jugó como campo corto, en segunda y tercera base.

Manny Jiménez

Manuel Emilio Rivera Jiménez debutó en las Grandes Ligas el 11 de abril de 1962 con los Athletics de Kansas City, y jugó su último juego el 27 de mayo de 1969 con los Cubs de Chicago. Nació el 19 de noviembre de 1938 en San Pedro de Macorís. Jugó como jardinero izquierdo en 214 juegos y como jardinero derecho en 22. Después de jugar con los Athletics, los Pirates de Pittsburgh lo seleccionaron para las Ligas Menores el 29 de noviembre de 1966. Fue transferido a los Cubs el 15 de enero de 1969, y su carrera terminó en la séptima temporada con esta divisa. En 1962 su promedio de bateo fue .301, el más alto de la Liga Americana. En 1968, su mejor año, lo aumentó a .303.

1963

Pedro González

Pedro Olivares González debutó en las Grandes Ligas el 11 de abril de 1963 con los Yankees de Nueva York, y jugó su último juego el 27 de septiembre de 1967. Nació en Angelina el 12 de diciembre de 1937. Jugó básicamente como segunda base. Los Yankees lo firmaron para la temporada de 1958. Finalizó su carrera en las Grandes Ligas con los Indians. Fue conocido por su defensa, y sólo cometió treinta y un errores en cinco temporadas.

Rico Carty

Ricardo Adolfo Jacobo Carty nació el 1 de septiembre 1939 en Consuelo. Jugó principalmente como jardinero. Los Braves de

Milwaukee lo firmaron como agente libre el 24 de octubre de 1959. Debutó en las Grandes Ligas el 15 de septiembre de 1963 con los Braves de Milwaukee (que más tarde se convirtieron en los Braves de Atlanta), y su último juego fue el 23 de septiembre de 1979 con los Blue Jays de Toronto. De 1972 a 1978 fue transferido de los Braves a los Rangers de Texas, adquirido por los Cubs de Chicago, luego por los Athletics de Oakland, posteriormente por los Indians de Cleveland, reclutado por los Blue Jays, canjeado a los Indians, negociado de nuevo a los Blue Jays, canjeado a los Athletics y adquirido por los Blue Jays. Jugó un total de quince temporadas en las Grandes Ligas, y su mejor temporada fue la de 1970 con los Braves: obtuvo el título de bateo de la Liga Nacional, con un promedio de bateo de .366, 25 jonrones y 101 carreras impulsadas. En su carrera, conectó 278 dobles, 890 carreras impulsadas y 204 jonrones. Tuvo un promedio de bateo de .300, superado en 1964 (.330), 1965 (.310), 1966 (.326), 1969 (.342), 1970 (.366), 1974 (.363), 1975 (.308) y 1976 (.310).

1964

Rick Joseph

Ricardo José nació el 24 de agosto de 1939 en el Ingenio Santa Fe. Murió el 8 de septiembre de 1979 en Santiago, República Dominicana. Se desempeñó principalmente como tercera base, pero también como primera base, jardinero izquierdo y como segunda base en una ocasión. José comenzó en las Grandes Ligas el 18 de junio de1964 con los Athletics de Kansas City. Jugó una temporada y luego abandonó las Grandes Ligas, regresando en 1967 para jugar con los Phillies de Filadelfia durante cuatro temporadas, hasta terminar su carrera en 1970.

1965

Elvio Jiménez

Félix Elvio Rivera Jiménez nació el 6 de enero de 1940 en Santa Fe. Es hermano de Manny Jiménez. Era jardinero; su primer y último juego en las Grandes Ligas fue el 4 de octubre de 1964. En ese juego su promedio de bateo fue de .333.

1969

Rafael Robles

Rafael Robles nació el 20 de octubre de 1947 en San Pedro de Macorís. Los Giants de San Francisco lo firmaron para la temporada de 1967 y lo cedieron a los Padres en el reclutamiento de expansión que tuvo lugar en 1968. Debutó en las Grandes Ligas el 8 de abril de 1969 con los Padres de San Diego, y su último juego fue el 10 de junio de 1972. Era campo corto, y un juego ocupó la tercera base. Jugó su carrera de tres temporadas con los Padres. Murió el 13 de agosto de 1998.

Santiago Guzmán

Santiago Donovan Guzmán nació el 25 de julio de 1949 en el Ingenio Angelina. Era diestro y fue el primer pítcher de las Grandes Ligas de San Pedro de Macorís. Los Cardinals lo firmaron para la temporada de 1967. Debutó en las Grandes Ligas el 30 de septiembre de 1969 con los Cardinals de St. Louis, y su último juego fue el 18 de abril de 1972. En un total de cuatro temporadas, todas con los Cardinals, tuvo una efectividad de 4.50.

1973

Pepe Frías

Jesús María Andújar Frías nació el 14 de julio de 1948 en Consuelo. Jugó como campo corto, segunda base, tercera base, jardinero derecho, central e izquierdo. Los Giants de San Francisco lo firmaron el 18 de septiembre de 1966, y los Expos lo firmaron como agente libre el 27 de agosto de 1969. Debutó en las Grandes Ligas el 6 de abril de 1973 con los Expos de Montreal. Fue canjeado a los Braves de Atlanta el 31 de marzo de 1979, a los Rangers de Texas el 6 de diciembre de 1979 y a los Dodgers el 13 de septiembre de 1980. Su último juego fue el 26 de agosto de 1981, para un total de nueve temporadas en las Grandes Ligas. Frías fue un gran defensor, sólo cometió cinco errores como segunda base y diez errores como campo corto.

Rafael Batista

Rafael Sánchez Batista nació el 20 de octubre de 1947 en Consuelo. Jugaba en primera base, debutó en las Grandes Ligas el 17 de junio de 1973 con los Astros de Houston, y su último juego fue el 27 de abril de 1975. Sólo estuvo dos temporadas en las Grandes Ligas, para un total de veintidós juegos. En 1975 tuvo un promedio de bateo de .300.

1976

Joaquín Andújar

Joaquín Andújar nació el 21 de diciembre de 1952 en el sector de La Barca, en San Pedro de Macorís. Pítcher diestro, los Reds de Cincinnati lo firmaron el 14 de noviembre de 1969 y fue canjeado a los Astros de Houston el 24 de octubre de 1975. Su primer juego en las Grandes Ligas fue el 8 de abril de 1976 con los Astros de Houston. Fue canjeado a los Cardinals el 7 de junio de 1981, y sus mejores temporadas como pítcher fueron en este equipo. Fue nombrado el Jugador Más Valioso de la Liga Nacional en 1982, recibió un Guante de Oro en 1984, ganó veinte juegos en 1984 y veintiuno en 1985, año en que ganó la Serie Mundial.

En diciembre de 1985 fue transferido a los Athletics de Oakland y luego regresó a los Astros, donde lanzó por última vez el 30 de septiembre de 1988. Jugó un total de trece temporadas en las Grandes Ligas, con un promedio de carreras limpias permitidas (ERA, por sus siglas en inglés) de 3.58. Se retiró prematuramente a causa de una dolencia en sus piernas.

Santo Alcalá

Santo Aníbal Alcalá nació el 23 de diciembre de 1952 en Villa Providencia, San Pedro de Macorís. Fue un pítcher diestro. Los Reds lo firmaron para la temporada de 1970. Debutó en las Grandes Ligas el 10 de abril de 1976 con los Reds de Cincinnati. Su carrera se vio interrumpida por una lesión en el brazo. Durante sus dos años en las Grandes Ligas, ponchó a 140 bateadores y tuvo una efectividad de 4.76. Su último juego fue el 25 de septiembre de 1977 con los Expos de Montreal.

Juan Ramón Bernhardt

Juan Ramón Bernhardt Coradin nació el 31 de agosto de 1953 en San Pedro de Macorís. Su primer juego en las Grandes Ligas fue el 10 de julio de 1976 con los Yankees de Nueva York, y el último, el 8 de abril de 1979. Jugó principalmente como bateador designado y tercera base.

Alfredo Griffin

Alfredo Claudino Bautista Griffin nació el 6 de octubre de 1957 en Consuelo. Los Indians lo firmaron el 22 de agosto de 1973. Jugó como campo corto, segunda y tercera base, y también fue bateador designado. Debutó en las Grandes Ligas el 4 de septiembre de 1976 con los Indians de Cleveland. En 1978, mientras jugaba para los Indians, tuvo un promedio de bateo de .500. El 5 de diciembre de 1978 fue transferido a los Blue Jays de Toronto, donde jugó como campo corto. Fue nombrado Novato del Año en 1979. Fue transferido a los Athletics de Oakland el 8 de diciembre de 1984. En 1985 recibió el Guante de Oro por sus habilidades de fildeo. El 11 de diciembre de 1987 pasó a los Dodgers de Los Ángeles. El 19 de marzo de 1992 empezó a jugar con los Blue Jays como agente libre. El 3 de octubre de 1993 tuvo su último juego, para un total de dieciocho temporadas en las Grandes Ligas, en las que bateó 245 dobles y 78 triples, tuvo 527 carreras impulsadas y robó 192 bases.

Ignacio "Al" Javier

Ignacio Alfredo Wilkes Javier nació el 4 de febrero de 1954 en Consuelo. Jugó como jardinero izquierdo y derecho. Los Astros lo firmaron en 1971. Debutó en las Grandes Ligas el 9 de septiembre de 1976 con los Astros de Houston, y su último juego fue el 1 de octubre de 1976, para ocho juegos en total y una sola temporada en las Grandes Ligas.

1978

Arturo DeFreitas

Arturo Marcelino Simon DeFreitas nació el 26 de abril de 1953 en San Pedro de Macorís. Jugó en primera base y como jardinero derecho. Los Reds lo firmaron el 27 de mayo de 1970. Su primer juego en las Grandes Ligas fue el 7 de septiembre de 1978 con los Reds de Cincinnati, y jugó dos temporadas para este equipo. Su último juego tuvo lugar el 27 de junio de 1979.

Alberto Lois

Alberto Lois Pie nació el 6 de mayo de 1956 en Consuelo. Jugó como jardinero izquierdo, derecho y central. Los Pirates de Pittsburgh lo firmaron en 1974. Debutó el 8 septiembre de 1978 con los Pirates, y su último juego en las Grandes Ligas fue el 29 de septiembre de 1979. Su carrera, de sólo catorce juegos en dos temporadas, terminó a consecuencia de las lesiones que sufrió en un accidente de tránsito.

Pedro Guerrero

Pedro Guerrero nació el 29 de junio de 1956 en Santa Fe. Primera base, firmó con los Indians de Cleveland el 15 de enero de 1973, y un año después fue transferido a los Dodgers. Debutó en las Grandes Ligas el 22 de septiembre de 1978 con los Dodgers de Los Ángeles. Fue galardonado con el título de Jugador Más Valioso en 1981. Su mejor año fue en 1982 con los Dodgers: conectó 32 jonrones, impulsó 100 carreras y tuvo un promedio de bateo de .304. Jugó once de las dieciséis temporadas de su carrera con este equipo, y cinco con los Cardinals de St. Louis, adonde fue transferido el 16 de agosto de 1988 y firmado como agente libre el 7 de enero de 1992, jugando su último juego el 4 de octubre de 1992. Durante su carrera anotó 267 dobles y 215 jonrones, tuvo un total de 898 carreras impulsadas y su promedio general de bateo fue de .300.

1980

Rafael "Rafelin" Ramírez

Rafael Emilio Peguero Ramírez nació el 18 de febrero de 1958 en Angelina. Pedro González lo firmó con los Braves de Atlanta en septiembre de 1976. Era básicamente un campo corto. Debutó en las Grandes Ligas el 4 de agosto de 1980 con los Braves de Atlanta. Jugó un total de trece temporadas: ocho con los Braves y cinco con los Astros de Houston. Jugó su último juego el 3 de octubre de 1992. Bateó 224 dobles, robó 112 bases e impulsó un total de 484 carreras.

1981

George Bell

George Antonio Bell nació el 21 de octubre de 1959 en Santa Fe. Los Phillies de Filadelfia lo firmaron el 7 de marzo de 1978. Jugó como jardinero central, izquierdo y derecho, en tercera y segunda base, y también como bateador designado. Debutó en las Grandes Ligas el 9 de abril de 1981 con los Blue Jays de Toronto, y jugó su último juego el 2 de octubre de 1993 con los White Sox de Chicago. Jugó nueve temporadas con los Blue Jays, una con los Cubs de Chicago y dos con los White Sox. Durante sus doce temporadas obtuvo un promedio de bateo de .278, conectó 265 jonrones, 308 dobles e impulsó 1.002 carreras. En 1987, mientras jugaba con los Blue Jays, se convirtió en el primer dominicano en ser nombrado como el

Jugador Más Valioso de la Liga. También fue el primer jugador de Grandes Ligas en batear tres cuadrangulares en el día de apertura.

Rufino Linares

Rufino de la Cruz Linares nació el 28 de febrero de 1951 en Quisqueya. Jugó básicamente como jardinero y jardinero izquierdo. Debutó en las Grandes Ligas el 10 de abril de 1981 con los Braves de Atlanta, y jugó su último juego el 6 de octubre de 1985 con los Angels de California. Jugó un total de cuatro temporadas en las Grandes Ligas: tres con los Braves y otra con los Angels. Murió el 16 de mayo de 1998.

1982

Julio Franco

Julio César Franco nació el 23 de agosto de 1958 en Consuelo. Debutó en las Grandes Ligas el 23 de abril de 1982 con los Phillies de Filadelfia, siendo fichado cuatro años antes como agente libre, el 23 de abril de 1978.

Julio Franco tuvo una de las más largas carreras en la historia de las Grandes Ligas, que comprende veinticinco años, desde abril de 1982 hasta septiembre de 2007, cuando se retiró a la edad de cuarenta y nueve años. Mantuvo un impresionante promedio de bateo de .298 durante su carrera, conectando un *hit* en uno de cada tres turnos al bate. Durante muchos años tuvo un promedio de bateo de .300 o superior: 1986 (.306), 1987 (.319), 1988 (.303), 1989 (.316), 1991 (.341) y 1994 (.319). Su récord de 2.586 *hits* es el más alto de cualquier jugador dominicano en las Grandes Ligas.

Franco jugó principalmente como campo corto y segunda base, pero también en primera y tercera base, en el jardín izquierdo y derecho, en los jardines y también fue bateador designado. Fue transferido a los Indians de Cleveland el 9 de diciembre de 1982, y luego canjeado a los Rangers de Texas el 6 de diciembre de 1988. Los White Sox de Chicago lo firmaron como agente libre el 15 de diciembre de 1993; los Indians, el 7 de diciembre 1995; los Brewers de Milwaukee, el 13 de agosto de 1997 y los Rays de Tampa Bay, el 19 de febrero de 1999. El 31 de agosto de 2001 los Braves de Atlanta se lo compraron a los Tigres de la Ciudad de México y lo firmaron como agente libre el 8 de enero de 2003, el 12 de enero de 2004 y el 9 de diciembre de 2004. Los Mets de Nueva York lo firmaron como agente libre el 12 de diciembre de 2005, y luego los Braves, el 18 de julio de 2007. Terminó su temporada de 2007 con los Braves. En 1990 fue nombrado como el Jugador Más Valioso.

Franco fue el jugador de posición regular (de todos los días) de mayor edad en la historia de las Grandes Ligas. Desde el 2004 hasta su retiro, fue el jugador más viejo en el béisbol y obtuvo varias marcas: el jugador más veterano en la historia en conectar un jonrón y en batear un *grand slam*, en conectar dos jonrones y en robar dos bases en un mismo juego.

Alejandro Sánchez

Alejandro Pimentel Sánchez nació el 14 de febrero de 1959 en San Pedro de Macorís. Los Phillies lo firmaron en 1978. Jugó en los jardines como jardinero derecho, izquierdo y central, y también fue bateador designado. Su primer juego en las Grandes Ligas fue el 6 de septiembre de 1982 con los Phillies de Filadelfia, y el último el 16 de mayo de 1987, para un total de seis temporadas. Jugó con los Phillies de 1982 a 1983. Fue transferido a los Giants de San Francisco el 24 marzo de 1984, a los Tigers de Detroit el 5 de abril de 1985 y a los Twins de Minnesota el 16 de enero de 1986. Se convirtió en agente libre el 15 de octubre de 1986, y luego jugó con los Athletics de Oakland en 1987.

1983

Juan Samuel

Juan Milton Samuel nació el 9 de diciembre de 1960 en el barrio Restauración. Firmó con los Phillies el 29 de abril de 1980. Jugó en segunda y primera base, como jardinero central, derecho e izquierdo, en tercera base, y fue también bateador designado; pero jugó principalmente como segunda base, con un total de 1.190 juegos en esa posición. Debutó en las Grandes Ligas el 24 de agosto de 1983 con los Phillies de Filadelfia, y jugó su último juego en septiembre 26 de 1998 con los Blue Jays de Toronto. Fue transferido a los Mets de Nueva York el 18 de junio de 1989, a los Dodgers de Los Ángeles el 20 de diciembre del mismo año y a los Royals de Kansas City el 8 de septiembre de 1995. Fue firmado como agente libre por los Royals el 6 de agosto de 1992, por los Reds de Cincinnati el 11 de diciembre de 1992, por los Tigers de Detroit el 14 de febrero de 1994 y por los Blue Jays el 16 de enero de 1996, equipo con el que terminó su carrera en las Grandes Ligas. En sus primeras cuatro temporadas fue el primer jugador en la historia en anotar más de diez cuadrangulares, bases robadas, dobles y triples. Jugó un total de dieciséis temporadas en las Grandes Ligas, donde anotó 161 jonrones, 287 dobles, 102 triples, 703 carreras impulsadas y 396 bases robadas. Fue el Jugador Más Valioso en la Liga Nacional en 1984 y en 1987. Tiene el récord en el mayor número de turnos al bate de las Grandes Ligas para un bateador diestro en una temporada. También igualó el récord de las Grandes Ligas en ponches consecutivos —cuatro—, que comparte con Hack Wilson y Vince DiMaggio.

Tony Fernández

Octavio Antonio Castro Fernández nació el 30 de junio de 1962 en el Barrio Restauración. Los Blue Jays lo firmaron el 24 de abril de 1979. Debutó en las Grandes Ligas el 2 de septiembre de 1983 con los Blue Jays de Toronto. En 1990 fue transferido a los Padres, y luego canjeado a los Mets en 1992, a los Reds como agente libre en marzo de 1994, a los Yankees en diciembre de 1994, a los Indians en 1996, nuevamente a los Blue Jays de Toronto en 1997 y a los Brewers en febrero de 2001, donde jugó su último juego el 7 de octubre de ese mismo año. Jugó como campo corto, como segunda base en unos cuantos juegos, así como en tercera base, y como bateador designado. Durante cuatro temporadas consecutivas, desde 1986 hasta 1989, recibió el Guante de Oro y fue el Jugador Más Valioso de la Liga Americana. En sus diecisiete temporadas en las Grandes Ligas, bateó 414 dobles y 92 triples, impulsó 844 carreras y robó 246 bases.

1984

Ramón Romero

Ramón de los Santos Romero nació el 8 de enero de 1959 en el barrio Restauración. Pítcher zurdo, firmó con los Indians de Cleveland el 1 de octubre de 1976. Debutó con este equipo el 18 de septiembre de 1984, y jugó su último juego el 21 de septiembre de 1985. Tuvo un ERA de 6.28 en su carrera.

1985

Mariano Duncan

Mariano Nalasco Duncan nació el 13 de marzo de 1963 en Angelina. Jugó básicamente en segunda base, pero también como campo corto, jardinero, jardinero izquierdo y derecho, tercera base, primera base y como bateador designado. Los Dodgers lo firmaron el 7 de enero de 1982, y debutó en las Grandes Ligas el 9 de abril de 1985. Robó treinta y ocho bases en su primer año como novato. Fue transferido a los Reds de Cincinnati. Los Phillies de Filadelfia lo firmaron como agente libre el 14 de abril de 1995, luego los Yankees de Nueva York, el 11 de diciembre de 1995, quienes lo canjearon a los Blue Jays el 29 de julio de 1997. Jugó su último juego el 17 de septiembre de 1997 con los Blue Jays, para un total de doce temporadas en las Grandes Ligas. Su promedio de bateo fue de .306 en 1990 y de .340 en 1996. Anotó 233 dobles, 491 carreras impulsadas y 174 bases robadas. Después de terminar su carrera como jugador, Duncan se convirtió en entrenador de los Dodgers de Los Ángeles.

Manny Lee

Manuel Lora Lee nació el 17 de junio de 1965 en Villa Magdalena. Los Mets lo firmaron el 10 de mayo de 1982, e inició en las Grandes Ligas el 10 de abril de 1985 con los Blue Jays de Toronto. Entre los diecinueve y los veinte años (en 1985 y 1986) fue el jugador más joven de la Liga Americana. Durante su carrera de once temporadas en las Grandes Ligas, jugó como campo corto en 522 juegos, en segunda base en 358 juegos, tercera base en 32 juegos, como jardinero derecho en 1 juego y fue bateador designado en 25 juegos. Jugó su último juego el 26 de abril de 1995 con los Cardinals de St. Louis.

1986

Juan Castillo

Juan Bryas Castillo nació el 25 de enero de 1962 en Placer Bonito. Fue firmado por los Brewers de Milwaukee el 11 de octubre de 1979, y debutó en las Grandes Ligas el 12 de abril de 1986 con los Brewers. Jugó como segunda base, campo corto, tercera base, en el jardín izquierdo y como bateador designado, pero especialmente como segunda base, con un total de 135 juegos en esa posición. Castillo jugó su último juego el 17 de abril de 1989. Jugó sus cuatro temporadas con los Brewers.

Balvino Gálvez

Jerez Balvino Gálvez nació el 31 de marzo de 1964 en el batey Monte Cristi. Era un pítcher derecho que firmó con los Dodgers el 10 de septiembre de 1981. Su primer lanzamiento en las Grandes Ligas fue el 7 de mayo de 1986 con los Dodgers, y el último el 5 de octubre de ese mismo año, jugando sólo una temporada y lanzando en apenas diez juegos en las Grandes Ligas, con una efectividad de 3.92. A pesar de su buen año, fue enviado a las Menores. Luego tuvo una tormentosa pero ilustre carrera en el béisbol japonés. En 2001 Gálvez estuvo cerca de volver a las Grandes Ligas para jugar con los Pirates, cuando tuvo una discusión con el entrenador de lanzamiento en los entrenamientos de primavera, salió del campo y regresó a la República Dominicana sin hablar con nadie. Fue liberado de inmediato, y ese fue el final de su carrera.

1988

Ravelo Manzanillo

Ravelo Manzanillo nació el 17 de octubre de 1963 en Placer Bonito. Fue un pítcher zurdo. Su primer lanzamiento en las Grandes Ligas tuvo lugar el 25 de septiembre de 1988 con los White Sox de Chicago, equipo donde jugó hasta 1994, cuando los Pirates lo firmaron como agente libre. Pasó sus dos últimas temporadas, 1994 y 1995, con los Pirates. Manzanillo jugó su último juego el 9 de mayo de 1995 con los Pirates de Pittsburgh. A lo largo de su carrera su ERA fue de 4.43.

1989

Sammy Sosa

Samuel Peralta Sosa nació el 12 de noviembre de 1968 en Consuelo. Los Rangers de Texas lo firmaron el 30 de julio de 1985 y debutó en las Grandes Ligas el 16 de junio de 1989 con ese equipo. Fue transferido a los White Sox de Chicago, luego a los Cubs el 30 de marzo de 1992, y a los Orioles de Baltimore el 2 de febrero de 2005. Los Rangers lo firmaron como agente libre el 30 de enero de 2007, y se retiró al final de la temporada, aunque aún tenía esperanzas de regresar.

Sosa jugó básicamente como jardinero y también fue bateador designado. En 1993 anotó más de 30 jonrones y robó más de 30 bases, rompiendo el récord de 30-30. En 1998 le fue concedido el título del Jugador Más Valioso de la Liga Nacional y del Jugador del Año de las Grandes Ligas. En 1998 Sosa y Mark McGwire compitieron por el título de jonrones de la Liga Nacional.

Aunque Sosa conectó su sexagésimo segundo jonrón en septiembre, lo hizo después de McGwire, lo que le permitió a éste ganar la competencia —y Sosa anotó 66 jonrones durante esa temporada, contra 70 de McGwire. Sosa pasó a ser el único bateador en la historia en anotar sesenta o más jonrones en tres temporadas consecutivas. El 20 de junio de 2007, en su última temporada, Sosa se convirtió en uno de los cinco jugadores en conectar 600 jonrones.

José Canó

Joselito Soriano Canó nació el 7 de marzo de 1962 en Boca del Soco. Fue un pítcher diestro, firmado por los Yankees de Nueva York el 10 de marzo de 1980; los Yankees lo dejaron en libertad el 6 de agosto de ese año. Los Braves de Atlanta lo firmaron como agente libre el 1 de diciembre de 1981 y lo liberaron el 4 de junio de 1982, y nuevamente en 1983 y 1985. Los Astros lo firmaron como agente libre el 15 de abril de 1987, y debutó en las Grandes Ligas el 28 de agosto de 1989 con los Astros de Houston, jugando su último juego en septiembre 30 de 1989. En su única temporada en las Grandes Ligas, Canó lanzó en seis juegos, abriendo en dos ocasiones, con un récord de 1–1 de victorias-derrotas y una efectividad de 5.09.

Juan "Tito" Bell

Juan Mathey Bell, hermano de George Bell, nació el 29 de marzo de 1964 en Los Cuatro Caminos, San Pedro de Macorís. Los Dodgers de Los Ángeles lo firmaron como agente libre el 1 de septiembre de 1984, y lo canjearon a los Orioles de Baltimore el 4 de diciembre de 1988. Debutó en las Grandes Ligas el 6 de septiembre de 1989 con los Orioles de Baltimore. Fue transferido a los Phillies de Filadelfia el 11 de agosto de 1992. Después de jugar con los Phillies, lo hizo con los Expos de Montreal y los Red Sox de Boston durante sus dos últimas temporadas. Jugó un total de siete temporadas en las Grandes Ligas, y su último juego fue el 25 de agosto de 1995 con los Red Sox de Boston. Jugó básicamente como segunda base, pero también como campo corto, tercera base, en el jardín derecho, central e izquierdo, y como bateador designado.

1990

José Offerman

José Antonio Dono Offerman nació el 8 de noviembre de 1968 en el barrio Blanco, en San Pedro de Macorís. Fue bateador ambidiestro y pítcher diestro. Los Dodgers lo contrataron el 24 de julio de 1986. Debutó en las Grandes Ligas el 19 de agosto de 1990 con los Dodgers. Jugó como campo corto, segunda y primera base, como jugador defensivo, jardinero izquierdo, derecho y central, y como bateador designado. Fue transferido a los Royals de Kansas City el 17 de diciembre 1995. Los Red Sox de Boston lo firmaron como agente libre el 16 de noviembre de 1988. Un acuerdo condicional lo envió a los Mariners de Seattle el 8 de agosto de 2002. Los Expos de Montreal lo firmaron como agente libre el 26 de febrero 2003 y lo liberaron el 1 de abril de ese mismo año. Los Twins de Minnesota lo firmaron como agente libre el 6 de febrero de 2004. Los Phillies de Filadelfia hicieron lo propio el 19 de enero de 2005 y lo liberaron el 20 de mayo de ese año. Los Mets de Nueva York lo firmaron como agente libre en junio 8 de 2005. En 1996 tuvo un promedio de bateo de .303, y de .315 en 1998.

Víctor Rosario

Víctor Manuel Rivera Rosario nació el 26 de agosto de 1966 en Callejón Ortiz, en San Pedro de Macorís. Los Red Sox de Boston lo firmaron el 5 de diciembre de 1983, pero lo canjearon a los Braves de Atlanta, equipo con el que hizo su debut en las Grandes Ligas el 6 de septiembre de 1990. Allí jugó como campo corto y segunda base durante su única temporada. Su último juego fue el 3 de octubre de 1990.

Andrés Santana

Andrés Confesor Belonis Santana nació el 5 de febrero de 1968 en Quisqueya. Los Giants de San Francisco lo firmaron como agente libre en 1985. Debutó como campo corto en las Grandes Ligas el 16 de septiembre de 1990 con los Giants, y jugó el último juego de su carrera el 3 de octubre de1990.

1991

Tony Eusebio

Raúl Antonio Bare Eusebio nació el 27 de abril de 1967 en Los Llanos, San Pedro de Macorís. Los Astros lo firmaron el 30 de mayo de 1995. Jugó las nueve temporadas de su carrera con este equipo, como receptor suplente. Debutó en las Grandes Ligas el 8 de agosto de 1991 y jugó su último juego el 7 de octubre de 2001. Impulsó 241 carreras. Aunque el promedio de bateo en su carrera fue de sólo .275, su promedio de bateo durante la postemporada de 1997 a 2001 fue de .375. En el año 2000 obtuvo un récord de *hits* durante veinticuatro juegos consecutivos, aunque, como no era un jugador regular, tardó cincuenta y un días en hacerlo.

Esteban Beltré

Esteban Beltré Valera nació el 26 de diciembre de 1967 en Quisqueya. Los Expos de Montreal lo firmaron el 9 de mayo de 1984 y debutó en las Grandes Ligas el 3 de septiembre de 1991 con los White Sox de Chicago. Jugó como campo corto, segunda y tercera base, y como bateador designado. Jugó su último juego el 5 de junio de 1996 con los Red Sox de Boston.

Luis Mercedes

Luis Roberto Santana Mercedes nació el 15 de febrero de 1968 en Miramar. Los Orioles lo firmaron el 16 de febrero de 1987, y fue transferido a los Giants el 29 de abril de 1993. Jugó en el jardín derecho, izquierdo y central, y como bateador designado. Debutó en las Grandes Ligas el 8 de septiembre de 1991 con los Orioles de Baltimore, y su último juego fue el 23 de septiembre de 1993. Jugó un total de tres temporadas en las Grandes Ligas, las dos primeras con los Orioles y la última con esta escuadra y con los Giants de San Francisco.

Josias Manzanillo

Josias Adams Manzanillo nació el 16 de octubre de 1967 en Placer Bonito; era hermano de Ravelo Manzanillo. Pítcher diestro, firmado por los Red Sox el 10 de enero de 1983, lanzó por primera vez en las Grandes Ligas el 5 de octubre de 1991 con este equipo. Los Royals de Kansas City lo ficharon como agente libre el 3 de abril de 1992; igualmente los Brewers de Milwaukee, el 20 de noviembre de 1992; los Mariners de Seattle, el 21 de diciembre de 1996; los Astros de Houston, en julio 27 de 1997; los Rays de Tampa Bay, el 18 de diciembre de 1997; los

Mets de Nueva York, el 3 de julio de 1998; los Pirates de Pittsburgh, el 9 de febrero de 2000; los Reds de Cincinnati, el 22 de
enero de 2003 y, finalmente, los Marlins de Florida, el 6 de mayo
de 2004. Terminó su carrera con este equipo, y jugó su último
juego el 22 de septiembre de 2004. En su carrera de once años
tuvo una efectividad de 4.71 y ponchó a 300 beisbolistas.

1992

Juan Guerrero

Juan Antonio Guerrero nació el 1 de febrero de 1967, cerca del
Ingenio Porvenir. Jugó como campo corto, pero también en
tercera base, jardinero izquierdo y como segunda base. Debutó
en las Grandes Ligas el 9 de abril de 1992 con los Astros de
Houston, con quienes jugó el último juego de su carrera de
una temporada en las Grandes Ligas el 3 de octubre de ese
mismo año.

Ben Rivera

Bienvenido Santana Rivera nació el 11 de enero de 1968 en San
Pedro de Macorís. Pítcher diestro, fue firmado por los Braves
en 1986. Debutó en las Grandes Ligas con ellos el 9 de abril de
1992. El 28 de mayo de 1992 fue transferido a los Phillies de
Filadelfia, finalizando su carrera de tres temporadas con este
mismo equipo el 31 de julio de 1994. Tuvo un ERA de 4.52 en
su carrera.

Manny Alexander

Manny de Jesús Alexander nació el 20 de marzo de 1971 en Restauración. Jugó básicamente como campo corto, pero también
en segunda y tercera base, como jardinero, jardinero izquierdo,

derecho, primera base y como bateador designado. Los Orioles de Baltimore lo firmaron el 4 de febrero de 1988 y debutó en las Grandes Ligas con este equipo el 18 de septiembre de 1992, a los veintiún años, siendo el jugador más joven de la Liga Americana en ese año. Fue transferido a los Mets de Nueva York el 22 de marzo de 1977, cedido a los Cubs de Chicago como parte de un acuerdo el 14 de agosto de 1997 y transferido a los Red Sox de Boston el 12 de diciembre de 1999. Los Mariners de Seattle lo firmaron como agente libre el 18 de febrero de 2001 y los Yankees de Nueva York hicieron lo mismo el 4 de febrero de 2002. Los Brewers de Milwaukee lo compraron el 10 de agosto de 2002, y los Rangers de Texas lo firmaron como agente libre el 15 de noviembre de 2004. Fue transferido luego a los Padres de San Diego el 31 de agosto de 2005. En 2007 fue puesto en libertad en la pretemporada por este mismo equipo.

1993

Domingo Jean

Domingo Jean nació el 9 de enero de 1969 en Consuelo. Pítcher diestro, fue firmado por los White Sox de Chicago el 8 de mayo de 1989 y canjeado a los Yankees de Nueva York el 10 de enero de 1992. Debutó en las Grandes Ligas el 8 de agosto de 1993 con los Yankees, y jugó su último juego el 3 de octubre de 1993. Sólo jugó una temporada en las Grandes Ligas con un ERA de 4.46.

Salomón Torres

Salomón Ramírez Torres nació el 11 de marzo de 1972 en Barrio Blanco. Fue un pítcher diestro firmado por los Giants de San Francisco el 15 de septiembre de 1999, con quienes realizó su primer lanzamiento en las Grandes Ligas el 29 de agosto de 1993. Fue canjeado a los Mariners de Seattle el 21 de mayo de 1995. Los Pirates de Pittsburgh lo contrataron como agente libre el 30 de diciembre de 2001 y lo cambiaron con los Brewers de Milwaukee el 7 de diciembre de 2007. Hasta el año 2008 ponchó a 540 bateadores y tuvo un ERA de 4.31.

Norberto Martin

Norberto Edonal McDonald Martin nació el 10 de diciembre de 1966 en Villa Velásquez, San Pedro de Macorís. Los White Sox de Chicago lo firmaron el 27 de marzo de 1984 y debutó con ellos en las Grandes Ligas el 20 de septiembre de 1993. Jugó básicamente como segunda base. Su último juego fue el 4 de mayo de 1999 con los Blue Jays de Toronto. Tuvo un promedio de bateo de .357 en su primera temporada (1993), de .350 en 1996, y de .300 en 1997. Su promedio en las Grandes Ligas fue de sólo .278, en gran parte debido a los bajos promedios de sus últimos dos años.

1994

Héctor Carrasco

Héctor Pacheco Pipo Carrasco nació el 22 de octubre de 1969 en Barrio México. Pítcher diestro, fue firmado por los Mets de Nueva York el 20 de marzo de 1988. Los Astros de Houston lo firmaron como agente libre el 21 de enero de 1992. Fue transferido a los Marlins de Florida el 17 de noviembre de 1992, cedido a los Reds de Cincinnati el 10 de septiembre de 1993 e hizo su primer lanzamiento en las Grandes Ligas con este equipo el 4 de abril de 1994; fue transferido a los Royals de Kansas City el 15 de julio de 1997, reclutado por los Diamonds de Arizona el 18 de noviembre de 1997, seleccionado por los Twins de Minnesota el 3 de abril de 1998, y canjeado a los Red Sox de Boston el 9 de septiembre de 2000. Los Blue Jays de Toronto lo firmaron como agente libre el 9 de enero de 2001, seguidos por: los Twins de Minnesota, el 30 de marzo 2001; los Rangers de Texas, el 23 de enero de 2002; los Orioles de Baltimore, el 1 de marzo 2003; los Nationals de Washington, el 3 de febrero 2005; los Angels de Anaheim, el 2 de diciembre 2005; los Nationals, el 18 de julio de 2007; los Pirates de Pittsburgh, el 24 de enero de 2008; y los Cubs de Chicago, el 6 de mayo de 2008. Al final de su duodécima temporada, en 2008, tuvo un ERA de 3.99 y había anotado 69 jonrones.

José Oliva

José Gálvez Oliva nació el 3 de marzo de 1971 en San Pedro de Macorís. Jugó en tercera y primera base, y fue firmado por los Rangers de Texas el 12 de noviembre de 1987. Su primer juego en las Grandes Ligas fue el 1 de julio de 1994 con los Braves de Atlanta, quienes lo canjearon a los Cardinals de St. Louis el 25 de agosto de 1995. Jugó su último juego el 1 de octubre de 1995 con los Cardinals, concluyendo una breve carrera de dos temporadas en las Grandes Ligas. Murió el 22 de diciembre de 1997 en un accidente automovilístico en Santo Domingo.

Armando Benítez

Armando Germán Benítez nació el 3 de noviembre de 1972 en Ramón Santana, San Pedro de Macorís. Pítcher diestro, fue firmado por los Orioles de Baltimore el 1 de abril de 1990. Su primer lanzamiento en las Grandes Ligas tuvo lugar el 28 de julio de 1994 con esa escuadra. El 1 de diciembre de 1998 fue transferido a los Mets de Nueva York, a los Yankees de Nueva York el 16 de julio de 2003 y a los Mariners de Seattle el 6 de agosto de 2003. En enero 6 de 2004 comenzó a jugar con los Marlins de la Florida como agente libre, y el 2 de diciembre de 2004 con los Giants de San Francisco, también como agente libre. El 31 de mayo de 2007 fue transferido a los Marlins de Florida. El 11 de marzo de 2008 pasó a los Blue Jays de Toronto como agente libre. Un potente cerrador cuyas rectas se han cronometrado a más de 100 millas por hora, con formidables rectas de dedos separados, ha tenido un ERA de 3.12 a partir de 2008. En 2004 lideró la Liga Nacional en salvamentos, con un total de cuarenta y siete. Podría ser reconocido como uno de los mejores cerradores en el béisbol si no fuera por su imprecisión en momentos críticos de juegos importantes.

1995

Rudy Pemberton

Rudy Héctor Pérez Pemberton nació el 17 de diciembre de 1969 en Placer Bonito. Jardinero, firmó el 7 de junio de 1987 con los Tigers de Detroit. Debutó en las Grandes Ligas el 26 de abril de 1995 con este equipo. Jugó en las Grandes Ligas durante tres temporadas, dos con los Tigers y otra con los Red Sox de Boston. Jugó su último juego el 2 de junio de 1997 con esta organización. En la temporada de 1996 tuvo un increíble promedio de bateo de .512; el promedio de su carrera de tres temporadas fue de .336. Su promedio de .512 es el más alto en la historia para un jugador con más de treinta turnos al bate.

1996

Miguel Mejía

Miguel Mejía nació el 25 de marzo de 1975 en Quisqueya. Los Orioles de Baltimore lo firmaron el 22 de enero de 1992. Fue seleccionado por los Royals de Kansas City, y canjeado a los Cardinals de St. Louis el 4 de diciembre de 1995. Debutó en las Grandes Ligas el 4 de abril de 1996 con esta escuadra, donde tuvo su último juego el 29 de septiembre de 1996; con sólo veintiún años, fue el jugador más joven de la Liga Nacional en esa temporada, su única en las Grandes Ligas, con veintiún juegos en los tres jardines.

Manny Martínez

Manuel de Jesús Martínez nació el 3 de octubre de 1970 en Barrio México. Jugó en las tres posiciones del jardín y fue firmado por los Athletics de Oakland el 10 de marzo de 1988. Debutó en las Grandes Ligas con los Mariners de Seattle el 14 de junio de 1996, jugó un total de tres temporadas con los Cubs de Chicago y los Pirates de Pittsburgh, y su último juego fue el 3 de octubre de 1999 con los Expos de Montreal.

Luis Castillo

Luis Antonio Donato Castillo nació el 12 de septiembre de 1975 en el barrio Restauración. Segunda base, firmó con los Marlins de la Florida el 19 de agosto de 1992, escuadra con la cual debutó en las Grandes Ligas el 8 de agosto de 1996 y con quienes firmó como agente libre el 7 de diciembre de 2003. Fue canjeado a los Twins de Minnesota en 2005 y luego a los Mets de Nueva York en 2007, quienes lo firmaron como agente libre ese mismo año. Hasta 2008 ha jugado trece temporadas en las Grandes Ligas y ha anotado 178 dobles, impulsado 386 carreras y robado 342 bases. Su promedio de bateo fue superior a .300 en varias ocasiones: .302 (1999), .334 (2000), .305 (2002), .314 (2003) y .301 (2005 y 2007).

Recibió Guantes de Oro en 2003, 2004 y 2005, y fue el Jugador Más Valioso de la Liga Nacional en 2003.

1997

Julio Santana

Julio Franklin Santana nació el 20 de enero de 1973 en Consuelo. Sobrino de Rico Carty, este pítcher diestro fue firmado por los Rangers de Texas el 18 de febrero de 1990, e hizo su primer lanzamiento en Grandes Ligas con este mismo el 6 de abril de 1997. Pasó a los Rays de Tampa Bay en 1998 y fue transferido a los Red Sox de Boston en 1999. Esta escuadra lo firmó como agente libre el 2 de febrero de 2000, los Expos de Montreal hicieron lo mismo el 18 de junio de 2000 y los Giants de San Francisco el 10 de noviembre de 2000. Los Mets de Nueva York lo reclutaron el 11 de diciembre de 2000, pero los Giants de San Francisco lo recibieron de nuevo el 30 de marzo de 2001. Los Tigers de Detroit lo firmaron como agente libre el 16 de noviembre de 2001 y nuevamente el 27 de enero de 2003. Firmó como agente libre con los Phillies de Filadelfia el 29 de marzo de 2003, y con los Brewers de Milwaukee el 23 de diciembre de 2004. Los Phillies lo firmaron de nuevo el 30 de noviembre de 2005 y lo liberaron el 11 de octubre de 2006. Hasta finales de 2008, tenía un ERA de 5.30, con 308 ponchadas.

Fernando Tatis

Fernando Tatis, Jr., nació el 1 de enero de 1975 en Miramar.
Ha jugado en primera, segunda y tercera base, como jardinero,
exterior izquierdo y derecho, como campo corto, y como bateador designado. Los Rangers de Texas lo firmaron el 25 de
agosto de 1992, donde debutó en las Grandes Ligas el 26 de
julio de 1997. Fue transferido a los Cardinals de St. Louis el
31 de julio de 1998. El 14 de diciembre de 2000 fue transferido
a los Expos de Montreal, donde jugó hasta 2003, cuando se lesionó, retirándose por una temporada. A continuación, los Rays
de Tampa Bay lo firmaron como agente libre el 6 de enero de
2004; los Orioles de Baltimore, el 25 de noviembre de 2005; los
Dodgers, el 9 de febrero de 2007; los Mets, el 23 de marzo de
2007 y nuevamente el 7 de enero de 2008. Tatis no sólo ha sido
uno de los pocos jugadores en conectar dos *grand slams* en un
mismo juego, sino que también es el único jugador en la historia del béisbol en conectar dos *grand slams* en una misma entrada. Hasta finales de la temporada de 2008 había anotado 149
dobles y 103 cuadrangulares, y había impulsado 394 carreras.

1998

Marino Santana

Marino Santana nació el 10 de mayo de 1972 en Consuelo.
Pítcher diestro, fue firmado por los Mariners de Seattle el 28 de
abril de 1990, y los Tigers de Detroit lo firmaron como agente
libre el 26 de noviembre de 1996. Debutó en las Grandes Ligas
con los Tigers el 4 de septiembre de 1998. Jugó un total de dos
temporadas en las Grandes Ligas, con los Tigers durante la temporada de 1998 y con los Red Sox en la temporada de 1999. Su

último juego fue el 23 de julio de 1999 con los Red Sox. Tuvo un ERA de 7.94 en su carrera.

Angel Peña

Angel Peña nació el 16 de febrero de 1975 en Miramar. Jugó como receptor. Los Dodgers de Los Ángeles lo firmaron en 1992. Debutó en las Grandes Ligas el 8 de septiembre de 1998 con esta escuadra y jugó su último juego el 1 de junio de 2001, para un total de tres temporadas en las Grandes Ligas, todas con los Dodgers.

José Jiménez

José Jiménez nació el 7 de julio de 1973 en San Pedro de Macorís. Pítcher diestro, fue firmado por los Cardinals de St. Louis el 21 de octubre de 1991, donde hizo su primer lanzamiento en las Grandes Ligas el 9 de septiembre de 1998; fue canjeado a los Rockies de Colorado el 16 de noviembre de 1999. Los Indians de Cleveland lo firmaron como agente libre el 8 de enero de 2004, donde jugó su último juego el 5 de julio de 2004. Su ERA fue de 4.92 durante su carrera.

1999

Guillermo Mota

Guillermo Reynoso Mota nació el 25 de julio de 1973 en Barrio México. Pítcher derecho, los Mets de Nueva York lo firmaron el 7 de septiembre de 1990. Debutó en las Grandes Ligas el 2 de mayo de 1999 con los Expos de Montreal, que lo recibieron en un canje con los Mets el 9 de diciembre 1996 durante un reclutamiento de las Ligas Menores. Fue transferido a los Dodgers de Los Ángeles el 23 de marzo de 2002, canjeado a

los Marlins de Florida el 30 de julio de 2004, transferido a los
Red Sox de Boston el 24 de noviembre de 2005 y luego a los
Indians de Cleveland el 27 de enero de 2006. Fue devuelto a
los Mets el 20 de agosto de 2006 y canjeado a los Brewers de
Milwaukee el 20 de noviembre de 2007. A finales de la temporada de 2008 tenía un ERA de 3.93 durante su carrera y había
conectado 67 jonrones.

Alfonso Soriano

Alfonso Soriano Pacheco nació el 7 de enero de 1976 en Quisqueya. Debutó en las Grandes Ligas el 14 de septiembre de 1999
con los Yankees de Nueva York y jugó con ellos hasta 2004. Comenzó como segunda base y luego jugó como jardinero. Tuvo
un promedio de bateo de .300 con los Yankees en 2002. Fue
transferido a los Rangers de Texas el 16 de febrero de 2004,
donde jugó entre 2004 y 2006. El 8 de diciembre de 2005 fue
transferido a los Nationals de Washington, donde jugó la temporada de 2006. El 20 de noviembre de ese mismo año pasó a
los Cubs de Chicago. Rompió el récord mundial de 40-40 tras
robar más de 40 bases y batear más de 40 dobles, y fue el primer
jugador de las Grandes Ligas en lograr la marca de 40-40-40:
40 bases robadas, 40 jonrones y 40 dobles. Un bateador productivo y consistente, para el final de la temporada de 2008 había
conectado 309 dobles y 270 cuadrangulares, e impulsado 705
carreras. También robó 248 bases.

2000

Lorenzo Barceló

Lorenzo Barceló nació el 10 de agosto de 1977 en Miramar.
Pítcher diestro, fue firmado por los White Sox de Chicago,

donde jugó sus tres temporadas en las Grandes Ligas. Debutó el 22 de julio de 2000, y jugó su último juego el 19 de abril de 2002. Su ERA fue de 4.50 durante su carrera.

Carlos Casimiro

Carlos Casimiro nació el 8 de noviembre de 1976 en San Pedro de Macorís. Los Orioles de Baltimore lo firmaron el 15 de abril de 1994. Debutó en las Grandes Ligas el 31 de julio de 2000 como bateador designado con los Orioles, y jugó su último juego el 1 de agosto de 2000. Destinado únicamente como bateador emergente, Casimiro fue dejado en libertad por los Orioles el 1 de noviembre de 2000.

Lesli Brea

Lesli Brea nació el 12 de octubre de 1973 en el barrio Villa Providencia. Pítcher derecho, fue firmado por los Mariners de Seattle el 20 de enero de 1996, pero realizó su primer lanzamiento en las Grandes Ligas el 13 de agosto de 2000 con los Orioles de Baltimore. Estuvo dos temporadas con esta organización, donde jugó su último juego el 16 de junio de 2001. Durante su breve carrera tuvo un ERA extremadamente pobre de 12.27.

Elvis Peña

Elvis Peña nació el 15 de agosto de 1974 en San Pedro de Macorís. Jugó como campo corto y segunda base y firmó con los Rockies de Colorado el 22 de junio de 1993. Debutó con este equipo en las Grandes Ligas el 2 de septiembre de 2000, y jugó su último juego el 7 de octubre de 2001 con los Brewers de Milwaukee. En 2000 tuvo un promedio de bateo de .333.

Luis Saturria

Luis Saturria nació el 21 de julio de 1976 en San Pedro de Macorís. Debutó como jardinero en las Grandes Ligas el 11 de septiembre de 2000 con los Cardinals de St. Louis, donde jugó su último juego el 5 de octubre de 2001.

2001

Víctor Santos

Víctor Irving Santos nació el 2 de octubre de 1976 en el barrio Restauración. Pítcher diestro, fue firmado por los Tigers el 11 de junio de 1995. Su primer lanzamiento en las Grandes Ligas fue el 9 de abril de 2001 con este equipo. No cedió una sola carrera limpia en sus primeros 27,1 entradas; con un ERA de 0.00. El 25 de marzo de 2002, los Tigers lo cambiaron a los Rockies de Colorado. Los Rangers de Texas lo firmaron como agente libre el 17 de noviembre de 2002; los Brewers de Milwaukee, el 2 de diciembre de 2003; y los Royals de Kansas City, el 18 de noviembre de 2005. En 2006 pasó a los Pirates de Pittsburgh. Los Reds de Cincinnati lo firmaron como agente libre el 8 de enero de 2007, y el 7 de septiembre del mismo año lo vendieron a los Orioles de Baltimore. Los Giants de San Francisco lo contrataron como agente libre el 11 de enero de 2008. En 2002 tuvo un promedio de bateo de .500. Hasta finales de la temporada de 2008 tuvo un ERA de 5.21.

Jesús Colomé

Jesús Colomé de la Cruz nació el 23 de diciembre de 1977 en Barrio Azul. Pítcher diestro, fue firmado por los Athletics de Oakland el 29 de septiembre de 1996. Fue transferido a los

Rays de Tampa Bay el 28 de julio de 2000. Debutó con ellos en las Grandes Ligas el 21 de junio de 2001. Los Yankees de Nueva York lo firmaron como agente libre el 15 de abril de 2006 y los Nationals de Washington hicieron lo mismo el 8 de noviembre de 2006. Hasta el final de la temporada de 2008 tuvo un ERA de 4.50 en su carrera en las Grandes Ligas.

Pedro Santana
Pedro Santana nació el 21 de septiembre de 1976 en Barrio México. Fue segunda base, y sólo estuvo en un juego en las Grandes Ligas el 16 de julio de 2001 con los Tigers de Detroit contra los Reds de Cincinnati. Esa fue su carrera en las Grandes Ligas.

2002

Eddie Rogers
Eduardo Antonio Rogers nació el 29 de agosto de 1978 en Los Llanos, San Pedro de Macorís. Los Orioles lo firmaron el 7 de noviembre de 1997. Debutó en las Grandes Ligas el 5 de septiembre de 2002 y jugó tres temporadas con ellos; firmó con los Red Sox en 2006 y con los Nationals de Washington en 2007. Jugó como campo corto, segunda base, jardinero, tercera base, jardinero izquierdo y derecho y bateador designado.

2003

José Valverde
José Rafael Valverde nació el 24 de julio de 1979 en San Pedro de Macorís. Un pítcher diestro, los Diamonds de Arizona lo firmaron el 6 de febrero de 1997 y debutó con ellos en las Grandes Ligas el 1 de junio de 2003. Era un cerrador, y en 2007 su récord

de 47 juegos salvados fue el más alto de cualquier pítcher de las Grandes Ligas. Fue canjeado a los Astros de Houston el 14 de diciembre de 2007. Se convirtió en el Jugador Más Valioso de la Liga Nacional en 2007 y 2008. Al final de la temporada de 2008 tuvo un ERA de 3.31 en su carrera en las Grandes Ligas.

2004

Daniel Cabrera

Daniel Alberto Cruz Cabrera nació el 28 de mayo de 1981 en San Pedro de Macorís. Pítcher diestro, mide 6 pies y 7 pulgadas y es famoso por sus rectas. Los Orioles de Baltimore lo firmaron el 15 de marzo de 1999, con quienes hizo su primer lanzamiento en las Grandes Ligas el 13 de mayo de 2004, lanzando seis entradas blanqueadas. Por unos meses pareció ser casi imbateable, pero comenzó a perder el control de sus lanzamientos. En 2006, cuando aún era un pítcher implacable y controlaba sus lanzamientos, lideró las Grandes Ligas en bases por bolas y lanzamientos desviados, fue enviado a las Menores y posteriormente traído de vuelta. El 19 de agosto de 2006 estuvo a un paso de lanzar un juego sin *hits* ante los Yankees, hasta la novena entrada, cuando Robinson Canó —también macorisano— conectó un *hit* para los Yankees. En agosto de 2007 dejó escapar una ventaja de tres carreras contra los Rangers de Texas y perdió 30 a 3. Tiene un ERA de 5.05. Los Orioles no renovaron su contrato en 2009, y firmó con los Nationals de Washington.

Eddy Rodríguez

Eddy Rodríguez nació el 8 de agosto de 1981 en Ramón Santana, San Pedro de Macorís. Pítcher derecho, fue firmado por los Orioles el 11 de marzo de 1999. Debutó en las Grandes Ligas el 31 de mayo de 2004 con este equipo, y jugó para los Orioles entre 2004 y 2006. Firmó con los Marlins de Florida el 30 de octubre de 2006.

Jerry Gil

Jerry Bienvenido Manzanillo Gil nació el 14 de octubre de 1982 en Placer Bonito. Los Diamonds de Arizona lo firmaron como campo corto el 15 de noviembre de 1999. Debutó con este equipo en las Grandes Ligas el 22 de agosto de 2004, donde estuvo una sola temporada. Jugó otra temporada con los Reds de Cincinnati en 2007.

Robinson Canó

Robinson José Canó, el hijo de José, nació el 22 de octubre de 1982 en Villa Magdalena, San Pedro de Macorís. Los Yankees de Nueva York lo firmaron como segunda base el 5 de enero de 2001. Debutó con este equipo en las Grandes Ligas el 3 de mayo de 2005, y desde 2009 sigue jugando con ellos. A finales de la temporada 2008, había conectado 151 dobles, impulsado 309 carreras y mantuvo un promedio de bateo de .303.

2006

Sandy Rleal

Sandy Aquino Rleal nació el 21 de junio de 1980 en San Pedro de Macorís. Pítcher diestro, los Orioles de Baltimore lo firmaron el 30 de junio de 1999. Su primer lanzamiento en las Grandes Ligas fue el 5 de abril de 2006 con esta escuadra, siendo su única temporada en las Grandes Ligas, que terminó con un ERA de 4.44. Los Orioles lo dejaron en libertad el 5 de septiembre de 2007.

Agustín Montero

Agustín Alcántara Montero nació el 26 de agosto de 1977 en San Pedro de Macorís. Pítcher diestro, fue firmado por los Athletics de Oakland como agente libre el 20 de enero de 1995. Debutó en las Grandes Ligas el 12 de mayo de 2006 con los White Sox de Chicago. En 2007 regresó a las Ligas Menores. Su ERA en las Grandes Ligas fue de 5.14.

Juan Morillo

Juan Bautista Morillo nació el 5 de noviembre de 1983 en San Pedro de Macorís. Pítcher diestro, debutó en las Grandes Ligas el 24 de septiembre de 2006 con los Rockies de Colorado, quienes lo firmaron como agente libre el 26 de abril de 2001. Hasta el cierre de la temporada de 2008, tuvo un ERA de 11.42, principalmente porque tuvo problemas para controlar su *slider*. Sus rectas alcanzan los 100 kilómetros por hora.

2008

José Arredondo

José Juan Arredondo nació el 30 de marzo de 1984 en San Pedro de Macorís. Es pítcher de relevo diestro, y firmó con los Angels de Anaheim el 25 de junio de 2002. Debutó con ellos el 14 de mayo de 2008 en las Grandes Ligas, jugando contra los White Sox de Chicago, y Nick Swisher, el primer bateador al que enfrentó, le conectó un jonrón. No obstante, terminó la temporada con un prometedor ERA de 1.62.

Una cronología dominicana

El país, el azúcar y el béisbol

600 Los taínos desplazan a los ciboney y se convierten en la población predominante de la isla, llamándola Quisqueya, que significa "madre de la tierra".

1492 Cristóbal Colón llega a la isla por primera vez.

1493 La Isabela, el primer asentamiento europeo permanente en las Américas, es fundada por Colón en la costa norte de la isla.

1496 Fundación de Santo Domingo.

1506 Se cosecha la primera zafra azucarera dominicana.

1586 Sir Francis Drake ataca y destruye casi por completo a Santo Domingo.

1605 En un intento por detener el contrabando, los españoles obligan a los colonos a abandonar el Oeste de la isla. Los franceses entran en la isla.

1697 España cede el tercio occidental de la isla a los franceses, que la convierten en una próspera colonia azucarera instaurada gracias a la esclavitud africana.

1791 Se sublevan los 480.000 esclavos de la colonia francesa.

1795 Mientras sofocan la rebelión en su colonia, las tropas francesas invaden la parte española de la isla.

1801 Toussaint L'Ouverture, un antiguo esclavo, declara la independencia de Haití. Napoleón envía a sus tropas.

1804 Las huestes napoleónicas son derrotadas. Jean-Jacques Dessalines se convierte en el líder de la primera república negra independiente y la llama Haití, un nombre arahuaco.

1808 Las tropas francesas son expulsadas por los colonos y el lado oriental es devuelto a España.

1821 Los colonos españoles declaran el Estado independiente del Haití Español y solicitan formar parte de la Gran Colombia de Simón Bolívar.

1822 El Haití Español es invadido y ocupado por las fuerzas haitianas.

1844 Los dominicanos declaran su independencia y expulsan a las tropas haitianas.

1845 Alexander Cartwright, un librero de Manhattan, escribe el primer libro de reglas beisbolísticas.

1861 El país cae de nuevo bajo el dominio español.

1863 Estalla la guerra civil entre pro-españoles y movimientos independentistas.

1864 Durante la guerra civil, los soldados dominicanos que eran atacados por los taínos escriben el último registro documentado de éste pueblo.

1865 La República Dominicana vuelve a convertirse en una nación independiente.

1866 Según la leyenda popular, se juega el primer juego de béisbol en Cuba, en la provincia de Matanzas.

1871 La anexión de la República Dominicana es rechazada por el Senado de Estados Unidos.

1879 Juan Antonio Amechazurra, un cubano, inaugura el Ingenio Angelina, el primer ingenio de azúcar a vapor.

1880 San Pedro de Macorís recibe la autorización para ser un puerto internacional.

1881 Otro cubano, Santiago W. Mellor, funda el Ingenio Porvenir.

1882 En la cúspide de la bonanza azucarera, Ulises Heureaux se convierte en el primer dictador dominicano. Sumerge al país en una deuda tan profunda que nunca se ha recuperado.

1882 El Ingenio Consuelo y el Ingenio Cristóbal Colón comienzan a producir azúcar.

1891 Los cubanos conforman dos equipos de béisbol en Santo Domingo.

1893 Las empresas azucareras de San Pedro contratan trabajadores de Saint Thomas, Saint John, Saint Kitts, Nevis, Anguilla, Antigua y San Martín.

1898 Después de la temporada, los negros son proscritos de las Grandes Ligas y de las Ligas Menores de béisbol.

1899 Heureaux es asesinado.

1906 Se funda el equipo Licey en Santo Domingo.

1911 Licey derrota a San Pedro.

1916 La Marina de Estados Unidos invade y ocupa a República Dominicana.

1920   Kenesaw Mountain Landis, conocido por ser un juez racista, es nombrado primer comisionado de béisbol en Estados Unidos.

1922   Cuba, Puerto Rico y la República Dominicana producen el 38% de la caña de azúcar del mundo y el 27% del azúcar.

1924   La Marina norteamericanos abandonan la isla.

1930   Rafael Leónidas Trujillo se toma el poder.

1936   Santo Domingo es bautizada Ciudad Trujillo.

1936   Las Estrellas de San Pedro ganan el campeonato de Ciudad Trujillo.

1937   Ciudad Trujillo derrota a las Estrellas y, de paso, decreta la bancarrota del béisbol dominicano.

1937   Trujillo masacra entre 20.000 y 30.000 haitianos en la República Dominicana.

1945   Los Dodgers de Brooklyn contratan a Jackie Robinson, el primer beisbolista negro en las Grandes Ligas desde 1898. Once semanas después, Larry Doby el segundo jugador negro, es firmado por los Indians de Cleveland.

1948   Minnie Miñoso, un beisbolista cubano, salta la línea de exclusión para los latinos al jugar con los Indians de Cleveland.

1951   La Liga Dominicana se reorganiza nuevamente como una liga profesional.

1954   Las Estrellas ganan el campeonato.

1956   Ozzie Virgil se convierte en el primer dominicano en jugar en las Grandes Ligas.

1956   Jesús de Galíndez es secuestrado por agentes de Trujillo en Nueva York y, posteriormente, es torturado y asesinado.

1959   Las hermanas Mirabal son asesinadas.

1959   Se construye un estadio en San Pedro para las Estrellas, más tarde llamado Estadio Tetelo Vargas.

1961   Trujillo es asesinado.

1962   Estados Unidos declara el embargo a Cuba.

1962   Amado Samuel, un campo corto, es el primer macorisano en jugar en las Grandes Ligas.

1963   Juan Bosch es elegido presidente, pero nueve meses después es derrocado por los militares.

1965   Una rebelión en favor de Bosch conduce a la guerra civil. Estados Unidos invade la isla.

1966   Las tropas norteamericanas abandonan la isla después de convocar unas elecciones que llevan al poder a Joaquín Balaguer, el ex títere presidente de Trujillo.

1968   Las Estrellas ganan el campeonato.

1978   Silvestre Antonio Guzmán, líder de la oposición, es elegido presidente después de que Balaguer fuera presidente durante doce años.

1982   Jorge Blanco, perteneciente al partido de Guzmán, es elegido como nuevo presidente.

1986   Balaguer regresa al poder.

1994   Aunque es la tercera victoria electoral de Balaguer por medios fraudulentos, la protesta internacional es tan grande que él acepta celebrar nuevas elecciones en dos años.

1996   Leonel Fernández, del partido de Juan Bosch, es elegido presidente. A diferencia de Bosch, Fernández hace hincapié en la infraestructura para los negocios internacionales en detrimento de los programas sociales, y señala que está creando el "Singapur del Caribe".

2000 Fernández se ve impedido por la ley para detentar un segundo mandato. Hipólito Mejía, candidato de la oposición, llega al poder gracias a una plataforma popular basada en programas sociales.

2004 Mejía usa sus mayorías legislativas para poner fin a la prohibición de la reelección presidencial. Su oponente, Leonel Fernández, es elegido presidente.

2008 Fernández es reelegido.

AGRADECIMIENTOS

Quiero agradecerle a Manuel Corporán, mi hermano Manolo, por toda la ayuda, la buena conversación, la perspicacia y las risas, y por permitirme conocer a su familia valiente y afectuosa. Doy las gracias a las Grandes Ligas de béisbol por su cooperación, y en particular a Ronaldo Peralta, por responder a todas mis preguntas durante varios años con la mayor cortesía, diligencia y profesionalismo. Gracias a José Canó por su disposición y ayuda, aunque todavía no hemos ido a pescar, y a Arturo D'Oleo.

Mi profundo y sentido agradecimiento a mi amigo, desde hace muchos años, Bernard Diederich, a quien conocí en La Española —ya no recuerdo en cuál de los dos lados—, y que escribe sobre esta parte del mundo con una visión y gracia inusuales. Gracias a Elizabeth Macklin por su ayuda en la traducción de Deligne: yo podría traducir las estrofas contemporáneas de Mir, pero nunca podría haberlo hecho con Deligne sin su sensibilidad poética.

Tengo una deuda con Tim Wiles y Freddy Berowski, quienes me han ayudado con amabilidad y eficacia en la biblioteca del Salón de la Fama en Cooperstown, Nueva York. Gracias a Geoffrey Kloske por hacer tantas cosas y tan bien, a Rebecca Saletan por sus extraordinarias sugerencias y a toda la familia Riverhead por ser socios tan maravillosos. Un agradecimiento especial, como siempre, a mi querida amiga Charlotte Sheedy por representarme. Y gracias a Susan Birnbaum por toda su ayuda.

Gracias, Marian Mass, mi hermosa Marian, por un centenar de cosas, pero sobre todo por haber dejado de ser seguidora de los Yankees.

BIBLIOGRAFÍA

HISTORIA DOMINICANA

Atkins, G. Pope, y Larman C. Wilson. The Dominican Republic and the United States: From Imperialism to Transnationalism. Athens: University of Georgia Press, 1998.

Balaguer, Joaquín. Historia de la literatura dominicana. Rafael Calzada, Argentina: Gráfica Guadalupe, 1972.

———. La isla al revés: Haití y el destino dominicano. Santo Domingo: Fundación José Antonio Caro, 1983.

———. Memorias de un cortesano de la "Era de Trujillo". Santo Domingo: Fundación Corripio, 1988.

Black, Jan Knippers. The Dominican Republic: Politics and Development in an Unsovereign State. London: Allen & Unwin, 1986.

Bosch, Juan. Composición social dominicana: Historia e interpretación. Santo Domingo: Alfa y Omega, 1981.

Brown, Isabel Zakrzewski. Culture and Customs of the Dominican Republic. Westport, CT: Greenwood Press, 1999.

Crassweller, Robert D. Trujillo: The Life and Times of a Caribbean Dictator. New York: Macmillan, 1966.

Deligne, Gastón F. Obra completa vol. 1: Soledad y poemas dispersos. Santo Domingo: Fundación Corripio, 1996.

Diederich, Bernard. Una cámara testigo de la historia: El recorrido dominicano de un cronista extranjero, 1951–1966. Santo Domingo: Fundación Cultural Dominicana, 2003.

———.Trujillo: The Death of the Goat. Boston, MA: Little Brown, 1978.

———, y Al Burt. Papa Doc and the Tonton Macoutes: The Truth About Haiti Today. New York: McGraw-Hill, 1969.

Fuller, Captain Stephen M., y Cosmas, Graham A. Marines in the Dominican Republic, 1916–1924. Washington, D.C.: U.S. Marine Corps, 1974.

Galíndez, Jesús de. La Era de Trujillo: Un estudio casuístico de dictadura hispanoamericana. Buenos Aires: Editorial Americana, 1976.

Leopoldo Richiez, Manuel. Historia de la provincia y especialmente de la ciudad de San Pedro de Macorís. Santo Domingo: Sociedad dominicana de Bibliófilos, 2002.

Moya Pons, Frank. El pasado dominicano. Santo Domingo: Fundación J. A. Caro Álvarez, 1986.

Nelson, William Javier. Almost a Territory: America's Attempt to Annex the Dominican Republic. Newark: University of Delaware Press, 1990.

Pacini Hernández, Deborah. Bachata: A Social History of a Dominican Popular Music. Philadelphia: Temple University Press, 1995.

Peguero de Aza, Maximiliano. Quinientos años de historia de los pueblos del este (Origen y Evolución). Santo Damingo: Soto Castillo, 2004.

Rood, Carlton Alexander. A Dominican Chronicle. Santo Domingo: Fundación Corripio, 1986.

Sellers, Julie A. Merengue and Dominican Identity: Music as National Unifier. Jefferson, N.C.: McFarland, 2004.

Valldeperes, Manuel. "La temporalidad histórico-espiritual en el poeta Gastón Fernando Deligne" En Revista interamericana de bibliografía 14, N°. 2 (1964), pp. 151–58.

HISTORIA DEL AZÚCAR

Ayala, César J. American Sugar Kingdom: The Plantation Economy of the Spanish Caribbean, 1898–1934. Chapel Hill: University of North Carolina Press, 1999.

Martínez, Samuel. Peripheral Migrants: Haitians and Dominican Republic Sugar Plantations. Knoxville: University of Tennessee Press, 1995.

Murphy, Martin F. Dominican Sugar Plantations: Production and Foreign Labor Integration. New York: Praeger, 1991.

Plant, Roger. Sugar and Modern Slavery: A Tale of Two Countries. London: Zed Books, 1987.

HISTORIA DEL BÉISBOL

Alou, Felipe, con Herm Weiskopf. My Life and Baseball. Waco, TX: Word Books, 1967.

Bell, George, y Bob Elliott. Hardball. Toronto: Key Porter, 1990.

Bjarkman, Peter C. Baseball with a Latin Beat. Jefferson, NC: McFarland, 1994.

Bretón, Marcos, y José Luis Villegas. Away Games: The Life and Times of a Latin Ball Player. New York: Simon & Schuster, 1999.

Collado, Lipe. Yo, Rico Carty. Santo Domingo: Collado, 2002.

Fernández Reguero, Victor. Tetelo (su vida). San Pedro de Macorís (no publisher noted, no date).

González Echevarría, Roberto. The Pride of Havana: A History of Cuban Baseball. New York: Oxford University Press, 1999.

Hample, Zack. Watching Baseball Smarter: A Professional Fan's Guide for Beginners, Semi-Experts, and Deeply Serious Geeks. New York: Vintage Books, 2007.

Jamail, Milton H. *Full Count: Inside Cuban Baseball.* Carbondale: Southern Illinois University Press, 2000.

Joyce, Gare. *The Only Ticket off the Island: Baseball in the Dominican Republic.* Toronto: McClelland & Stewart, 1991.

Klein, Alan M. *Growing the Game: The Globalization of Major League Baseball.* New Haven, CT: Yale University Press, 2006.

————. *Sugarball: The American Game, the Dominican Dream.* New Haven, CT: Yale University Press, 1991.

Koppett, Leonard. *The Thinking Fan's Guide to Baseball.* Wilmington, DE: Sport Media Publishing, 2004.

Krich, John. *El Béisbol: Travels Through the Pan-American Pastime.* New York: Atlantic Monthly Press, 1989.

Levine, Peter. *A. G. Spalding and the Rise of Baseball: The Promise of American Sport.* New York: Oxford University Press, 1985.

Monk, Cody. *The Dominican Dream Come True: Alfonso Soriano.* Champaign, IL: Sports Publishing, 2003.

Paige, Leroy (Satchel), como se lo contó a David Lipman. *Maybe I'll Pitch Forever.* Lincoln: University of Nebraska Press, 1993.

Pérez Guante, Carlos. *Macorisanos al bate: Macorisanos at Bat.* Santo Domingo: Graphic Colonial, 2007.

Ruck, Rob. *The Tropic of Baseball: Baseball in the Dominican Republic.* Westport, CT: Meckler, 1991.

Sosa, Sammy, con Marcos Bretón. *Sosa: An Autobiography.* New York: Warner Books, 2000.

Veeck, Bill, con Ed Linn. *Veeck as in Wreck: The Autobiography of Bill Veeck.* Chicago: University of Chicago Press, 1962.

Wendel, Tim. *The New Face of Baseball.* New York: Rayo, 2004.

PÁGINAS WEB

www.baseball-almanac.com

www.baseballhalloffame.org

www.baseball-reference.com